Geheimnis und Gnade

Richard Rohr

Geheimnis und Gnade

Stationen einer
spirituellen Reise

Inhalt

Nach oben fallen – Das außergewöhnliche Leben eines
ganz gewöhnlichen Franziskaners
Hinführung von Andreas Ebert   7

A
Aufbruch   17
Autobiografisches   17
Aktion und
Kontemplation   33
Atem   40

B
Beten   43
Bibel   45
Blickwinkel   48
Das Böse   49

C
Christus   60

D
Dankbarkeit   62

E
Einfachheit   63
Enneagramm   76
Eucharistie   82

F
Franz von Assisi   83
Freiheit   96

G
Geheimnis   104
Glaube   105
Gnade   107
Gottesbeweise   110
Gottesbilder   111
Groß-Vater   119

H
Heilige Worte 128
Heiligkeit 129
Heilung 132
Hiob 133

I
Ich 137

J
Johannes der Täufer 139

K
Kontemplation 147
Der Kosmische Christus 150
Kreuz 153
Krieg 162

L
Liebe 164
Loslassen 166

M
Männer 168
Maria 174

N

O
Ökonomie 179

P
Papst Franziskus 180
Präsenz 181

Q

R
Religion 184

S
Solidarität 194
Staunen 195
Sündenbock-
Mechanismus 196

T
Tod und Leben 210
Träume 211

U
UND 223

V
Verlierer 225

W

X

Y

Z
Zwei Lebenshälften 233
Zwölf Schritte 252
Ziel 262

Quellenverzeichnis 264

**Bücher
von Richard Rohr** 266

Nach oben fallen –
Das außergewöhnliche Leben eines ganz gewöhnlichen Franziskaners

Hinführung von Andreas Ebert

März 1977. Ich bin evangelischer Theologiestudent und 24 Jahre alt. Eine Freundin aus der jungen charismatischen Teestubengemeinde Würzburg und drei Studienkollegen, unter ihnen Werner „Tiki" Küstenmacher und Andreas Richter, unternehmen gemeinsam mit mir eine Studienreise in die USA. Wir haben von spektakulären neuen geistlichen Bewegungen und Gemeinschaften gehört, die gerade auf der anderen Seite des Großen Teichs wie Pilze aus dem Boden schießen. In der Zeit nach '68 sind Experimente angesagt, insbesondere im Blick auf alternative Wohn- und Lebensformen. Die Antikriegsbewegung und die Blumenkinder von San Francisco, spirituelle Strömungen aus dem Fernen Osten, aber auch innerkirchliche Aufbrüche wie die Charismatische Bewegung erproben das „richtige" Leben inmitten des „falschen", jenseits von Kapitalismus und Konsumterror, Rassismus und Sexismus – und jenseits bzw. am Rande erstarrter Strukturen. Traditionelle kirchliche Konzepte scheinen verbraucht zu sein und wenig anziehend. Neues bricht sich Bahn – überall.

Auf der Suche und mit der Sehnsucht nach neuen Formen geistlicher Gemeinschaft sind wir aufgebrochen und landen als erstes bei der „New Jerusalem Community" in Cincinnati, Ohio. Sybille Dettmer, eine weitere Freundin aus der Teestube Würzburg, hatte die Gemeinschaft bei einem Besuch in den USA kennen gelernt und war vor allem von ihrem jungen Gründer und Leiter Pater Richard Rohr fasziniert gewesen. „Da müsst ihr hin!" hat sie uns mitgegeben auf den Weg.

Eine Woche lang werden wir in der jungen katholischen Kommune herzlich aufgenommen und auf Wohngemeinschaften verteilt, in denen jeweils fünf bis sechs junge Frauen und Männer in unserem Alter zusammenleben. Schon das ist revolutionär in einem tendenziell sexualfeindlichen katholischen Kontext! Wir feiern mit der Gemeinschaft Gottesdienste, beten, arbeiten mit, putzen Fenster – und reden mit den jungen Christen über Gott und die Welt. Und mit Richard Rohr.

Er ist begeistert, dass wir als erste Besuchergruppe aus dem Ausland den Weg zu ihnen gefunden haben, zumal wir aus Deutschland und noch dazu aus Franken kommen. Seine eigenen Vorfahren waren in der Nähe von Bamberg beheimatet gewesen und sind dann als Wolgadeutsche nach Russland und später in die USA ausgewandert.

Richard nimmt sich stundenlang Zeit, um uns seine Vision von Kirche zu schildern, die uns völlig neu ist und zugleich vieles von dem beinhaltet, wovon wir selbst träumen: Kirche als verbindliche Alltagsgemeinschaft, als Gegenkultur, als Ort eines neuen Miteinanders von Alt und Jung, Männern und Frauen, als Ort der Heilung und des Engagements für die Welt. Die Gottesdienste berühren uns, zumal auch die vier Protestanten in unserer Gruppe wie selbstverständlich zur Eucharistie eingeladen sind. Richards Argument: „Wenn ich Gäste habe, dann kann ich die doch nicht von den Hauptmahlzeiten ausschließen". Er schildert uns auch seine gesellschaftspolitische Vision von einer Kirche, die sich einmischt, die an die Ränder geht, die bei den Armen ist und Frieden stiftet.

Unser Bild von dem, was „katholisch" ist, wird kräftig aufgemischt. „Wenn das katholisch ist, dann wäre ich gern katholisch!" sage ich in einer Gesprächsrunde unserer Gruppe. Keiner widerspricht. Auch in der evangelischen Kirche hatten wir etwas Vergleichbares ansatzweise in besagter „Teestubengemeinde" erlebt, einer Würzburger Gruppe, die den *Jesus*

People nahestand, aber einen ganz eigenen Weg ging mit intensiver Abendmahlsfrömmigkeit, charismatischen Elementen, sozialem und diakonischen Engagement an den Rändern der Gesellschaft, insbesondere unter Drogenabhängigen. Wenn man so will: ein Experiment „integraler Spiritualität", wie Ken Wilber das heute nennt. Die „New Jerusalem Community" mit ihrer verbindlichen Lebensform hatte eine ähnliche Ausrichtung und setzte noch eins drauf. In Deutschland ist man damals als Theologe entweder fromm oder politisch, aber selten beides. Hier kommt das alles zusammen und erscheint mir wie ein Vorgeschmack des Himmels auf Erden.

Danach reisen wir weiter zu anderen Gemeinschaften und Orten in den USA, und die Wege unserer kleinen Gruppe trennen sich wie geplant. Da sich meine ursprünglichen Pläne zerschlagen, kehre ich selbst in der Karwoche 1977 noch einmal allein nach „New Jerusalem" zurück – und erlebe ganz persönlich so etwas wie Tod und Auferstehung. Durch seelsorgerliche Gespräche mit Richard Rohr und anderen Mitgliedern der Gemeinschaft erfahre ich heilende Impulse. Es geht nicht zuletzt um meine „Vaterwunde", wie Richard Rohr das in seiner späteren Männerspiritualität nennt. Er selbst ist nur neun Jahre älter als ich und verkörpert doch vieles von dem, was man sich als Junge von einem liebevollen Vater wünscht. Als ich mich von Richard schließlich verabschiede, sagt er zu mir: „You will free many people" („Du wirst viele Leute befreien") – ein für mich völlig rätselhaftes, aber zugleich unglaublich ermutigendes Wort, das wie eine Berufung meinen weiteren Weg geprägt hat wie kaum etwas sonst.

Danach bleiben wir in Kontakt – per Luftpostbriefen. Internet und E-Mail gibt es seinerzeit noch nicht. Zwischen 1981 und 1987 baue ich mit jungen Leuten in Nürnberg die missionarische Basisgemeinde „Lorenzer Laden" auf – nachhaltig inspiriert von Richard Rohr und anderen „progressiven" amerikanischen Lehrern. 1983 laden wir Richard ein, und er hält vor etwa 30 jungen Erwachsenen seinen ersten Vortrag in Deutschland mit dem Titel „Unterwegs zu einer neuen Kirche". Zusammen mit seinem Freund, dem „linksevangelikalen" christlichen Friedensaktivisten Jim Wallis, tritt er in diesem Jahr auch erstmals auf dem Evangelischen Kirchentag in Hannover auf. Später wird er regelmäßig zu dem Protestantentreffen eingeladen, während er kein einziges Mal zu Gast beim Katholikentag ist.

Kurz danach produziert seine Gemeinschaft „New Jerusalem" vier Kassetten zur Männerspiritualität („The Wild Man"). Ich übersetze und redigiere die in freier Rede gehaltenen Vorträge und streite mit der Verlagsleitung (wie später noch oft) über den Titel des Buches. „Der wilde Mann" erscheint dem Verleger als zu frech und salopp. „Unterwegs zu einer männlichen Spiritualität" ist seine Gegenidee. Zum Glück können sich Marion Küstenmacher, die Verlagslektorin, und ich durchsetzen. Im April 1986 erscheint das Buch mit einem gewagten Cover, das den nackten Oberkörper eines muskulösen Mannes zeigt. Obwohl niemand den Autor kennt, schlägt das Buch ein und wird in kurzer Zeit mehr als 100 000 Mal verkauft.

Im selben Jahr verlässt Richard Rohr seine erste Gründung „New Jerusalem", die bis heute existiert und segensreich wirkt. Er baut in Albuquerque, New Mexico auf Einladung seines Ordens das Zentrum für Aktion und Kontemplation auf – keine Kommunität, sondern ein Kompetenzzentrum für spirituelle Erneuerung. Dabei liegt ihm die Verbindung von Engagement und Gebet mehr als alles andere am Herzen. Bei einem nicht genehmigten öffentlichen Friedensgebet im Kapitol in Washington, D.C. wird er mit mehreren Mitstreitern verhaftet und in Handschellen abgeführt, weil er das Verbot religiöser Betätigung in diesem Tempel der Nation übertreten hat. Das Foto vom verhafteten Mönch geht um die ganze Welt.

Ende 1987 verlasse ich den Lorenzer Laden und gönne mir ein Sabbatjahr in München. Zu Beginn reise ich wieder einmal nach Albuquerque, wo Richard Rohr gerade einige Abendvorträge über das typologische Modell des Enneagramms hält – vor vielleicht 40 bis 50 Zuhörerinnen und Zuhörern. Die Veranstaltungen werden mitgeschnitten, und ich frage Richard Rohr, ob man nach dem Erfolg des Männerbuchs nicht auch dieses Konzept in Deutschland als Buch veröffentlichen könnte. Wie immer ist er einverstanden. Nach meiner Rückkehr mache ich mich ans Werk. Noch gibt es in den USA wenig Literatur zum Thema, in Deutschland noch gar keine. Die Nachschrift und Übersetzung bildet den Kern. Dazu kommen die Ergebnisse eigener Forschungen und eigener Kreativität – wieder unterstützt von Marion Küstenmacher. Der Titel „Das Enneagramm" muss ebenfalls durchgeboxt werden! Diesmal ist das Gegenargument: „Das kennt doch keiner!" Und unser Argument: „Das ist doch der Clou. Das Unbekannte weckt Neugierde!" Der Verlagschef wettet mit uns, dass das Buch keine 40 000 Mal verkauft werden wird. Inzwischen ist es mehr als 500 000 Mal über die Ladentheke gegangen, und es gibt 17 Übersetzungen in andere Sprachen, darunter eine Rückübersetzung ins US-Englische.

Der Erfolg der Vortragsnachschriften, vor allem im deutschsprachigen Raum, ermutigt Richard Rohr, selbst zu schreiben. So entstehen zahllose Abhandlungen über die verschiedensten Themen: eine Einführung in die Bibel; Männerspiritualität; Hinführungen zum kontemplativen Gebet; das Geheimnis der beiden Lebenshälften; die Spiritualität der Anonymen Alkoholiker als Modell, das uns alle betrifft; die Trinität; der Kosmische Christus. Alle Bücher Rohrs wimmeln von biblischen Bezügen und Zitaten, die er aber so auslegt, dass sie überraschend neu und unverstaubt rüberkommen. Er gleicht dem Schriftgelehrten, der zu einem „Schüler des Himmelreichs" geworden ist und von dem Jesus sagt: So einer sei wie „ein Hausvater, der aus seinem Schatz Neues und Altes hervorholt" (Matthäus 13,52). Rohrs genialster Wurf ist wohl die Entwicklung eines fünftägigen Kursformats zur „Initiation" von Männern. Er geht davon aus, dass insbesondere die von weißen Männern dominierte westliche Welt daran krankt, dass es in unserem Kulturkreis keine ernstzunehmende ritualisierte Einführung (Initiation, „Passage") junger Männer in kollektive spirituelle Werte gibt. Konfirmation und Firmung oder gar die atheistische Jugendweihe sind zwar so etwas wie ein schwaches Echo auf diese notwendige Gestaltung des Übergangs vom Kind zum Mann. Aber sie bleiben weitgehend wirkungslos. Anders ist es in archaischen Kulturen wie zum Beispiel in Lateinamerika oder Afrika oder bei den amerikanischen Ureinwohnern. Rohr selbst hat als junger Kaplan bei den Pueblo-Indianern New Mexikos die transformierende Kraft solcher archaischer Riten mitbekommen. Das Vakuum in den postindustriellen westlichen Gesellschaften wird seiner Wahrnehmung zufolge häufig mit destruktiven oder zumindest problematischen Ersatzritualen (der erste Sex, der erste Suff, das erste Auto) gefüllt. Es gibt also Nachholbedarf. An seinen Initiationsriten haben inzwischen tausende Männer in den USA, in England, Australien, Tschechien und im deutschen Sprachraum teilgenommen und nachhaltig davon profitiert. Die katholische Männerpastoral in Österreich hat sich von Rohrs Ansatz beeindrucken und beeinflussen lassen – bis hinein in die Arbeit mit Firmlingen. Vereinigungen wie „Männerpfade"[1] in Deutschland und „Mannsein"[2] in Österreich haben sich der Fortführung dieses einmaligen Ansatzes verschrieben und bieten regelmäßig Kurse nach Richard Rohr an.

Der Ruhm des außergewöhnlichen Franziskanerpaters

---

[1] www.maennerpfade.org
[2] www.mannsein.at

wächst seit den 80er-Jahren des vergangenen Jahrhunderts ständig und unaufhaltsam. In manchen Jahren ist er mit seinen Vorträgen und Kursen auf allen fünf Kontinenten unterwegs. Die Amtskirche beargwöhnt das immer wieder. Aber niemand schafft es, zu beweisen, dass seine kirchen- und gesellschaftskritischen Aussagen „häretisch" sind. Ein einziges Mal wurde er zu seinem Bischof zitiert, weil er bei einer Eucharistiefeier mit amerikanischen Ureinwohnern indianisches Flachbrot statt kirchlicher Hostien gebraucht hat.

Er selbst spricht in gut franziskanischer Tradition von einer „alternativen Orthodoxie". Sie bejaht die Glaubenszeugnisse der Kirche, die Bibel, die frühen Dogmen wie die Trinitätslehre und die Gottessohnschaft Jesu ausdrücklich. Aber sie klopft sie auf ihre praktische Relevanz ab. Schon für Franziskus stand die „Orthopraxie", das evangeliumsgemäße Handeln, über der „Orthodoxie", einem theoretischen System theologischer Wahrheiten. Dabei hat Rohr keine Berührungsängste im Blick auf außerchristliche mystische Wege und Erfahrungen wie ZEN, Yoga und andere alte Weisheitslehren. „Prüft alles und behaltet das Gute!" Diese Einladung des Apostels Paulus, den er als großen Mystiker verehrt, nimmt Richard Rohr ernst.

Auf den ersten Blick wirken die Themen, die Richard Rohr behandelt, wie zufällig zusammengewürfelt: Männerspiritualität und Enneagramm, Kontemplation und die Weisheit der Anonymen Alkoholiker, die Bibel und die beiden Lebenshälften, die Bedeutung Marias und der Sinn der Träume, „alternative Orthodoxie" und die Dämonien von Macht, Ansehen und Besitztümern – die Reihe ließe sich fast beliebig fortsetzen. Gibt es in all dieser Vielfalt so etwas wie einen heimlichen Roten Faden? Vielleicht ist er tatsächlich in dem unscheinbaren Wörtchen „und" verborgen. Alle echte Spiritualität entfaltet sich für Richard Rohr im Raum des Komplementären und Paradoxen, wo die gängige Logik an ihre Grenzen kommt. Dem großen mittelalterlichen Philosophen und Mathematiker Nikolaus von Kues (1401–1424) zufolge fallen in Gott alle logischen Gegensätze zusammen. In Gott löst sich das Entweder-Oder auf in ein Sowohl-Als-Auch. Aktion *und* Kontemplation, Gottheit *und* Menschheit, Geist *und* Materie, Oben *und* Unten, Alt *und* Jung, Mann *und* Frau ... immer geht es Richard Rohr um die Versöhnung, die Synthese scheinbarer Dualitäten. Schon die Festschrift, die der Claudius Verlag zum 50. Geburtstag Richard Rohrs vor 25 Jahren veröffentlicht hat, trug den Titel „Himmel *und* Erde verbinden". Der Titel der vorliegenden Sammlung ist „Geheimnis *und* Gnade". Richard Rohr hat sich immer als Brückenbauer, ja als Brücke verstanden. Und er war sich bewusst, dass man auf einer Brücke von beiden Seiten herumtrampelt. Brückenbauer stehen immer im Verdacht, Komplizen der Gegenseite zu sein. Oder Relativisten, die einem *anything goes* das Wort reden. Rohrs Non-Dualismus ist alles andere als postmoderner Relativismus oder Subjektivismus, der unweigerlich in Narzissmus und Nihilismus endet, wie Ken Wilber beobachtet. Rohrs Dialektik lebt davon, dass er Grenzen transzendiert, aber die Tradition zugleich immer auch integriert und mitnimmt. Er ist kein antidogmatischer Bilderstürmer, sondern entdeckt gerade in den ältesten kirchlichen Konzepten wie der Lehre von den beiden „Naturen" Jesu (wahrer Mensch UND wahrer Gott) oder der Trinitätslehre (der *eine* Gott offenbart sich auf *dreifache* Weise) das Wesen der Nicht-Dualität. Freilich steht für ihn vor jedem Non-Dualismus die Grundentscheidung *für das Leben* und *für den Weg der Gnade*. (5. Mose/Deuteronomium 30,19: „Den Himmel und die Erde rufe ich heute als Zeugen gegen euch an. Leben und Tod lege ich dir vor, Segen und Fluch. Wähle also das Leben, damit du lebst, du und deine Nachkommen!")

Diese Textsammlung, von Heide Warkentin mit großer Sorgfalt zusammengestellt, spiegelt sowohl die Vielfalt und den

Themenreichtum Richard Rohrs wieder als auch die ständigen Querverbindungen der zahlreichen Themen. Manchmal wirkt das auf den ersten Blick, als würde Rohr immer wieder „von Hölzchen auf Stöckchen" kommen. Aber wenn man sich einliest, wird man merken, dass und wie tatsächlich alles mit allem zusammenhängt.

Richard Rohr ist sich erstaunlich treu geblieben. Die Texte dieses Buches reichen von den frühen 70er-Jahren des vergangenen Jahrhunderts bis in die Gegenwart hinein. Vieles von dem, was er schreibt, scheint gleichzeitig zeitlos UND brandaktuell zu sein. Auch diesbezüglich ein Brückenbauer! Deswegen ist es weise, dass dieses Buch nicht chronologisch aufgebaut ist, sondern quasi lexikalisch.

In den letzten Jahren reist Rohr weniger. Er hat die Segnungen des Internets schon lange erkannt. Die Vorträge und Seminare seiner „Lebendigen Schule" kann man auf der ganzen Welt herunterladen – vieles kostenlos auf Youtube, manches auch im Zahlabo.[3]

Der Jesuit und Autor James Martin nennt Richard Rohr „einen der großen spirituellen Meister unserer Zeit und – in der Tat – aller Zeiten". Zu Recht. Ich bin dankbar für diesen Mentor, väterlichen Freund, Wegbereiter und Wegbegleiter, der mich inspiriert hat wie wenige andere. Mein Lebensweg wäre ohne die denkwürdige Begegnung in der Karwoche 1977 vermutlich ganz anders verlaufen.

Richard Rohr war 33 Jahre alt, als wir uns kennen lernten. Jetzt ist er 75 Jahre alt – und sich treu geblieben. Und das bedeutet auf dem spirituellen Weg: Altes zu bewahren und gleichzeitig immer wieder Neues zu entdecken und in das bereits Gewusste und Durchlebte zu integrieren. Durch Niederlagen zu lernen. „There is a crack in everything – that's how the light gets in"

---
3 www.cac.org/living-school

(In allem ist ein Riss – so dringt das Licht ein) – diese Liedzeile Leonard Cohens liebt Rohr besonders. Der geistliche Weg ist kein Aufstieg, sondern ein Abstieg. Wir fallen, aber wir fallen nach oben! Gott ist nicht Gipfel, sondern zugleich Grund (und Abgrund!) unseres blassen Daseins. „Nach oben fallen" heißt Rohrs Buch über die beiden Lebenshälften – in Deutschland unter dem Titel „Reifes Leben" erschienen. Rohr weiß, wovon er spricht, auch wenn sein Leben rein äußerlich wie eine große Erfolgsstory aussieht. Er ist ein „verwundeter" und deshalb auch verwundbarer Heiler. Und nur solchen Heilern darf man vertrauen!

Ein gesegnetes Leben! Und ein Segen für viele! Hoffentlich noch lange.

Andreas Ebert

Aufbruch

Je länger wir auf der Reise des Glaubens sind, desto mehr hat Glaube etwas mit Vertrauen und mit Hingabe zu tun. Das Reich Gottes lässt keinen von uns in unserem eigenen kleinen Reich, wo wir bestimmen, was passiert. Gott führt uns alle hinaus in ein neues Land wie Abraham.

Richard Rohr, *Von der Freiheit loszulassen*, S. 69

Autobiografisches

Wir haben Richard Rohr gebeten, etwas über seine deutschstämmige Familie zu erzählen und darüber, was es für ihn als Amerikaner bedeutet, deutsche Vorfahren zu haben.

Die Rohrs stammen aus einem Dorf namens „Busenberg" in der Nähe von Bamberg – ein komischer Name, habe ich mir sagen lassen. Der Mädchenname meiner Mutter war „Dreiling" und ihre Familie kam entweder aus der Gegend um Passau oder Würzburg. Beide Familien haben, weil sie arm waren, Deutschland in den 1770er Jahren auf Einladung von Katharina der Großen verlassen, um an der Wolga Landwirtschaft zu betreiben. Aber auch dort wohnten sie in einem deutschen Ghetto mit starkem Zusammenhalt und hatten nicht viel mit der russischen Bevölkerung zu tun. Sie lebten über hundert Jahre lang in ihren evangelischen und katholischen Enklaven. Offensichtlich litt die Qualität ihres Sprachvermögens über die Jahre. Es wurde mir berichtet, dass meine Großeltern, die aus diesem Gebiet kamen, nur noch schlecht Deutsch sprachen. Wir haben sie jedoch nie anders sprechen hören – und natürlich haben wir kein Wort davon verstanden. Es war das typische Muster der ersten Generation, die nur ihre Muttersprache gesprochen hat. Meine Eltern haben dann beide sowohl schlechtes Englisch als auch schlechtes Deutsch gesprochen. Deshalb wurde uns Kindern nur noch Englisch beigebracht, damit wir in den USA erfolgreich werden konnten. Das einzige, was wir auf Deutsch lernten, war ein Gruß zu Silvester, den wir auswendig lernen und unseren Großeltern aufsagen mussten. Die Aussprache war schwierig für uns.

Ich bin im Jahr 1943 geboren und wir wollten nicht deutsch wirken, da es wegen der Nationalsozialisten so viele Vorurteile gegen die Deutschen gab. Wir hatten große Angst und schämten uns für unsere deutschen Wurzeln, deshalb habe ich kein Deutsch gelernt und wir haben kaum über unsere deutsche Herkunft gesprochen. Ich weiß, dass die Deutschen das verstehen können. Das ist nun alles vorbei, Gott sei Dank. Seltsam, wie Namen von Lebensmitteln dazu eingesetzt werden, Menschen zu beschämen. Wir wurden „Krauts" genannt, weil es ein dummes Stereotyp war, dass die Deutschen zu allem Sauerkraut essen. Deshalb haben wir in Gesellschaft niemals Sauerkraut gegessen. Das ist alles so traurig.

Also ich glaube, was ich von meinem deutschen Erbe mitbekommen habe, ist eine sehr starke Arbeitsmoral, ein zu legalistisches, katholisches Verständnis vom Christentum – und vielleicht auch eine hohe Toleranzschwelle für Alkohol!

Ich muss aber auch erwähnen, dass, sobald die 1940er-Jahre überstanden waren, meine erweiterte Familie, die aus 101 Cousins und Cousinen ersten Grades besteht, im Laufe der Zeit ziemlich stolz auf ihr deutsches Erbe wurde. Ich durfte im Jahr 1976 beim Treffen „Unsere Leute" die Predigt halten, bei dem der 100. Jahrestag unserer Ankunft im Staat Kansas gefeiert wurde. Wir haben eine Arena mit Tausenden von Menschen gefüllt und uns wurde berichtet, dass wir innerhalb von 100 Jahren nicht nur zwei Bischöfe, 100 Priester und 400 Nonnen hervorgebracht haben, sondern auch, dass die meisten anderen Verwandten ziemlich erfolgreich in der Landwirtschaft oder Lehrer, Nonnen und Kapuzinerpriester waren. Sie sehen also, was für ein katholisches Ghetto es damals war!

Die Farmdörfer in dem riesigen Gebiet mit Weizenfeldern in Kansas waren von fruchtbarem Farmland umgeben und die Menschen dort haben die Lebensweise aus Russland fortgeführt: Die Bewohner waren entweder evangelisch oder katholisch und die beiden Gruppen hatten wenig miteinander zu tun.

© Richard Rohr, geschrieben am 19.05.2017

Gebet war in jeder Phase meines Lebens etwas anderes. Es ist ein Prozess. Wer behauptet, Gebet sei für ihn zeitlebens dasselbe geblieben, sagt nicht die Wahrheit. Gebet verändert sich so grundlegend, dass man das, was man in einer Periode des Lebens Gebet nennt, in einer anderen kaum so bezeichnen würde. Die ersten Erfahrungen, die ich heute Gebet nennen würde — damals hätte ich sie nicht so genannt —, hatte ich während meiner Grundschuljahre in Topeka, Kansas. Es klingt wahrscheinlich sehr altmodisch katholisch, aber ich machte diese Erfahrungen als Ministrant in der Mariä-Himmelfahrt-Pfarrei. Ich musste zeitig aufstehen, um bei der Messe zu dienen. In der Kirche fühlte ich mich wohl und ging samstags oder nach der Schule oft allein dorthin. Ich pflegte mich dort einfach lange hinzuknien – das gab mir ein Gefühl, ganz da zu sein, ein Gefühl von Geborgenheit und Wärme.

Dabei spürte ich, dass mein Leben eine Mitte hatte und nicht sinnlos und zersplittert war; es gab etwas, was mein Leben zusammenhielt. Dieses Erlebnis zentrierte mich gleichsam, bevor ich in eine disparate Welt aufbrach. Dieses disparate Lebensgefühl habe ich später bei vielen jungen Menschen angetroffen, mit denen ich zu tun hatte. Sie müssen ungeheure Anstrengungen aufbringen beim Versuch, sich selbst einigermaßen beisammen zu halten. Ich brauchte das nicht. Ich kann mich an mindestens ein halbes Dutzend Gelegenheiten erinnern, wo ich diese Grunderfahrung gemacht habe. Das war zwischen der vierten und der achten Klasse und passierte nicht nur in der Kirche, sondern auch in der Natur – zum Beispiel im Garten hinter unserem Haus. Ich war dabei immer allein.

Ich möchte jenen Erlebnissen keinen übertrieben mystischen Sinn zuschreiben. Jedenfalls schien dabei jedes Mal die Zeit und alles stehenzubleiben. Ich wusste einfach, dass das Leben vertrauenswürdig war. Ich wusste, dass das Leben gut war und einen Sinn hatte. Es war nicht absurd. Die Folge solcher Augenblicke war immer eine große Freude.

Einmal war ich draußen auf einem Feld. Ich war unterwegs zu einem Pfadfindertreffen und hatte meine Uniform an. Es war schon dunkel. Plötzlich überkam mich ein starkes Gefühl von der Gegenwart Gottes – und davon, dass Gott gut war. Ich musste niederknien. Schließlich sprang ich auf und ging zu meinem Treffen. Es gab niemanden, mit dem ich über diese Erlebnisse reden konnte. Das war damals nicht die Zeit für religiöse Erfahrungen. Es war die Zeit der Gesetze und Strukturen. Aber diese Erlebnisse gaben mir Geborgenheit. Weil Gott für mich so real war, wollte ich Priester werden. Während meiner Zeit im Priesterseminar zweifelte ich niemals ernsthaft an meiner Berufung. Die Gotteserfahrung meiner Jugend war mir innerlich so gewiss, dass sie einen Großteil der üblichen Ängste von mir nahm. Ich hatte eine zentrierende Erfahrung gemacht, die alles andere einschließlich der kirchlichen Enge und Gesetzlichkeit nur wie überflüssiges Beiwerk erscheinen ließ.

Ungefähr 1957 las ich Felix Timmermans Buch *Franziskus*, die populär geschriebene Lebensgeschichte des Franz von Assisi, eine Art Klassiker dieser Literaturgattung. Ich sah in Franz, was jeder in ihm sieht. Als junger Bursche auf der Suche nach Freiheit und Abenteuer fand ich in ihm meinen Leitstern. Er wurde mein Held. Er wagte alles und fand einen Weg zum Glück in dieser Welt. Der fröhliche Bettler, der freie Mann, der sich von den Systemen dieser Welt nicht vereinnahmen ließ – er erregte meine Bewunderung. Ungefähr zur selben Zeit hielten zwei Franzsiskaner-Patres eine Einkehrwoche in meiner Heimat-Pfarrei. Ich hatte nie zuvor einen Franziskaner gesehen, aber als ich sah, wie sie in ihren braunen Kutten mit dem weißen Strick daherkamen, sagte ich: „Genau das will ich werden." Deshalb zog ich nach der achten Klasse, ich war gerade vierzehn, nach Cincinnati, Ohio, um bei den Franziskanern einzutreten.

Als ich mit neunzehn Novize war, begann ich, die bedingungslose Liebe Gottes übermächtig zu erleben. In der Sprache der charismatischen Bewegung würde ich sagen: Ich wurde im Heiligen Geist getauft. Die ganze Gesetzlichkeit, die man uns beibrachte – es war 1961, noch vor dem Zweiten Vatikanischen Konzil! – löste sich in nichts auf. Damals beschäftigte man sich ständig mit Regeln und Gesetzespflichten und sang endlose lateinische Messen. Das Ganze war für mich ziemlich trocken und steril; ich glaube, für die meisten meiner Klassenkameraden auch. Ich hatte immer versucht, der Musterknabe zu sein. Ich sehe mich noch wie heute, was für ein kleiner Pharisäer ich war. Ich wollte alles perfekt machen, perfekt und nochmals perfekt. Mitten im Schuljahr war das zu einer riesigen Last geworden. Da kniete ich eines Tages in der Kirche, und plötzlich überkam es mich wie von einer Stimme: „Ich bin Liebe, ich bin dein Vater. Es ist alles okay. Alles andere ist unwichtig." Danach war ich erstaunlich frei. Es war wie eine Fortsetzung jener ersten religiösen Erfahrungen, aber auf einer viel tieferen Ebene. Es war das Gefühl einer verschwenderischen, bedingungslosen Liebe und einer tiefen Geborgenheit.

Ich glaube, meine nächste große innere Öffnung erlebte ich in meinem ersten Jahr im St.-Leonhard-Seminar in Dayton, Ohio, wo ich in meinem ersten theologischen Jahr mit dem Studium der Bibel begann. Seitdem hat meine Liebe zur Heiligen Schrift nicht aufgehört. Beim Lesen der Evangelien – ich las damals die Bibel mindestens zweimal von vorn bis hinten – habe ich mich geradezu verliebt in das, was ich erfuhr. Und ich geriet in Aufregung, weil ich das Gefühl hatte, die meisten Leute hätten den springenden Punkt total verpasst. Wahrscheinlich bin ich ungeheuer arrogant, aber ich bin noch immer der Meinung, die meisten haben das Entscheidende nicht begriffen. Deswegen verließ ich mich auf meine eigene Schriftauslegung. Sie entsprach meinem inneren Weg, der mich über das Gesetz hinaus in den Raum des Geistes geführt hatte. Für mich vollzog die Bibel den gleichen Schritt. Die Heilige Schrift war mein zweites Befreiungserlebnis. Damals nannten sie mich „Brother Happy" – Bruder Fröhlich. Das war ich auch. Und ich konnte gar nicht darauf warten, zum Priester geweiht zu werden, weil ich anderen Leuten die Wahrheit weitergeben wollte, die ich erkannt hatte – falls das nicht zu eingebildet klingt. Ich wusste: Mein Herz war durch Gott befreit worden und mein Kopf durch die Bibel.

Zunächst fiel mir das Grundmuster der Bibel auf. Ich merkte, dass sie über einen Glaubensprozess, eine Reise des Glaubens redete. Sie sprach nicht über „Religion". Im Gegenteil: Ich bemerkte, wie anti-religiös die Bibel war. Das beginnt bereits im Alten Testament. Da ist zum Beispiel das Volk damit beschäftigt, den Tempel zu bauen oder liturgische Rituale zu zelebrieren. Und dann kommen die Propheten im Namen Gottes und sagen: „Das will ich nicht! Ich will Barmherzigkeit, keine

Opfer!" Etwas Ähnliches ereignete sich in meinem Inneren. Ich fing als religiöser, katholischer und konservativer Junge aus Kansas an (was übrigens kein schlechter Start ist!) und erlebte dann eine Art Durchbruch. Religion ist nur die äußere Schale, eine Art Gerüst. Irgendwann muss das Gerüst abgebaut werden. Ich erlebte, wie sich die meisten Menschen am Gerüst festklammerten, genauso wie einst die Pharisäer. Ich sah, wie Jesus diese Haltung durchbrach. Bei den meisten Leuten schien es nie zu solch einem Durchbruch zu kommen. Sie machten niemals die Reise über die Religion hinaus zum Glauben. Um nämlich das zu schaffen, ist ein Zweites nötig, das mir ebenfalls in der Schrift begegnet ist: eine tiefe Erfahrung der bedingungslosen Liebe Gottes.

Leider sind in unserer kirchlichen Sprache Wachstumsprozesse und Lebensreisen kaum vorgesehen. Unsere Sprache verkündet Resultate, Ergebnisse, ewige Wahrheiten. Sie ist nicht offen und vorläufig. Schon in der ersten Klasse lernen wir die Schlussfolgerungen. Wir sprechen weniger eine Wachstumsals eine Beharrungssprache. Man bringt uns bei, dass wir an den feststehenden Schlussfolgerungen auch festhalten müssen – anstatt uns im Laufe unseres Wachstumsprozesses auf neue Erfahrungen einzulassen.

Außerdem machte ich die traurige Entdeckung – und deshalb gefielen mir die Charismatiker so gut –, dass die meisten Leute keine Liebhaber Gottes waren. Nach meinem wohl etwas barschen Urteil hatten die meisten Leute vor allem Angst vor Gott. Deswegen versuchten sie, Gott irgendetwas zu beweisen, die Liebe eines Gottes zu verdienen, an dessen Liebe sie eigentlich nicht glaubten. Zu einem liebenden, väterlichen und mütterlichen Gott hatten sie keine echte und unverkrampfte Beziehung. Da gab es einfach zu viele Ängste. Sie konnten nicht glauben, dass Gott sie mochte. Und, wenn sie vor sich selbst wirklich ehrlich waren, dann mussten sie zugeben, dass sie selber Gott auch nicht mochten. Sie würden zwar bekennen, Gott zu „lieben" – das Wort „lieben" ganz bewusst in Gänsefüßchen! Natürlich gab es immer jenes Gerede: „Ich liebe Gott und Gott liebt mich" und so weiter. Aber wenn ich in der Seelsorge etwas weiter in die Tiefe vordrang, dann stellte sich bald heraus, dass die meisten im Grunde eine Wut auf Gott hatten – und Angst vor ihm. Allein durch das kontemplative Element in meinem Leben, durch Stille und Gebet, durch die Erfahrung der Gegenwart Gottes, kam es bei mir zum Durchbruch. Und das war immer die Erfahrung bedingungsloser Liebe.

Vorherrschend war dabei das Gefühl einer intensiven inneren Vitalität, weil ich wusste: Das ist es. Aber zwischen dieser Erfahrung und arroganter Selbstgerechtigkeit verläuft eine sehr dünne Linie, vor allem, wenn man sieht, wie sich andere Leute mit äußerer Religiosität und Gesetzlichkeit begnügen. Diese Linie habe ich leider bis zum heutigen Tag oft überschritten. Ich bin anfällig für Selbstherrlichkeit, rasche Urteile und Zynismus. Das ist meine Sünde. Es ist wirklich eine sehr feine Linie. Manchmal möchte ich Leute, die sich hinter äußeren Formen verschanzen, einfach durchschütteln. Ich tue das ganz unbewusst; ich will ihnen einfach sagen: „Komm doch da raus, komm doch endlich, komm doch!" Menschen entwickeln gewaltigen Widerstand, wenn man anfängt, von Nähe, Liebe, Durchbruch, Wachstum, Weg und bedingungsloser Hingabe zu reden. Das ist die Sprache der Passion – die Sprache von Leiden und Leidenschaft. Sie macht den Menschen Angst. Sie wollen einen leidenschaftslosen Gott, einen Gott ohne Passion. Als ich einen „passionierten" Gott erlebte, dem ich glauben konnte, dass er mich gern hatte, einen Gott, der selbst „fühlte" – wenn ich so menschlich von Gott reden darf –, da löste das einfach innere Lebendigkeit, Begeisterung und Freude aus. Davon wollte ich allen Leuten erzählen.

Ich wurde 1970 in der Pfarrei zum Reinen Herzen Mariens

in West-Topeka zum Priester geweiht. Meine Eltern leben dort bis heute. Diese Kirche liegt zufällig genau an dem Ort, wo die amerikanische Pfingstbewegung angeblich begonnen hat. Damals stand an der Ecke von der 17th Street und Stone Street ein großes Haus, das Stone's Folly hieß. An dieser Straßenecke befindet sich heute die Kirche zum Reinen Herzen Mariens. Dieses Haus soll das vornehmste und größte Haus gewesen sein, das um die Jahrhundertwende in Topeka stand. Ein Mr. Stone hatte diese Villa errichtet. Im Jahre 1900, als er ausgezogen war, versammelte sich eine Gruppe evangelikaler Christen in diesem Haus. Sie nannten sich Charles Parhams Bibelschule. Silvester 1900, also am letzten Abend vor Anbruch des neuen Jahrhunderts, trafen sie sich und verpflichteten sich, ein Jahr lang zu beten und die Bibel zu studieren, um die verschütteten Gaben des Heiligen Geistes neu zu entdecken. Der Überlieferung zufolge begannen sie genau ein Jahr später, wieder am Silvesterabend, „in Zungen zu reden". Das ganze klingt fast zu spektakulär, um wahr zu sein, das Timing und alles. Aber so soll es gewesen sein. Viele datieren hier den Anfang der modernen Pfingstbewegung.

Sei es, wie es sei: Ich wusste bis zum Tag meiner Priesterweihe am 13. Juni 1970 nichts von dieser Geschichte. Als ich nach der Ordination zum Händeschütteln am Ausgang stand, kam eine Frau auf mich zu und sagte: „Der Heilige Geist wird Sie benutzen!" Ich erwiderte etwas wie „Ja, ja, ich weiß." (Ich hatte diese Selbstsicherheit, weil ich gerade geweiht worden war und so.) Sie wollte mit mir reden und erzählte mir später diese ganze Geschichte. Wie sich zeigte, war sie eine katholische Charismatikerin. Der Herr hatte ihr gezeigt, wie sie sagte, dass ich der erste katholische Priester sei, der genau dort geweiht wurde, wo vor genau 70 Jahren die Pfingstbewegung angefangen hatte. Wie so viele Charismatiker hatte die Frau ein Faible für Zahlensymbolik, und die 70 Jahre waren für sie natürlich auch tief symbolisch.

Sie erinnerten sie an die 70 Jahre der babylonischen Gefangenschaft des Volkes Israel. Meine Weihe war für sie ein Symbol dafür, dass nun endlich die institutionalisierte Kirche die charismatische Erfahrung zulässt. Zu dieser Zeit hatte ich selbst noch keinerlei Berührung mit der charismatischen Bewegung gehabt. Die Frau kam mir auch – ehrlich gesagt – ein bisschen merkwürdig vor. Aber genau ein Jahr später begannen in Cincinnati viele sehr außergewöhnliche Dinge zu geschehen, die schließlich zur Gründung der „New Jerusalem Community" führten. Ich erzähle die Geschichte dieser Frau nicht oft, weil ich nicht allzu viel daraus machen will. Manche Leute behaupten, es sei eine echte Prophetie gewesen, dass ich auf besondere Weise gebraucht werden würde. Das stimmt wohl, aber viele andere Leute sind auch auf besondere Weise gebraucht worden.

Nach meiner Priesterweihe kehrte ich nach Cincinnati zurück und wurde Religionslehrer im Gymnasium der Franziskaner. Das Gebetsleben in unserer Bruderschaft schien mir damals trocken und tot. Ich hörte davon, dass sich die Charismatiker im Keller einer nahegelegenen katholischen Kirche versammelten und beteten. Ein paarmal ging ich hin. Ich hielt mich selbst für keinen Charismatiker; manche Manifestationen und emotionale Zurschaustellungen kamen mir auch reichlich spanisch vor. Trotzdem spürte ich, dass etwas Echtes dabei war. Daran zweifelte ich nie. Diese Menschen hatten dieselbe Erfahrung gemacht wie ich, sie hatten in der Liebe Gottes Geborgenheit gefunden. Sie wussten, dass Gott Liebe ist. Sie hatten Erfahrungen mit ihm gemacht. Ich schloss mich ihnen schon deshalb nicht an, weil ich nach dem Konzil eine so gediegene akademische Ausbildung erhalten hatte. Was diese Leute betrieben, war offensichtlich mit vielen Mängeln und mit viel Unreife behaftet. Das alles war meinem Urteil zufolge nicht ganz stimmig. Dennoch habe ich ihre Erfahrung und ihre Gutwilligkeit nie in Zweifel gezogen und ab und zu mit ihnen gebetet.

Dann wurde mir die Aufgabe übertragen, für die Erzdiözese von Cincinnati die Jugend-Exerzitien zu leiten. Im November 1971 hielt ich die ersten Wochenend-Rüstzeiten für junge Männer. Als ich über die bedingungslose Liebe Gottes predigte, begannen sie einer nach dem anderen zu weinen. Es handelte sich um 18-jährige Jung-Machos kurz vor dem Schulabgang! Nie wieder habe ich ein Wochenende erlebt wie jenes erste. Seither haben die Überraschungen Gottes Platz in meiner Theologie, denn ich habe erlebt, dass Gott souverän und frei ist, zu tun, was er will. Ich glaube, das war der Beginn von „New Jerusalem" – durch göttliche Initiative und Aktion. Ich habe seither viele Einkehrtage gehalten, aber damals, das war eine Spezial-Ausgießung des Heiligen Geistes! Die jungen Männer blieben die ganze Nacht wach, sangen und beteten um den Altar herum. Als ich am frühen Morgen wiederkam, beteten einige „in Zungen". Ich betete damals selbst nicht auf diese Weise und habe es ihnen jedenfalls nicht beigebracht. Ich weiß noch, wie ich hinten in der Kirche stand und sie beobachtet habe. Erstmal war mir mulmig. Schließlich war das eine Franziskaner-Kirche, und ich hatte bereits gerüchteweise vernommen, dass sich einige der Brüder, die neben der Kirche wohnten, furchtbar aufregten, weil da junge Leute die ganze Nacht in der Kirche sangen und „Krach machten". Ich höre mich noch sagen: „Mein Gott, wie soll ich damit bloß umgehen?" Aber gleichzeitig war ich begeistert, weil ich gemerkt habe, dass da etwas ganz Wichtiges passierte. Diese jungen Männer erlebten gerade genau das, was auch ich erlebt hatte. So mischten sich bei mir Begeisterung und Angst, innere Lebendigkeit und Sorge nach außen. So ging es zwei Jahre, während ich zusah, wie mir das Ganze über den Kopf wuchs. Dabei sollte ich doch der geistliche Führer sein! Das machte mich äußerst vorsichtig. Ich war mein eigener schlimmster Teufels-Advokat. Ist das alles wirklich echt? Dabei entwickelte ich so eine Art „Ja-Aber-Einstellung".

Das zeigt sich zum Beispiel in meiner Haltung zur „Zungenrede". Für mich ist sie ein Weg in die rechte Hirn-Hemisphäre auf unsere nicht-rationale Seite. So wichtig sie auch sind, die „neuen Zungen" sind die geringste aller Geistesgaben. Aber sie sind besonders wichtig für die westliche Gesellschaft, weil diese Erfahrung unser Vertrauen auf die linke Hirn-Hemisphäre untergräbt, auf die rational-analytische Seite. Die Gabe der Zungen katapultiert uns – ähnlich, wie es unsere Träume tun – auf die rechte Seite, die für geistliche Erfahrungen weit offener ist als die linke. Das Wichtige dabei ist, dass man wenigstens einmal im Leben die Freiheit und Offenheit hat, seine verbale, logische und vernünftige Seite zu vergessen und sich unzusammenhängendem Kindergeplapper zu überlassen. Das bedeutet zugleich Hingabe an das Geheimnis der Gegenwart Gottes. Ich gebe wenigstens einmal im Leben zu, dass mein bisschen Verstand und mein bisschen Sprache nicht ausreichen, um diese Wirklichkeit zu erfassen. Deshalb ist es wichtig, die Gabe der Zungenrede zuzulassen.

Aber – und das ist mein „Aber-Teil" – die Gabe der Zungenrede ist nicht unbedingt ein Zeichen besonderer Heiligkeit. Es gibt Menschen, die den Durchbruch zu ihrer mystischen Tiefe ohne den Empfang dieser Geistesgabe erlebt haben. Man muss nicht in Zungen reden, um das zu erleben. Ich kenne einfach viel zu viele neurotische, verklemmte und egoistische Leute, die diese Gabe besitzen. Ich halte diese Gabe also nicht für ein Zeichen von irgendetwas. Aber ich nehme den Empfang dieser Gabe doch als Zeichen von etwas, nämlich als Zeichen eines Durchbruchs. Ich glaube, ich erlebte das durch die jungen Männer an jenen Wochenenden und durch das Wachsen unserer Lebensgemeinschaft „New Jerusalem". Diese Erfahrung veränderte mich, weil ich frühere Denkgewohnheiten einfach loslassen musste, als ich sah, wie der Gott der Überraschungen souverän und frei handelte.

Jenes erste Wochenende ging bis Sonntag. Die jungen Männer fragten mich, ob sie am Freitag wiederkommen könnten, um gemeinsam zu beten. Sie brachten natürlich auch ihre Freunde und Freundinnen mit. Wir hielten unser erstes Gebetstreffen ab. Schon am ersten Abend hatten auch viele der Mädchen dieses Durchbruchserlebnis, das die Pfingstler „Taufe im Heiligen Geist" nennen. Danach hörte es einfach nicht mehr auf. Wir trafen uns jede Woche. Innerhalb von drei Monaten waren wir schon 300. In den Jahren 1972 bis 1974 wuchsen wir auf bis zu 1000 Teilnehmer und Teilnehmerinnen an. Jetzt kamen auch Erwachsene, Ordensleute und Pfarrer. Alle mussten dabei sein und sehen, was da los war. So zogen wir in eine große Turnhalle um. Unsere Messfeier dauerte in der Regel drei Stunden. Ich predigte eine Stunde lang. Es war phänomenal. Die jungen Leute saßen überall.

Ich erlebte damals ungeheuer viel Kraft, Energie, Begeisterung, Freude und viele Durchbrüche – aber häufig fehlte dem Ganzen der Tiefgang. Natürlich war da Kraft, aber eben doch nur die Art von geistlicher Kraft, zu der diese Jugendlichen fähig waren. Sie kannten sich selbst noch nicht; sie hatten noch keine Reise irgendwohin gemacht. Deshalb beschlossen wir, in Richtung Lebensgemeinschaft aufzubrechen. Die Energie dazu war schon vorhanden. Es war einfach nicht genug, einmal pro Woche zusammenzukommen. Sie wollten ein zweites Treffen, wo ich ihnen ausschließlich die Bibel auslegen sollte. So entstanden nebenbei die ersten Kassetten, die bald im ganzen Land vertrieben wurden. Auf wundersame Weise kamen wir an eine leerstehende Villa, wo ich jedes Wochenende Einkehrtage für junge Leute halten konnte. Einige davon stießen auch zu der Gebetsgruppe. Aber wir merkten, dass das ganze Experiment nicht tief genug ging. Außerdem wurde uns klar, dass diese Tiefe nur dadurch zu erreichen war, dass wir verbindlich miteinander lebten. So fing unser bewusster Weg hin zu einem kommunitären Leben an. Im Mai 1974 gab sich die Gruppe schließlich den Namen „The New Jerusalem Community".

In den ersten Jahren haben wir fast ausschließlich charismatisch gebetet. Diese Art des Gebets hat Kraft, wirkt anziehend und ansteckend, vermittelt die Erfahrung, dass es eine geistliche Welt und Wirklichkeit gibt. Aber wenn es beim charismatischen Beten oder bei der Gebetsgemeinschaft bleibt, dann führt das nicht sonderlich tief. Man muss bereit sein, mit dieser Erfahrung alleine weiterzugehen, in der Stille verantwortlich damit umzugehen, sie durch andere geistliche Übungen zu ergänzen. Man muss vor Gott ein Individuum werden, nicht nur Teil eines Gruppen-Bewusstseins. Wir hatten am Anfang ein starkes Wir-Gefühl. Der Herr war unter uns, wenn wir beteten. Aber für die meisten der jungen Leute war das auch schon alles. Es wurde eine Art neues Konsum-Objekt.

Einige gingen natürlich tiefer. Noch heute gibt es in „New Jerusalem" etwa zehn Mitglieder, die schon in den ersten drei Monaten dabei waren. Um Tiefe zu entwickeln, mussten sie sich auf eine Gottesbeziehung einlassen, für die sie ganz allein die Verantwortung übernahmen. Sie mussten ihre eigene Reise machen und ihr eigenes Ego herausfordern lassen. Ihr Ego musste gewisse Sterbe-Stadien durchlaufen. Diese Leute sind die einzigen, die übrigblieben und zu einer tieferen Glaubenserfahrung durchstießen. Die Gemeinschaftserfahrung und die individuelle Erfahrung bereicherten einander. Aber es war nötig, Gemeinschaft und Alleinsein in die rechte Balance zu bringen. Am Anfang stand die kollektive Erfahrung, worüber ich froh bin. Evangelikale erleben zwar auch etwas in der Kirche, aber sie pressen es normalerweise in eine höchst individualistische „Jesus-und-ich-Sprache": „Nimm Jesus Christus als deinen persönlichen Herrn und Heiland an!" Wir haben solche Formulierungen nie benutzt. Unsere Sprache war von Anfang an kommunitär, auf den Leib Christi bezogen. Wir begannen mit der Gemeinschaftserfahrung, und einige sehr reife Einzel-Persönlichkeiten gingen gerade daraus hervor. Ich bedauere nicht, dass wir so angefangen haben. Denn wenn man mit einem individuellen Seelen-Trip anfängt, dann wollen die Leute das nicht mehr um der Gemeinschaft willen aufgeben und loslassen. Die Form des Gebetstreffens war sehr hilfreich. Sie bestand aus persönlichen Glaubenszeugnissen, Predigt und Gebet. Dadurch wurde den Teilnehmern und Teilnehmerinnen klar, dass ihre religiösen Erfahrungen wichtig waren. So sehr ich die Liturgie liebe: Sie spiegelt doch sehr die Pyramiden-Struktur der Kirche wider. Sie vermittelt eine offizielle religiöse Erfahrung von oben nach unten, von der Kanzel hinunter zum Kirchenvolk. Die Kommunikation verläuft im Großen und Ganzen nur in eine Richtung. Die Gemeinde hat kaum eine Chance, sozusagen etwas von sich selbst zu haben; die Gläubigen können sich kaum gegenseitig bereichern. Die religiöse Erfahrung des Pfarrers ist ihre einzige Quelle. Das führt zu einer sehr einseitigen Betrachtungsweise der Schrift. Der Priester spricht aus seiner zölibatären, männlichen, klerikalen und meist akademischen Sicht. Einer der Gründe, weshalb unsere Gemeinschaft innerlich stark wurde, war der, dass wir andere Gottesdienst- und Gebetsformen hatten als die vom Pfarrer geleitete Sonntagsmesse. Ich glaube, die Kirche der Zukunft muss diese anderen Formen entdecken. Man sieht zum Beispiel an den lateinamerikanischen Basisgemeinden, welche Möglichkeiten darin stecken. Entscheidend für ihre Gottesdienste ist der Austausch ihrer Erfahrungen als Laien. Was sagt ihnen Jesus durch die Heilige Schrift in ihrem Alltag? In ihren Gottesdiensten haben sie die Gelegenheit, darüber zu reden – und das ist nicht-akademisch, nicht-männlich, nicht-klerikal. Es ist viel familiärer und konkreter und deshalb viel lebendiger.

Neben den Gottesdiensten haben wir bald kleine, überschaubare Hauskreise gebildet. Das Gespräch über den eigenen Glauben ist in unseren Gebetskreisen der Normalfall. Man kann damit einsteigen, dass sich die Teilnehmer und Teilnehmerinnen ihre ersten religiösen Erfahrungen erzählen. Eine andere Möglichkeit besteht darin, dass sich die Gruppe erzählt, was die Einzelnen seit dem letzten Mal geistlich erlebt haben. Oder man liest gemeinsam die Bibel und tauscht sich darüber aus, was diese Botschaft für das eigene Leben bedeuten könnte oder bedeutet. Andere Gruppen meditieren zusammen, beten den Rosenkranz oder halten eine Hausmesse. Vielleicht trifft man sich auch nur zur gemeinsamen schweigenden Kontemplation. Alle diese Formen sind Möglichkeiten, gemeinsam auf Gott zu hören.

Unser Gespräch über unsere religiösen Erfahrungen hat mir gezeigt, wie Gott gerade durch Schwachheit, Leiden, Schmerz, Scheitern und Ablehnungserfahrungen zu Menschen redet. Er kommt normalerweise nicht durch unsere Stärken zu uns. Das merkt man, wenn sich Menschen versammeln und ehrlich von ihren Erfahrungen reden. Ein Mann, der von seinem Alkoholismus erzählt, kann eine Gruppe ins gemeinsame Gebet führen. Paulus sagt, dass die Kraft Gottes darin zur Vollendung kommt, dass wir uns unserer Schwachheit rühmen können. Er hat Recht. Langsam beginnt die Kirche des Westens einen Aspekt des Evangeliums wiederzuentdecken, der ziemlich vergessen war: dass Gott durch unsere Wunden zu uns kommt, sogar durch die Sünde. Vielleicht ist das die größte Revolution, die sich heute innerhalb kirchlicher Frömmigkeit ereignet. In jedem der Fälle, wo Menschen ihrem eigenen Schatten begegnen, ihre innere Finsternis annehmen, zu ihren kaputten Seiten stehen – entdecken sie, dass dies die Straße zu Gott ist.

Viele Menschen fühlen sich abgelehnt von ihren Eltern, wurden nie von ihrem Vater in den Arm genommen, haben nie echte Zuwendung von ihrer Mutter erlebt. Die Folge kann sein, dass sie im Lauf der Zeit verbittert und neurotisch geworden sind. Oder dass diese mangelhaften Vorgaben zum Scheitern ihrer Ehen führten. Aber sobald sie sich diesem Schmerz wirklich stellen, kann dies der Ort werden, wo sie Gott zutiefst berührt und wo sie Durchbruch und Heilung erleben. Wenn wir lernen, dass Gott gerade die Dunkelheit und Gebrochenheit unseres Lebens gebrauchen kann, dann wächst unser Vertrauen, dass er auch mit jener letzten Gebrochenheit etwas machen kann, die uns alle erwartet, mit dem Tod. Dann können wir vielleicht wie Franz von Assisi sagen: „Willkommen, Bruder Tod!"

Richard Rohr, *Der nackte Gott*, S. 92–104

Aktion und Kontemplation

Ich glaube, es gibt zwei notwendige Wege, wie wir uns auf die Weisheit zubewegen können: eine radikale Reise nach innen und eine radikale Reise nach außen. Viel zu lange haben wir die Menschen in einer Art Sicherheitszone festgehalten (in einer sicheren Mitte), wir haben sie weder zu einem radikalen Weg nach innen gerufen, also zur Kontemplation, noch haben wir sie zu einer radikalen Reise nach außen gerufen, also zum Engagement für die sozialen Fragen unserer Zeit. Weil diese beiden großen Lehrer, der innere und der äußere Weg, Schmerz verursachen, bleiben wir wahrscheinlich am liebsten in einer sicheren Mittelposition. Scheitern und Versagen sind die besten Lehrer, Erfolg hat uns auf dem geistlichen Weg so gut wie nichts zu lehren. Wir merken aber, dass viele von uns entweder aufgrund ihres Temperaments oder aufgrund ihrer Erziehung der einen oder anderen Seite zuneigen. Wo immer ich in der Kirche hinkomme, gibt es Leute, die beten, und es gibt Leute, die aktiv sind. Diese beiden kommen nie zusammen und deshalb fehlt beiden das halbe Evangelium, die halbe Wahrheit.

Ich bin mir sicher, dass wir im Westen vor allem mit der Aktion beginnen müssen. Die große Versuchung der westlichen Kirche ist es gewesen, das Evangelium im Kopf zu lokalisieren; da oben kann man recht oder unrecht haben, man kann richtig oder falsch liegen, jedenfalls bleibt das alles immer im Griff. Aktion gestattet uns nie die Illusion der Kontrolle. Aktion erlaubt uns nie die Illusion, wir würden immer alles verstehen. Wenn wir uns auf den Schmerz dieser Welt einlassen, merken wir sehr bald, dass wir bloß einen ganz kleinen Bruchteil der Wahrheit besitzen.

Es sieht so aus, als ob wir dazu verdammt sind, in einer Welt zu leben, die eine Mischung aus Finsternis und Licht, aus Bösem und Gutem ist. Jesus sprach vom Ackerfeld, auf dem Weizen und Unkraut nebeneinander wachsen. Wir fragen: „Herr, sollen wir nicht hingehen und das Unkraut herausreißen?" Doch Jesus sagt: „Nein, wenn ihr das versucht, reißt ihr wahrscheinlich den Weizen mit heraus. Lasst die beiden auf dem Feld nebeneinander wachsen bis zur Ernte" (Matthäus 13,24–30). Man braucht viel Geduld und Demut, um mit so einem Ackerfeld in sich selbst zu leben. Denn auch in unserer eigenen Seele stehen Unkraut und Weizen dicht nebeneinander.

Wir werden niemals gewinnen, wenn wir das Böse frontal angreifen. Dabei kann es passieren, dass wir die Energie und die Waffen des Bösen in uns selbst aufnehmen. Schließlich können wir genau zu dem werden, was wir hassen. Darum hat uns Jesus gesagt, wir müssen unsere Feinde lieben und ihnen vergeben; sonst werden wir genauso wie unsere Feinde. Man sieht niemals die eigene Sünde, man erklärt immer die eigene Sünde zur Tugend. Und deswegen brauchen wir eine Hilfe, um zu erkennen, dass wir selber eine Mischung aus Gutem und Bösem sind.

Es gibt kein perfektes politisches System. Jesus hat uns nie versprochen, dass irgendein politisches System das Reich Gottes auf Erden verwirklichen könne. Er hat uns geraten, in dieser Welt eine demütige Position einzunehmen. Er nannte diese Position „Sauerteig". Aber wir wollen das ganze Brot sein. Er sagte uns, wir sollen das Salz im Essen sein, aber wir wollen das ganze Essen sein. Er sagte uns, wir sollen das Licht auf dem Berg sein, aber wir wollen der ganze Berg sein (Matthäus 5,13ff.).

Es ist sehr schwer für das Christentum, eine Minderheitenposition zu akzeptieren und das zu tun, was wir tun müssen: mit Integrität und mit Wahrhaftigkeit die Zukunft Gott überlassen. Es gibt keine vollkommene Theologie, es gibt keine vollkommenen Erklärungen, es gibt keine vollkommene Straße auf dem Weg zu psychischer Gesundheit. Wir sind immer gezwungen, in einer Welt zu leben, die sowohl das Leben als auch den Tod enthält. Das Reich Gottes ist schon hier, aber es ist noch gar nicht da. Glaube heißt, in dieser Position zu stehen und an beiden Seiten gleichzeitig festzuhalten. Wenn wir den kontemplativen Weg beschreiten, dann sehen wir die Zwielichtigkeit und Inkonsequenz unserer eigenen Seele. Wenn wir den Weg nach außen gehen, dann begeben wir uns an den Ort, wo die Opfer sind. Wenn wir versuchen, argumentativ herauszufinden, was Wahrheit ist, wird es immer gute Argumente auf beiden Seiten geben. Wir müssen irgendwann einmal die riskante Entscheidung für den Glauben wagen. Und das heißt: immer auf der Seite der Schwachen, immer auf der Seite der Armen, immer auf der Seite der Opfer zu stehen. Jesus hat uns gesagt, wir würden einst danach beurteilt werden, ob wir auf dieser Seite gestanden haben und ob wir ihn dort erkannt und gefunden haben. In Matthäus 25 sagt er, wir werden danach beurteilt werden, ob wir Christus im Geringsten seiner Geschwister erkannt haben. Jesu Option für die Armen ist ein Krieg des Lammes; er geht die niedrige Straße, vor der wir alle Angst haben.

Die Bibel spricht von vier Formen der Armut: Es gibt erstens die Armut der Sünde, die Armut vor der Bekehrung. In diesem Zustand ist der Mensch völlig leer, ihm fehlt die Wahrheit. Für diese Menschen heißt das Wort Gottes: „Kehr um und lebe!"

Die zweite Armut ist die Armut unterdrückter Menschen, die keine Zeit oder keine Mittel haben, wirklich menschenwürdig zu leben, zum Beispiel die versklavten und missbrauchten Israeliten in Ägypten. Und hier heißt das Wort Gottes, das an Mose ergeht: „Verändere die Situation!" Die gesamte jüdisch-christliche Tradition beginnt mit der Aufforderung Gottes, die Geschichte zu verändern, sich dem Pharao entgegenzustellen. Und trotzdem verlangt Gott von ihnen, vierzig Jahre durch die Wüste zu gehen und sich einem Läuterungsprozess auszusetzen. Schon da sehen wir die allererste Verbindung zwischen der inneren Reise und der äußeren Reise.

Die dritte Armut, von der die Bibel spricht, ist die Armut eines einfachen und demütigen Lebens. Es ist die Aufforderung, in dieser Welt einfach zu leben und unsere Hoffnung und unser Vertrauen auf Gott und auf andere Menschen zu setzen statt auf materielle Dinge. Es sieht so aus, als ob Gott immer das Risiko der Freiheit eingeht: Auch Gott fordert, aber dann wartet er einfach; er wartet so lange, bis wir aus freien Stücken lieben können. Gott ist nicht nur bescheiden, Gott ist auch sehr geduldig. Die politischen Systeme dieser Welt haben keine Geduld.

Die vierte Armut in der Bibel ist die tiefe Einsicht in meine eigene Begrenztheit und Schwachheit. Das ist das zentrale Motiv der gesamten Bergpredigt: „Selig sind die Armen im Geiste. Selig sind die, die weinen können" (Matthäus 5,3f.). Vieles im Leben kann nicht verändert werden, man kann nur darüber weinen. Sobald wir nicht mehr unter dem Zwang stehen, es verändern zu wollen, haben wir die Freiheit, es zu verändern. Dann kommt die Veränderung aus viel größerer Tiefe: nicht aus unserem Zorn heraus, sondern von einem Ort der Integrität; nicht von einem Ort, wo Angst wohnt, sondern tiefes Vertrauen; nicht von einem Ort, wo Selbstgerechtigkeit herrscht, sondern Weisheit.

Es gibt mindestens zwei unterschiedliche Wege, Prophet zu sein. Der erste ist der Weg, den Mose beschritten hat. Seine Aufgabe ist es, versklavten Menschen zu sagen: „Ihr könnt frei werden!" Der zweite Weg ist der Weg Jesu. Den Menschen, die sich für frei halten, sagt er, dass sie in Wirklichkeit versklavt sind. Der zweite Weg ist viel seltener und viel schwieriger. Ich glaube, dass wir in unserer geschichtlichen Situation beide Arten von Propheten brauchen. Wir müssen lernen, einer neuen Art von Freiheit zu vertrauen, aber wir müssen auch erkennen, was in unserer eigenen Vergangenheit an Gutem verborgen ist. Wir müssen die falschen Definitionen von Freiheit entlarven.

Das Evangelium sagt, wir sind nicht wirklich frei, solange wir nicht von uns selbst befreit sind. Und kein politisches System kann uns diese Freiheit lehren oder anbieten.

Jesus ist gekommen, um uns den Weg der Weisheit zu lehren. Er hat uns eine Botschaft gebracht, die uns anbietet, uns sowohl von den Lügen der Welt zu befreien als auch von den Lügen, die in uns selbst stecken. Die Worte des Evangeliums schaffen ein alternatives Bewusstsein, einen freien und soliden Grund, auf dem wir wirklich stehen können, frei von jeder Gesellschaftsordnung und von jeder Mythologie. Diesen neuen Boden, auf dem wir stehen, nannte Jesus das Reich Gottes. Und er sagte, das Reich Gottes ist etwas, das sich in dieser Welt ereignet und trotzdem in dieser Welt nie vollendet sein wird. Das heißt, wir sind wieder da, wo wir angefangen haben, beim Glauben. Wir verstehen jetzt, warum Jesus immer wieder fragt: „Wenn der Menschensohn auf die Erde zurückkommt, wird er überhaupt irgendeinen Glauben vorfinden?" (Lukas 18,8). Weil es so selten ist, dass es Menschen da aushalten, wo wir nicht den Systemen dieser Welt vertrauen oder irgendeinem System, sondern wo wir an einem Ort stehen, an dem sowohl Licht als auch

Finsternis ist. An einem Ort, wo wir anbieten, unser Salz dazu zu geben, unseren Sauerteig, unser Licht auf dem Berg. Aber wir haben keine Sicherheit, dass wir wirklich Recht haben. Das bedeutet, wir müssen an einem unscheinbaren, geheimnisvollen Ort stehen, der meistens eher dunkel als hell zu sein scheint. Am Ort des Glaubens bin ich nicht sicher, dass ich Recht habe. Am Ort des Glaubens bin ich nicht sicher, dass ich sicher bin. Jesus hat uns in dieser Welt niemals Sicherheit versprochen und doch sind wir bereit, jedes politische System zu kaufen, das uns schnelle und leichte Sicherheit verspricht. Anstatt in dieser wesentlichen Unsicherheit zu leben, in dieser inneren, tiefen Armut, wo wir wirklich etwas lernen. Es ist die Schule der Opfer, in der wir etwas lernen, nicht die Schule der Sieger, nicht die Schule der Sicherheit.

Deshalb glaube ich, dass wir Christen eine immer kleinere Gruppe werden. Es gibt einfach immer weniger Gründe, aus gesellschaftlichen Gründen Christ zu sein. Die Kirchen haben über Jahrhunderte das Nationalstaatensystem zusammengehalten und gestärkt. Den Christen ist es oft nicht gelungen, an einen von Herrschern, Diktatoren und Königen unabhängigen Ort zu gelangen. Das ist ein angstmachender Platz. Ohne das Licht Christi und ohne den Glauben an die Präsenz Gottes würde keiner von uns dort stehen wollen. „Wenn der Menschensohn kommt, wird er irgendeinen Glauben finden auf dieser Erde?" Es ist schön, dass wir trotzdem in der Kirche immer noch diese Worte aussprechen können, und dass Sie bereit sind, sich so eine verrückte Wahrheit anzuhören. Das zeigt mir, dass die Kirche immer noch ein Ort der Hoffnung ist, dass wir die Torheit des Kreuzes predigen können.

Ein jüdischer Meister sagte einmal: „Gott ist nicht nett. Gott ist kein Onkel. Gott ist ein Erdbeben." Wir haben eine Mittelklasse-Version des Christentums geschaffen, die sich einen netten Gott gebastelt hat. Wir wollen, dass Jesus uns hilft, unsere Illusionen aufrechtzuerhalten. Wir wollen, dass Jesus uns endlich unsere Unsicherheit wegnimmt. Wir wollen uns so fühlen, als wären wir nur Weizen und kein Unkraut. Aber Gott ist nicht nett und Gott ist kein guter Onkel: Er ist ein Erdbeben. Die Verkündigung des Evangeliums zieht uns in gewisser Weise den Boden unter den Füßen weg. Wir müssen unser Leben auf neuen Grund stellen. Ich glaube, wir haben immer gedacht, wir können uns den Weg ins Evangelium zurechtdenken. Aber wir werden den Weg zu einem neuen Leben niemals im Kopf lösen, sondern wir müssen unseren Weg in eine neue Art des Denkens leben. Wir müssen zuerst handeln, wir müssen es wagen, diese Grenze zu überschreiten und anders zu leben, um von diesem Punkt aus nochmal neu nachzufragen. Deswegen kommt die Aktion zuerst.

Ich glaube, der beste Weg, die Wahrheit des Evangeliums wirklich zu begreifen, sieht folgendermaßen aus: Wir müssen in die Solidarität mit wenigstens einem Menschen eintreten, der anders ist als wir. Das bedeutet, die Linie zu überschreiten auf die andere Seite. Wenn man zum Beispiel vor einer anderen Nationalität oder vor einer bestimmten Religion Angst hat, dann ist es das Beste, sich genau dorthin zu begeben. Wenn Sie vor bestimmten Leuten Angst haben, dann müssen Sie in Solidarität zu einer solchen Person treten. Wir müssen es eine Zeitlang mit diesem Menschen aushalten und lernen, die Wirklichkeit von seinem Blickpunkt aus zu betrachten. Deswegen hat Jesus gesagt, wir müssen unsere Feinde lieben. Es ist der einzige Weg, um das Ganze zu begreifen. Es ist der einzige Weg, um zu lernen, die andere Seite unserer eigenen Seele zu lieben.

Aber ich wiederhole: Versuchen Sie nicht, das im Kopf zu lösen, sondern man muss es tun! Das Problem wird nicht im Kopf gelöst, sondern im Bauch, im Herzen, im ganzen Körper (natürlich auch im Kopf, aber der kommt erst später). Und das meine ich, wenn ich vom Risiko und vom Sprung des Glaubens spreche. Wir müssen erst handeln – und dann werden wir verstehen. Dann ist es ein Verstehen, das die ganze Person umfasst. Dann weiß ich, dass ich weiß. Aber ich weiß eigentlich nicht, warum ich weiß. Ich kann nicht beweisen, warum ich etwas weiß, sondern es ist die Weisheit des Glaubens. Es ist die Weisheit, die man nur lernt, wenn man unterwegs ist. Und diese Hausaufgabe kann kein anderer für Sie erledigen, weder der Papst noch die Bibel, sondern diesen Weg müssen wir selber gehen. Genau das bedeutet „Primat der Aktion". Verharren wir also an jenem tieferen Ort in uns selbst, wo das Sowohl-als-Auch Platz hat. Das ist der Ort der Seele, der Ort der Weisheit, auf den wir uns zubewegen müssen. Fürchtet euch nicht!

Richard Rohr, *Von der Freiheit loszulassen*, S. 58–66

Atem

Ich kann nicht genug betonen, wie unglaublich wichtig die jüdische Offenbarung des Gottesnamens ist. Sie rückt das gesamte Wesen unserer Spiritualität in den rechten Kontext und hätte uns, wenn wir ihr gefolgt wären, vor einer Unmenge Götzendienst und Arroganz bewahren können. Das Wort, wie wir es heutzutage buchstabieren und aussprechen, lautet Jahwe. Es wird im hebräischen als das heilige Tetragramm JHWH (Jod, He, Waw, He) geschrieben und war ein für Juden buchstäblich unaussprechliches Wort. Jeder Versuch, diesen Namen zu entschlüsseln, war „unnütz", wie es das Gebot ausdrückt (2. Mose/ Exodus 20,7). Stattdessen las man immer da, wo im hebräischen das Tetragramm JHWH stand, *elohim* (Gattungsbegriff für „Gott") oder *adonai* („Herr"). Die göttliche Identität blieb von

Gott her gesehen geheimnisvoll verschleiert und dem Verstand unzugänglich. Als Mose nach dem Namen der Gottheit fragte, empfing er eine Formulierung, die man in etwa übersetzen könnte: „ich bin, der ich bin ... dies ist für immer mein Name, mein Titel für alle Generationen" (2. Mose/Exodus 3,14f.). Diese Unaussprechlichkeit des Gottesnamens ist schon lange bekannt. Aber inzwischen wissen wir, dass das Ganze einen noch wesentlich tieferen Grund hat: letztlich wurde das Wort überhaupt nicht gesprochen, sondern es wurde geatmet! Viele Experten sind überzeugt, dass die korrekte Aussprache der Versuch ist, den Klang des Ein- und Ausatmens zu repetieren und zu imitieren. Das, was wir in jedem Augenblick unseres Lebens tun, nämlich atmen, bedeutet demzufolge nichts anderes als den Namen Gottes auszusprechen, ob wir uns dessen bewusst sind oder nicht. So wird er zu unserem ersten und letzten Wort, wenn wir die Welt betreten und wieder verlassen. Ich teile diese Einsichten seit einigen Jahren mit kontemplativen Gruppen in vielen Ländern und stelle fest, dass sie den Glauben und das Gebetsleben der Menschen nachhaltig verändern. Ich erinnere die Menschen daran, dass es keine islamische, christliche oder jüdische Weise des Atmens gibt. Es gibt auch keine amerikanische, afrikanische oder asiatische Weise. Das Spielfeld befindet sich überall auf gleichem Level. Die Luft der Erde ist ein und dieselbe; der göttliche Geisteswind „weht, wo er will" (Johannes 3,8) – und das heißt offenkundig überall. Kein Mensch und keine Religion können diesen Geist für sich reklamieren und einsperren. Wenn wir es so betrachten, dann ist Gott plötzlich so zugänglich und erreichbar wie das eine, was wir ständig tun – atmen. Genau so haben es einige Lehrer des Gebets immer schon gesagt: „Bleib bei deinem Atem; nimm deinen Atem aufmerksam wahr!" Es ist derselbe Atem, der Adam von Jahwe in die Nasenlöcher geblasen wurde (1. Mose/Genesis 2,7), derselbe Atem, den Jesus am Kreuz vertrauensvoll seinem Vater überantwortet hat (Johannes 19,30), derselbe Atem, mit dem er uns gleichzeitig Friede, Vergebung und den Heiligen Geist zugehaucht hat. Ist es nicht wunderbar, dass Atem, Wind, Geist und Luft genau genommen nichts sind – und doch alles?

Richard Rohr, *Pure Präsenz*, S. 27–28

Beten

Das Gebet ist keine „Sache unter zehntausend anderen". Es ist das, wodurch wir die zehntausend Dinge sehen. Große Religion ist nie etwas anderes. Im Gebet sehen wir alles in einem neuen Licht. Wir haben das Christentum normalerweise als eine Ideologie dargestellt, die im Wettstreit mit dem Kommunismus, dem Materialismus oder irgendeinem anderen „ismus" steht. Ich kann verstehen, weshalb es in diese Richtung abgeglitten ist. Aber ich sehe, dass es sich dabei total verstrickt mit allerlei Totems, Symbolen und Streitigkeiten darüber, wer Recht hat und wer nicht, statt die Spannung zwischen Leben und Tod auszuhalten – und die Konsequenzen zu tragen, die sich daraus ergeben.

Das Gebet lebt in einem weiten Raum. Es ist frei von persönlichen Bedürfnissen, Sinngebungen, sogar frei von Interpretationen. Das ist manchmal mein Fehler: Ich versuche, allem einen Sinn beizulegen. Das ist meine Gabe, aber ebenso ist es meine Falle. Ich suche nach dem Sinn, aber es ist so, wie einmal gesagt wurde: „Wenn du verstehst, sind die Dinge einfach so, wie sie sind. Wenn du nicht verstehst, sind die Dinge einfach so, wie sie sind." Das Geheimnis besteht darin, die Dinge einfach so anzunehmen, wie sie sind, und bereit zu sein für das, was sie uns zu lehren haben. Das ist das Geheimnis. Das Leben interessiert sich nicht dafür, was ich mag und was nicht. Das spielt überhaupt keine Rolle. Solange wir uns in der Welt der Wünsche und Entscheidungen aufhalten, bleiben wir bei uns selbst als Bezugspunkt. Als ob es eine Rolle spielen würde, welche Farbe ich mag. Wen interessiert, in welchen Klamotten ich gut aussehe? Oder welcher Film mir gefällt? Das ändert sich alle naslang. Kein Wunder, dass die Leute Identitätskrisen haben. Kein Wunder, dass die Leute ein brüchiges Selbstbild haben, denn sie haben kein festes Fundament, auf dem sie aufbauen können, außer wechselnden Meinungen und Gefühlen. Hieß es früher: „Ich denke, also bin ich", so scheint es jetzt zu heißen: „Ich wähle, also bin ich." Kein sehr solides Fundament. Die wahre Frage lautet: „Was hat mir das alles zu sagen?" Wer vollkommen bekehrt ist, geht an jede Erfahrung nicht mit der Frage heran, ob sie ihm gefällt oder nicht, sondern was er daraus lernen kann. „Welche Botschaft steckt für mich darin? Welches Geschenk für mich steckt drin? Wie ist Gott in diesem Ereignis? Wo ist Gott in diesem Leiden?" Sie müssten einmal Hugh Doyle kennen lernen, der in unserem Zentrum die Bücher führt und am Empfang sitzt. Er ist eine Art Pflegeopa. Er und seine Frau Anne nehmen kleine Kinder auf, bis sie ein Zuhause gefunden haben. Ich frage ihn öfters, ob er gut geschlafen habe, und dann antwortet er etwa: „Naja, um zwei und um vier haben sie mich geweckt – wieder eine Chance, lieben zu lernen." Es ist wichtig für mich, das zu hören. Wir zölibatär lebenden Menschen, die wir Zeit haben für die Stille, die wir allein leben und die Tür hinter uns zumachen können, verkörpern wohl für viele ein Ideal. Und wir tun auch so, als ob jede und jeder so kontemplativ sein sollte wie wir. Doch Hugh und Anne lehren uns, dass das Leben selbst die notwendige Schule der Kontemplation darstellt. Das Leben ist der beste Lehrer für das echte Gebet. Wir „Profis" lassen dagegen manchmal zu, dass das Ritual zum Ersatz für die Wirklichkeit wird. Das Jetzt, genau dieser Augenblick, hat eine Botschaft. Dieser Augenblick hat seine Fülle. Selbst wenn da nachts um zwei ein Baby weint. Das ist echte Kontemplation. Eltern wissen es genau: Um diese Zeit kann man nicht mehr so tun als ob. Ein Baby, das mitten in der Nacht schreit, hat nichts Frommes oder Romantisches an sich. Wir Ordensleute dagegen können draußen spazieren gehen, etwas Einsamkeit suchen und uns „kontemplativ fühlen". Ich habe oft betont, dass das wichtigste Wort in unserem Namen

„Zentrum für Aktion und Kontemplation" nicht „Aktion" ist, auch nicht „Kontemplation", sondern das „und".

Richard Rohr, *Wer loslässt, wird gehalten*, S. 85–88

Bibel

Am Anfang wünschen sich die meisten von uns die Bibel als eine Art Anleitung im Stil von „Sieben Schritte zum Erfolg". Sie denken vielleicht „Warum sagt er uns nicht einfach klipp und klar, worum es geht und was wir tun sollen, statt uns das Lesen dieser Bücher der Könige und Chroniken, des Buchs Levitikus und der Paulusbriefe (die wir nicht einmal mögen) zuzumuten? Was haben denn diese ganzen langatmigen Geschichten und überholten wissenschaftlichen Ansichten heute noch mit irgendetwas zu tun, das zählt?" Aus diesem Grund legen erschreckend viele Menschen die Bibel beiseite; viele Katholiken nehmen sie gar nicht erst in die Hand.

Aber das Geniale an der biblischen Offenbarung ist gerade, dass sie uns Einsicht nicht als fertige Ergebnisse liefert. Sie ist bewusst so angelegt, dass sie uns auf den spirituellen Weg setzt, auf dem wir selbst Einsicht finden. Und auf diesem Weg versorgt sie uns mit der inneren und der äußeren Autorität, die uns helfen, mit Vertrauen diesem Weg zu folgen. Ich will noch einmal wiederholen, was mir ganz grundlegend scheint: Das Leben selbst – und ebenso die Bibel – ist ein Prozess, der sich immer drei Schritte vorwärts und zwei Schritte zurück bewegt. Wir finden immer wieder einen Punkt, den wir dann wieder verlieren oder in Zweifel ziehen. Darin ist der Bibeltext ein Spiegel unseres menschlichen Bewusstseins und unserer

Lebensreise. Unsere Aufgabe besteht darin, zu erkennen, in welche Richtung die Texte führen, die drei Schritte vorwärts gehen. Es sind die Texte, die unablässig in Richtung Erbarmen, Vergebung, Nicht-Ausgrenzen, Nicht-Gewalt, Vertrauen weisen. Diese Erkenntnis versetzt uns in die Lage, klar und deutlich diejenigen Texte zu erkennen und sie richtig einzuordnen, die zwei Schritte zurückführen. Gewöhnlich handeln diese von Rache, göttlicher Kleinlichkeit, der Überordnung von Gesetz über Gnade, Form über Substanz, Technik über Beziehung.

Ohne innere Erfahrung, wie Gott in ihrem eigenen Leben am Wirken ist, können Menschen diese Unterscheidung nicht sicher treffen. Dann neigen sie dazu, die Wahrheit des inneren Geistes durch den Text zu ersetzen. Oder, wie Paulus es mutig ausdrückt: „Der bloße Buchstabe tötet; der Geist dagegen bringt Leben" (2. Korinther 3,6).

Die Bibel ist eine Sammlung von vielen unterschiedlichen Schriften. Wenn wir an „Inspiration" glauben, also darauf vertrauen, dass der göttliche Geist diesen jahrhundertelangen Prozess des Hinhorchens und Aufschreibens begleitet und geleitet hat, wenn auch, wie alle menschliche Erkenntnis, „nur in rätselhaften Umrissen" (1. Korinther 13,12), dann können wir uns selbst diesem Prozess der Bibel überlassen. Wir können darauf vertrauen, dass es eine Entwicklung von entscheidender göttlicher Weisheit in dieser Sammlung von Schriften gibt. (…)

Wenn wir am Ende dem auferstandenen Jesus begegnen, dann wird es nichts mehr in Gott geben, wovor wir Angst haben müssten. Jesu Atem wird direkt mit der Vergebung und dem göttlichen Schalom gleichgesetzt (siehe Johannes 20,20–23). Wenn der auferstandene Jesus uns die Natur des Herzens Gottes endgültig offenbart, dann leben wir plötzlich in einem Universum, das ein sicherer, bergender Ort für uns ist. Nicht, als ob Gott sich im Lauf der Zeit geändert hätte. Nicht, als ob der Gott des Ersten Testaments ein anderer Gott als der Gott

Jesu wäre. Vielmehr: Wir werden im Lauf unseres spirituellen Wegs durch diese Texte reifer und unsere Erfahrung vertieft sich. Es ist nicht Gott, der sich verändert, sondern unser Bewusstsein, und es dauert eine ganze Weile, bis wir reif und bereit sind, Gott wirklich zu erkennen. Bleiben Sie beharrlich sowohl im Lesen des Textes als auch in Ihrem inneren Leben mit Gott: dann wird Ihre Fassungskraft für Gott immer größer und tiefer. Suchen Sie bei Ihrer Lektüre der Bibel nicht nach fertigen Ergebnissen und „Wahrheiten", mit denen Sie etwas bestätigt wissen wollen, und schlagen Sie sich die Vorstellung aus dem Kopf, jede Zeile der Bibel enthalte eine vollendete dogmatische Aussage. Sonst blockieren Sie Ihr spirituelles Reiferwerden und werden, sowohl für sich selbst als auch für Ihre Mitwelt, ein ziemlich unverträglicher Zeitgenosse.

Wir alle brauchen lange, bis wir unser Bedürfnis überwinden, auf alles mit einer dualistischen, urteilenden, anklagenden, ängstlichen, egozentrischen und selbstgerechten Haltung zuzugehen. Ganz ähnlich führt uns auch die Bibel durch viele Bewusstseinszustände und eine lange Heilsgeschichte. Dieser „Text in Arbeit" spiegelt und registriert unser Arbeiten an uns selbst und führt uns die einzelnen Stufen vor Augen, die wir durchlaufen. Wir finden in ihm die reifen und auch die unreifen Antworten auf fast alles, und Sie werden es lernen müssen, zwischen den beiden zu unterscheiden.

Richard Rohr, *Ins Herz geschrieben*, S. 25–28

Blickwinkel

Jede Ansicht ist eine Sicht von einem bestimmten Punkt aus. Wenn nun der Punkt, von dem aus wir unser Leben betrachten, nur unser kleines persönliches Selbst ist – bei mir mein amerikanisches, männliches, gebildetes katholisches Selbst –, dann müssen wir diese kleine Identität ausbauen und verteidigen. Wir müssen dafür sorgen, dass unsere Ansicht die beste und immer richtig ist. Ich selbst bin auf diese Aufgabe besonders gründlich vorbereitet worden: Ich bin in Kansas aufgewachsen, genau in der Mitte der guten alten USA, in grandiosen Gewissheiten über alles nur Erdenkliche. Ich lebte nicht bloß im besten Land der Welt, sondern vermutlich auch im besten Staat, nämlich der Heimat von Dorothy, der Heldin des Märchens vom *Zauberer von Oz*. Wir waren entweder Methodisten oder Katholiken, gute, aufrechte Bürger, hatten die gleichen Vorurteile und damals war die Kriminalitätsrate niedrig. Ich wusste gar nicht, was Scheidung oder Missbrauch ist. Außerdem war ich nicht nur im besten Land der Welt geboren, sondern ich gehörte auch der „einen, heiligen, katholischen und apostolischen" Kirche an. Wir waren stramme römische Katholiken. Wir hatten nichts gegen Protestanten, sie taten uns einfach bloß leid. Wir fanden ihre Kirche hässlich und fragten uns, wie nur irgendein Mensch in eine protestantische Kirche gehen wollte. Die Protestanten hatten doch überhaupt keine Fantasie oder Kreativität. Unnötig zu sagen, dass das nur die halbe Wahrheit war. Die Protestanten vertraten die andere Hälfte.

Offensichtlich haben wir uns gegenseitig beeinflusst. Immer sind wir „die eine wahre Kirche". Immer kommen wir in den Himmel. Das behaupten die Anhänger der meisten Religionen von sich – ein echter Fall von „Gruppennarzissmus"! Nur eines ist gefährlicher als die individuelle Egozentrik, nämlich die

Gruppen-Egozentrik. Wenn eine Gruppe sich gemeinsam auf die gleiche Ansicht einigt und zu totaler Übereinkunft findet, wird diese als die große Wahrheit ausgegeben, die nicht infrage gestellt werden darf. Eine solche Gemeinschaft bietet Halt und Trost, aber sie macht blind. Die fröhliche Palmsonntagsmenge und die wütende Karfreitagsmenge bestehen weithin aus den gleichen Leuten.

Richard Rohr, *Entscheidend ist das UND*, S. 40–41

Das Böse

Wenn du willst, so kannst du die Gebote halten. Von deiner Entscheidung hängt es ab, ob du Gott die Treue hältst. Er hat Feuer und Wasser vor dich gelegt; du hast selbst die Wahl, welches von beiden du nehmen willst. Du kannst wählen zwischen Leben und Tod und bekommst, was du wählst. Die Weisheit und Macht des Herrn sind groß, und er sieht alles. Er weiß alles, was ein Mensch tut. Freundlich blickt er auf die, die ihm gehorchen. Er hat keinem befohlen zu sündigen und niemandem gibt er die Kraft zu lügen.

Jesus Sirach 15,15–20

Für die, die geistlich reif sind, verkünden wir Weisheit. Das ist keine Weisheit dieser Welt, auch nicht der Herrscher dieser Welt, die untergehen. Wir verkündigen vielmehr Gottes Weisheit, eine geheimnisvolle, verborgene Weisheit. Gott hat sie vor aller Zeit zu unserer Verherrlichung vorherbestimmt. Keiner der Herrscher dieser Welt hat dieses Geheimnis erkannt. Hätten sie es erkannt, dann hätten sie den Herrn der Herrlichkeit nicht ge-

kreuzigt. Von dieser Weisheit steht geschrieben: „Kein Auge hat gesehen, kein Ohr hat gehört, kein Menschenherz hat erahnt, was Gott für die bereitet hat, die ihn lieben." Uns aber hat es Gott offenbart durch seinen Geist. Denn der Geist erforscht alle Dinge, sogar die Tiefen Gottes.

1. Korinther 2,6–10

Jesus spricht zu seinen Jüngern: *„Meint nicht, ich sei gekommen, um das Gesetz und die Propheten abzuschaffen. Ich bin nicht gekommen, um sie abzuschaffen, sondern um sie zu erfüllen. Ich versichere euch: Bis Himmel und Erde vergehen, wird weder der kleinste Buchstabe noch ein Tüttelchen des Gesetzes abgetan, bis es alles wahr wird. Wer also das unbedeutendste dieser Gebote bricht und andere lehrt, dies auch zu tun, wird der Letzte im Reich Gottes heißen. Wer aber diese Gebote erfüllt und lehrt, der wird im Reich Gottes groß heißen. Ich sage euch: Wenn eure Gerechtigkeit nicht die der Schriftgelehrten und Pharisäer übertrifft, werdet ihr nicht ins Reich Gottes kommen.*

Ihr habt gehört, dass zu euren Vorfahren gesagt wurde: ‚Du sollst nicht töten. Wer aber tötet, der muss vors Gericht.' Ich aber sage euch: Schon wer mit seinem Bruder zürnt, muss vors Gericht. Wer seinen Bruder Hohlkopf nennt, muss vor den Hohen Rat. Und wer zu ihm sagt: ‚Du Null', der riskiert das Höllenfeuer.

Darum: Wenn du deine Gabe zum Altar bringst und es fällt dir dabei ein, dass dein Bruder etwas gegen dich hat, so lass dort vor dem Altar deine Gabe und gehe erst hin und versöhne dich mit deinem Bruder – und dann komm und opfere deine Gabe.

Verliere keine Zeit. Einige dich mit deinem Gegner auf dem Weg zum Gericht. Sonst liefert dich dein Gegner dem Richter aus, der Richter dem Gerichtsdiener — und der wirft dich ins Gefängnis. Ich warne dich: Du kommst nicht eher heraus, bis du den letzten Pfennig bezahlt hast!

Ihr habt weiter gehört, dass zu euren Vorfahren gesagt wurde: ‚Lügt nicht und erfüllt dem Herrn eure Gelübde!' Ich aber sage euch: Sagt ja, wenn ihr ja meint und nein, wenn ihr nein meint. Alles, was darüber hinausgeht, das stammt vom Bösen."
Matthäus 5,17–26.33.37

Wie immer ist Jesus – unerträglich! Wir können so nicht leben. Vielleicht ist das ein Hinweis darauf, wie weit wir uns von jener Weisheit entfernt haben, von der Paulus im 2. Kapitel des ersten Korintherbriefes spricht. Es ist eine Weisheit, wie sie nur der Geist lehren kann. Die Meister dieser Welt können diese Weisheit weder lehren noch verstehen. Es ist eine verborgene Weisheit. Gott offenbart sie nur durch seinen Geist, der „alles erforscht, sogar die Tiefen Gottes."

Ich möchte versuchen, eine dieser Tiefen auszuloten. Dabei werde ich einige Gedanken aus Scotts Pecks Buch *People of the Lie* (Die Lügner) aufgreifen Er beginnt sein Buch gleich mit dem Satz: „Dieses Buch ist gefährlich." Ich glaube, er hat recht: es ist gefährlich. Aber es enthält solch erstaunliche geistliche Weisheiten, dass ich hoffe, es kann uns allen auf unserem eigenen geistlichen Weg weiterhelfen.

Vor einiger Zeit hielt ich mit einer kleinen Gemeinschaft von etwa zehn Leuten eine Wochenendtagung ab. Ich bat sie, einander ihre Phantasien über sich selbst mitzuteilen, speziell darüber, wie sie versuchen, die andern Mitglieder der Gemeinschaft zu lieben und ihnen Gutes zu tun. Ich glaube, wir alle haben unsere Phantasien darüber, wie liebevoll wir eigentlich sind. Interessant war, was passierte, als schließlich einer nach dem anderen erzählte, wie er oder sie versuchte, die anderen auf diese oder jene Weise zu lieben und ihnen zu dienen. Man konnte sehen, wie dabei jeweils der Rest der Gruppe mit den Augen rollte: „Das kann doch nicht sein Ernst sein! Wenn er sich nur einmal erleben könnte, wie wir ihn erleben!" Das ist natürlich eine erschreckende Wahrheit: Wir alle leben von unseren Phantasien und Illusionen. Oder wie Peck sagt: Wir alle sind auf unsere Weise Lügner.

Pecks Ausgangspunkt, den ich für sehr treffend halte, ist der, dass wir einen Menschen nur sehr zögernd „böse" nennen. Denn das klingt wie ein furchtbares, absolutes Urteil, zu dem wir uns in der Regel nicht berechtigt fühlen. Und dennoch lässt sich nicht leugnen, dass es so aussieht, als ob die Welt immer mehr vom Bösen beherrscht wird. Es ist also kaum akzeptabel, Individuen böse zu nennen – und doch drängt sich die Frage auf, woher jenes überindividuelle, strukturelle Böse eigentlich herkommt, das die Gesellschaft und das Volk Gottes zerstört

Peck wagt es, zu sagen: „Ich bin der Meinung, dass es in dieser Welt tatsächlich viele böse Menschen gibt." Ziel des Buches ist es, das Wesen dieser Bosheit zu beschreiben. Was ist böse? Peck sagt, böse sind nicht in erster Linie Menschen, die wie Teufel aussehen, sozusagen mit Hörnern, Schwanz und Bocksfuß. Im Gegenteil: Das Böse findet nur dann Eingang in unser Leben, wenn es wie etwas anderes aussieht. Niemand tut etwas, was ihm nicht irgendwie „gut" erscheint.

Gerade weil es so ist, dass jeder das tut, was er „gut" findet, sind die Gabe der Geisterunterscheidung, die Beichte, die Versöhnung, die Seelsorge, die Konfrontation und das Aussprechen der Wahrheit so wichtig für ein geistliches Leben. Denn wir alle finden unsere Schleichpfade, Ausreden und Tricks, um unsere Egos und unsere Lebenslügen aufrechtzuerhalten.

Peck sagt, das Böse existiert nicht weit von uns entfernt. Es gibt eine Unmenge böser Menschen. Aber das Böse hat sich maskiert, um gut auszusehen. Die Lieblingsverkleidung des Bösen ist nach Peck Wohlanständigkeit und Ehrbarkeit – und das klingt genauso wie das, was Jesus im Evangelium sagt: „Eure Gerechtigkeit muss die der Pharisäer und Schriftgelehrten übertreffen!" Das Böse muss nicht teuflisch aussehen – es will ehrbar und anständig wirken. Böse ist nach Peck nicht unbedingt der Gefängnishäftling oder die Frau, die ihren Ehemann gestern erschossen hat. Diese Menschen sind zweifelsohne Opfer des Bösen. Aber das Böse, das heute die Welt bedroht und zerstört, findet sich eher bei der netten Frau von nebenan mit der netten Familie, die man sonntags ab und zu in der Kirche sieht.

Wodurch werden sündige Menschen zu bösen Menschen? Denn Sünderinnen und Sünder sind wir alle! Was macht uns böse? Peck meint: Es ist die Verborgenheit, Hartnäckigkeit und innere Folgerichtigkeit unserer Lügen – nicht ihre „Größe"! Es beginnt zum Beispiel damit, dass man kleine Lügen erzählt. Damit die kleinen Lügen nicht ans Licht kommen, muss die nächste Lüge ein bisschen größer sein, um die erste Lüge nicht auffliegen zu lassen. Um seine Lügen über den Sinn oder Un-Sinn des Lebens aufrechtzuerhalten, heiratet man jemanden, der die gleichen Lügen mitmacht und glaubt. Es ist wie eine unausgesprochene Absprache zwischen beiden, in dieser Ehe miteinander zu lügen, hohl und oberflächlich zu bleiben, die großen Fragen nach Wahrheit und Sinn nicht auf den Tisch zu bringen. Schließlich verkehrt man nur noch mit solchen Leuten, die ebenfalls die gleichen Lügen mitmachen.

Sünde ist nicht schon an sich böse – sie wird es erst dadurch, dass man sich weigert, sie als solche zu erkennen und beim Namen zu nennen. Wir alle sündigen. Aber das Schlimme ist unsere Weigerung, das Böse böse zu nennen und die Lügen, mit denen wir leben, aufzudecken.

Ein scheinbar harmloses Beispiel: Leute kommen zu mir in die Seelsorge und jammern: „Ich habe einfach keine Zeit zu beten!" Das ist eine Lüge! Sie sollten stattdessen sagen: „Ich will nicht beten! Ich habe keinen Bock zu beten!" Das wäre ehrlich. Denn für das, was wir wollen, haben wir Zeit! Das ist die Art von kleinen, versteckten Lügen, mit denen es beginnt. Das Gefährliche an diesen Lügen ist, dass sie akzeptiert werden. Keiner macht dir Vorwürfe, wenn du keine Zeit hast. Im Gegenteil: Das zeigt ja, wie bedeutend und beschäftigt du bist.

Es ist viel schwerer zuzugeben, dass ich keine Lust habe oder dass es mir an Wille und Disziplin fehlt. Was wir wollen, das machen wir auch. Was uns auf den Nägeln brennt, dafür finden wir Zeit! Um dieses Nicht-Eingestehen der Lüge geht es. Es ist nicht so schlimm, dass wir nicht beten. Aber es ist böse, so zu tun, als ob etwas anderes mich von dem abhält, was ich ja „eigentlich" will. Auf diese Weise ist irgendetwas außerhalb von uns schuld – anstatt dass wir unseren „Schatten annehmen", wie C. G. Jung sagen würde.

Es gibt eine interessante Auslegung für jenen Satz im Evangelium: „Einige dich mit deinem Gegner auf dem Weg zum Gericht!" (Matthäus 25,5) – eine Auslegung, die sich zugegebenermaßen nicht gleich aufdrängt. Diese Aufforderung lässt sich nämlich auch innerseelisch deuten: Schließe Freundschaft mit deinem Schatten! Dein Gegner ist dein Schatten. Wenn du mit ihm nicht Freundschaft schließt, wenn du das Spiel nicht erkennst, das du mit dir und anderen treibst, wenn du die Lüge selber nicht merkst, die du verbreitest, und die Illusionen, mit denen du lebst, – dann „händigt dich dein Gegner dem Richter aus!" (Matthäus 25,5) Der Richter ist jene innere Instanz und Stimme, die dich permanent niedermacht und dir immer wieder einhämmert, dass bei dir etwas nicht stimmt und dass du ein Nichts bist. „Der Richter händigt dich dem Gerichtsdiener aus; der wirft dich ins Gefängnis – und ich sage dir: du kommst nicht wieder heraus, bis du den letzten Pfennig bezahlt hast!" Es gibt keinen Ausweg aus diesem inneren Lügenspiel, bis wir die Konsequenzen auf Heller und Pfennig bezahlt haben – mit unserem Leben! Unsere Lüge wird uns innerlich foltern und immer tiefer hinunterziehen, die Lüge wird immer dichter und größer – und damit meine ich: immer undurchsichtiger und gleichzeitig hartnäckiger. Je älter wir werden, desto schwieriger wird es, unsere Lebenslügen zu durchschauen. Deswegen ist es gut, früh anzufangen. Wenn man Anfang 20 ist, dann ist es gewissermaßen einfach. Wer aber mit seinen Lügen 40 und 50 geworden ist, für den ist es beinahe unmöglich, den Durchbruch zu schaffen. Solche Menschen sind nahezu unerreichbar. Es ist vielleicht das, was die Bibel „Verstockung" nennt: Menschen können die Wahrheit nicht mehr erkennen. Denn ihr ganzes Weltbild ist um eine einzige große Lüge herum aufgebaut. Würde man die entlarven, würde alles zusammenbrechen. Solche Menschen können nur noch das zulassen, was ihre Lüge bestätigt.

Unter Lüge verstehe ich all das, was wir über Erfolg, Scheitern, Liebe, Freiheit, Sicherheit, Angst denken. Diese Lügen vermitteln sich ganz subtil an die eigene Seele, die Ehefrau, die Kinder, den Ehemann, die Familie. Gott wirft niemanden in die Hölle. Wir verhärten und verstocken uns selber immer mehr, – das ist die Hölle – weil wir uns in unserer Lüge eingerichtet haben.

Die meisten von uns wollen ihre Sünde gar nicht loswerden, sondern nur ihre Schuldgefühle. Mit unserer Sünde fühlen wir uns ganz wohl, aber: „Wage es bitte nicht, mir Schuldgefühle zu machen! Ich will mich nicht unzulänglich fühlen! Ich will nicht das Gefühl haben, gescheitert zu sein! Ich will meinen Schatten nicht annehmen! Ich will nicht wissen, dass ich ein gebrochener Mensch mit vielen dunklen Flecken bin! Ich will nicht zugeben, dass ich egoistisch und lüstern bin! Ich nenne es lieber anders." Peck meint, dies sei für ihn die beste Definition dafür, was ein Christ ist: Ein Christ sei jemand, der gewillt ist, in gelassener Heiterkeit die Zumutung zu ertragen, sich selbst zu missfallen. Peck meint, er hätte kaum jemals jemanden getroffen, der das lebt. Niemand will das Kreuz und die Bürde auf sich nehmen, wirklich irdisch und menschlich zu sein. Im Lateinischen hängen *humanus* (menschlich) und *humus* (Erde) ebenso zusammen wie im Hebräischen, wo *Adam*, der Mensch, aus dem Lehm des Mutterbodens, *adama*, geformt wird. Die einzig wahrhaftige und angemessene Antwort auf die Tatsache, dass wir Menschen sind, kann nur Demut sein.

Wir tun uns schwer, auf die Stimme der Selbstanklage zu hören, die uns sagt, dass wir unvollkommen sind. Wir werden böse, indem wir versuchen, uns vor uns selbst zu verstecken. Das Böse entspringt dem Versuch, Schuldgefühle zu vermeiden. Und so werden wir zu Pharisäern.

Äußerlichkeiten werden immer wichtiger, bestimmte Rituale und Gesetze. Wahrt den Schein! Denn Ehrbarkeit ist gefragt, Anständigkeit scheint der Ausweg zu sein. Scheinen statt sein! Hauptsache, es sieht so aus, als täten wir Gutes! Das ist das Hauptanliegen böser Menschen. Sie wollen sich dem Schmerz ihres Gewissens nicht stellen. Deswegen versuchen sie mit allen Mitteln, anders auszusehen als sie wirklich sind.

Mit den „Armen im Geist", die Jesus in der Bergpredigt seligpreist, sind die gemeint, die dieses Spiel nicht mehr betreiben, die aufgehört haben, die Lüge zu leben. Peck betont immer wieder: Das Hauptmotiv des Bösen besteht in seiner Verstellung und Verkleidung. Paulus schreibt dasselbe in 2. Korinther 11,14: „Der Satan tarnt sich als ein Engel des Lichts."

Der Teufel muss wie ein Engel aussehen, damit er uns dazu bewegen kann, mit ihm zu kooperieren. Peck sagt: Weil das Hauptanliegen des Bösen die Verkleidung ist, deshalb findet man böse Menschen in besonders großer Anzahl – in der Kirche! Das sitzt, oder? Böse Menschen scheinen einen Hang zur Religiosität zu haben, weil sie ein hervorragendes Versteck ist. Christlich zu sein und zur Kirche zu gehen, das ist immer noch eine der besten Tarnungen. Die Bibel zu lesen, den Namen Jesus ständig im Munde zu führen, jeden Tag zur Messe zu rennen – das ist die fast perfekte Verkleidung. Ich habe immer wieder mit Pfarrern geredet, die darüber geklagt haben, dass einige der engstirnigsten und bigottesten Leute in ihrer Pfarrei jeden Tag zur Messe kommen.

Ein Indiz für das Böse ist, wenn man einem Menschen begegnet, bei dem man das Gefühl hat: „Es hat absolut keinen Sinn, mit dieser Frau zu reden. Man erreicht sie einfach nicht." Böse Menschen haben ihre absolut unverrückbaren Meinungen über alles und jedes. Es ist ein geschlossenes System, das die Lüge schützt. Nur jene Daten werden zugelassen, die die bereits vorhandenen und verfestigten Illusionen bestätigen.

C. G. Jung meint, die meisten Neurosen entspringen der Weigerung, notwendiges Leiden auf sich zu nehmen. Das Schlimme dabei ist, dass der Neurotiker sich selbst und seiner gesamten Umgebung ein Vielfaches an unnötigem Leiden zufügt. Wenn wir unseren Illusionen und Spielen ins Auge sehen, können wir auch mit dem Schmerz konstruktiv umgehen, der damit verbunden ist. Der gekreuzigte Jesus erinnert uns daran, dass einer der besten Maßstäbe für die Größe eines Menschen seine Fähigkeit zu echtem Leiden ist. Das ist die Fähigkeit, der Realität ins Gesicht zu sehen, sie auszuhalten, sie anzunehmen, sie beim Namen zu nennen, sie zuzulassen – anstatt sie zu leugnen.

Das Böse ist nach Peck immer charakterisiert durch einen ungebundenen Willen. Die Frage lautet: Wo ist mein Wille verankert? Die Heiligen sind diejenigen, die ihren Willen ganz an das Wohl anderer Menschen gebunden haben

Deshalb ruft uns Gott zur Gemeinschaft, zur Familie, zu verbindlichen Beziehungen, zu Kindern – die alle die Hingabe unseres Herzens fordern, sodass sich auf Dauer die Lüge nicht halten lässt. Der oben zitierte Text aus dem Buch Jesus Sirach sagt uns, dass Gott keinem von uns die Kraft zur Lüge gibt. Er ruft uns vielmehr zur Entscheidung. Er stellt uns vor die Wahl zwischen „Feuer und Wasser, Tod und Leben". Es gibt Wahlmöglichkeiten. Und wir müssen wissen, wozu wir uns entscheiden – und unseren Entscheidungen treu bleiben.

In dieselbe Kerbe schlägt die letzte Zeile obigen Matthäuszitats: „Sagt ja, wenn ihr ja meint und nein, wenn ihr nein meint. Alles, was darüber hinausgeht, das stammt vom Bösen." Das ist hart! Vielleicht ruft es uns aber zu einer neuen Offenheit für die Wahrheit – zuerst uns selbst gegenüber. Meinen wir doch endlich, was wir sagen, anstatt unsere Motive ständig vor uns selbst zu verstecken – aber auch voreinander. Wenn wir zu faul sind, um zum Gottesdienst zu kommen, dann lasst uns sagen: „Ich bin zu faul, um zum Gottesdienst zu kommen." Aber hören wir endlich auf zu sagen: „Ich habe keine Zeit."

Wir beginnen immer mehr, den Zusammenhang zwischen individueller Sünde und dem strukturellen Bösen zu sehen, wie es sich zum Beispiel in Gesellschafts- und Wirtschaftsordnungen manifestiert. Unser Kampf gegen das kollektive Böse beginnt bei uns selbst, indem wir unsere eigenen Projektionen zurücknehmen. „Ich bin hohl, oberflächlich und unecht, ich bin ein Kriegstreiber, ich habe Angst, ich bin aggressiv."

Ist es nicht genau das, was Jesus vom ersten Tag an gepredigt hat? „Kehrt um! Kehrt um und glaubt die gute Nachricht!" Wenn wir umkehren, dann ist das erste, was wir von der guten Nachricht sehen und hören, Jesus, der vor uns steht und sagt: „Ich verstehe dich! Ich weiß, dass du in dieses Spiel verstrickt bist. Hauptsache, dass du weißt, es ist ein Spiel. Hauptsache, du nimmst dein Spiel nicht zu ernst. Hauptsache, du lässt nicht zu, dass dein Spiel deine eigene tiefste Wahrheit und deine Frau und deine Kinder zerstört. Nenn es beim Namen, dieses Spiel. Und dann können wir damit etwas machen!"

Wenn Leute zum seelsorgerlichen Gespräch kommen und zugeben, dass sie keine Lust haben, zum Gottesdienst zu gehen oder zu beten, dann können wir vernünftig miteinander reden, dann können wir uns auf einen Weg machen. Ich glaube, so möchte Gott mit uns umgehen. Er weiß ja, dass wir unvollkommen und schwach sind. Das ist unsere Freiheit. Und wenn das keine gute Nachricht ist, dann weiß ich nicht, welche Nachricht gut genannt werden soll. Das, was ich gesagt habe, soll nicht dazu führen, dass Sie tief in sich rumbohren, ob Sie wirklich ein Lügner sind. Ich nehme Ihnen den ersten Schritt gleich ab: Sie sind es. Ich bin es. Sie brauchen gar nicht erst zu suchen. Die gute Nachricht besteht darin, dass Gott sagt: „Ich weiß es, und ich will damit etwas machen. Aber gebt mir als Grundlage bitte die Wahrheit. Da können wir ansetzen. Von da aus kommen wir gemeinsam weiter."

Deshalb kann Gott nur aus den Armen Heilige machen. Gott kann nur demütige Menschen zu Heiligen machen, Menschen, deren Wille sich gebunden hat, die Gehorsam gelernt haben, die bereit sind, ihr Ego zurückzunehmen – bis sie zu der Wahrheit kommen, in der Gott in Fülle lebt.

Richard Rohr, *Der nackte Gott*, S. 140–150

Christus

Jesus bringt es auf den Punkt. Kannst du das Abbild Christi selbst in den geringsten Brüdern und Schwestern erkennen? Dies ist für ihn das einzige Kriterium im Blick auf das Jüngste Gericht. Nichts über die Gebote, nichts darüber, wie oft du in die Kirche gegangen bist, nichts über die Unfehlbarkeit des Papstes: einzig und allein unsere Fähigkeit wahrzunehmen. Sehen wir Christus in den geringsten Schwestern und Brüdern? Sehen wir Christus in denen, die bei unseren Erfolgsspielen nicht mithalten können? Sie stinken. Sie sind eine Landplage. Sie leben von Arbeitslosengeld, von unseren Steuergeldern und liegen uns auf der Tasche. Wenn wir in ihnen das Abbild Christi sehen, dann sehen wir wirklich. Jesus spitzt es sogar noch weiter zu. Er sagt, wir sollten das Antlitz Gottes sogar in unseren Feinden sehen und lieben. Er lehrt, was man einem religiösen Führer nie zugetraut hätte: die Feinde zu lieben. In einer Welt der Logik ergibt das keinen Sinn. In der Welt der Seele ergibt das absolut Sinn, denn in der Sprache der Seele geht es wirklich um alles oder nichts. Entweder wir sehen das Antlitz Gottes in allem Geschaffenen, oder wir sehen es überhaupt nicht. Wenn wir es einmal gesehen haben, gibt es keinen Ausweg mehr. Wir haben einen Blick davon erhascht, und schon erweitert sich der Kreis immer mehr. Solange wir aber immer noch versuchen, irgendjemanden auszuschließen – Kranke, Flüchtlinge, Sozialhilfeempfänger, Schwule (oder wen immer wir uns zu hassen entschieden haben) – so lange haben wir's noch nicht. Wir verstehen noch nicht, worum es wirklich geht. Wenn die ganze Welt ein Tempel ist, sind auch unsere Feinde heilig. Die Fähigkeit, Außenseiter zu respektieren, ist wahrscheinlich die Nagelprobe auf das wahre Sehen. Das hört dann auch bei den Feinden und bei den geringsten Schwestern und Brüdern nicht auf. Es erstreckt sich auf Frösche und Stiefmütterchen und Unkraut. Alles wird bezaubernd. *Ein* Gott, *eine* Welt, *eine* Wahrheit, *ein* Leiden, *eine* Liebe. Wir können nichts anderes tun, als daran teilzuhaben.

Richard Rohr, *Wer loslässt wird gehalten*, S. 54–55

Dankbarkeit

Das höchste Gebot lautet nicht: „Du sollst es richtig machen!"
Das größte Gebot lautet: „Du sollst lieben." Sei ein Teil des großen Erbarmens, des großen Stroms, des großen Fließens. Alles, was wirklich notwendig ist, ist Hingabe und Dankbarkeit. Wir haben nichts zu tun, als Gott zu danken dafür, dass wir ein Teil des Ganzen sind. Unsere ganzen Lasten sind nicht allein unsere Lasten. Die Sünde, die in uns hochkommt, ist nicht nur unsere Sünde, es ist die Sünde der Welt. Die Freude, die in uns hochkommt, ist nicht nur unsere private Freude, sondern die Freude der ganzen Schöpfung. Wir können nichts tun, als das zu akzeptieren und unseren Dank auszudrücken.

Richard Rohr, *Wer loslässt wird gehalten*, S. 85

Einfachheit

Woher kommt es, dass wir es nach zweitausendjährigem Nachdenken über Jesus Christus so wirkungsvoll geschafft haben, all das zu vermeiden, was er so eindeutig gelehrt hat? Das gilt für alle Konfessionen. Wir alle sind beispielsweise der Bergpredigt ausgewichen. Wir alle sind der eindeutigen Lehre Jesu über die Armut ausgewichen. Wir alle sind der klaren Anweisung Jesu zur Gewaltlosigkeit ausgewichen. Wir alle sind seiner unmissverständlichen Lehre von der Feindesliebe ausgewichen. Jesus ist zu viel für uns. Die Kirche ist eine Art kollektiver Teenager. Wir sind in unserem Reifeprozess als christliche Kirche in jedem Jahrhundert ungefähr um ein Jahr gewachsen; das heißt, jetzt werden wir demnächst 20. Vielleicht sind wir langsam bereit, zuzulassen, dass das Evangelium Klartext mit uns redet. Wir wollten immer Antworten haben; denn in einem frühen Lebensstadium brauchen wir erst einmal Gewissheit. Aber Jesus bietet uns keine Sicherheiten an, er bietet uns eine Reise des Glaubens an. Jesus gibt uns nicht besonders viele Antworten; aber er sagt uns, was die richtigen Fragen sind, um welche Fragen es geht, mit welchen Fragen sich die menschliche Seele herumschlagen muss, um auf den Christus und auf die Wahrheit zu stoßen. Unsere Fragestellungen entscheiden, was wir wirklich suchen. Unsere Fragen entscheiden darüber, was wir schließlich finden und entdecken. Deswegen müssen wir unsere Fragen kennen und Jesus sagt uns, wie die richtigen Fragen aussehen müssen. Antworten gewinnen zu schnell eine Art Macht; sie dienen uns oft dazu, unsere Worte als Munition gegen andere zu verwenden. Und fertige Antworten machen Vertrauen unnötig, sie machen das Zuhören entbehrlich, sie machen den Dialog entbehrlich, sie machen die Beziehung zu anderen entbehrlich. Ich brauche dich nicht, um meine Reise zu machen. Ich brauche nur meine Kopf-Antworten, ich brauche nur meine Sicherheiten, ich brauche nur meine Schlussfolgerungen. Deswegen hat uns Jesus gesagt, wir müssten in dieser Welt so leben, dass wir voneinander abhängig sind. Das heißt: Der eigentliche Sinn eines schlichten Lebens ist radikale Abhängigkeit, damit ich mein Leben nicht so einrichten kann, dass ich euch nicht mehr brauche.

Wir müssen mehrere Dinge vermeiden: Trivialisieren Sie die Worte Jesu nicht, indem Sie beispielsweise fragen: „Verlangt er das wirklich von mir?" So wollen wir zu schnell eine Antwort haben, anstatt uns auf einen Prozess einzulassen. Generalisieren Sie nicht zu schnell, indem Sie beispielsweise fragen: „Wo kämen wir hin, wenn *alle* dieses oder jenes täten?" So schaffen wir oft groteske Szenarien, und indem wir das tun, ersäufen wir gleichsam die wirkliche Forderung Jesu an uns. Wenn wir uns zum Beispiel mit der Lehre Jesu über Gewaltlosigkeit auseinandersetzen, sagen die Leute: „Wollen Sie mir sagen, wenn jemand in mein Haus kommt mit einer Knarre und meine Frau und meine Kinder umbringen will, dann soll ich mich nicht verteidigen?" Diese Menschen verteidigen ihr Ego, damit sie sich mit dieser Frage gar nicht erst auseinandersetzen müssen. Aber Jesus lehrt uns, hungrig und durstig zu sein, in gewisser Weise ohne Antwort zu leben, in gewisser Weise ohne klare Schlussfolgerungen auszukommen, damit wir nicht so einfach bequem entscheiden können: „Das geht sowieso nicht!" Jesus lädt uns in erster Linie auf eine Reise ein. Das eigentliche Problem besteht wohl darin, dass wir diese Reise, diesen Kampf vermieden haben.

Zumindest ein Grund dafür liegt darin, dass das Evangelium bisher von einer kleinen auserwählten Gruppe ausgelegt worden ist. Und diese Gruppe muss ich folgendermaßen beschreiben: Es waren in der Regel Männer, es waren in der Regel gebildete Männer, es waren in der Regel Europäer und später

Nordamerikaner. An diesen Menschen ist natürlich an und für sich nichts auszusetzen – ich gehöre auch zu ihnen. Aber wir hatten zu lange das Monopol inne. Auf dieser Welt gibt es noch eine ganze Menge anderer Leute, die eine ganze Menge anderer Einsichten haben. Das Vorurteil des weißen Mannes lautet so: Wir stellen immer zuerst die Frage nach Macht und Kontrolle. Die Fragen, die wir an das Evangelium richten, sind immer Fragen, die aus diesem Vorurteil kommen. Deswegen können wir Fragen wie die nach der Armut überhaupt nicht hören. Wir können die Frage nach Gewaltlosigkeit nicht hören. Denn Christen haben gute Entschuldigungen gebraucht, um einander umbringen zu dürfen. Die Frage der Feindesliebe kann nicht gehört werden.

Aber in unserer Zeit passiert etwas Wunderbares: Zum ersten Mal in ihrer Geschichte wird die Kirche wirklich universal. Das heißt, das Evangelium wird durch ganz andere Augen wiedergelesen und wiederentdeckt. Und dabei geht es um ganz andere Fragen. Und weil wir mit ganz anderen Fragestellungen ans Evangelium herangehen, merken wir auch, dass wir am Ende ganz andere Antworten haben. Und selbst wir weißen Männer müssen sagen: „Wieso haben wir das nie gesehen?"

Ich möchte über einen Text aus dem 19. Kapitel des Lukasevangeliums sprechen, über das Gleichnis von den anvertrauten Pfunden. Ich habe diese Geschichte nie leiden können, denn ich bin in Amerika in eine katholische Schule gegangen, und am ersten Schultag pflegten uns die guten Schwestern erst einmal diesen Text vorzulesen. Und dann hat der Priester eine Predigt darüber gehalten und uns ermahnt, gute und fleißige Schüler zu sein und Einser und Zweier zu schreiben, und keine Dreier. Wir sollten so sein wie der erste und der zweite Mann in dieser Geschichte, aber bloß nicht wie der dritte Mann. Deswegen hat mir diese Geschichte nie gefallen. Ich will schauen, ob es nicht einen ganz anderen Zugang zu dieser Geschichte gibt.

Die Interpretation, die ich vorschlage, stammt aus einer Basisgemeinde in El Salvador, von ganz einfachen und ungebildeten Leuten, die sich selbst nicht für theologische Gelehrte halten. Aber inzwischen sind diese Auslegungen nach Amerika gekommen und werden nun von einigen der besten Theologinnen und Theologen übernommen. Viele von ihnen sind überzeugt, dass wir endlich den wirklichen Sinn dieses Textes gefunden haben.

Jesus wollte gerade Jerusalem betreten und die Leute, die bei ihm waren, dachten, dass jetzt gleich das Reich Gottes kommt. Das ist der Ausgangspunkt. Diese Leute erwarten, dass ein einfacher, problemloser Machtwechsel unmittelbar bevorsteht. Und Jesus sagt sich: Ich muss dringend mit diesen Leuten reden. Ich glaube, sie wissen gar nicht, welchen Preis sie bezahlen müssen. Ich glaube, sie wissen nicht, was das Reich Gottes kostet!

Als sie ihm zuhörten, entschloss sich Jesus, ein Gleichnis zu erzählen. Er sagte: „Ein vornehmer Mann, ein Adliger begab sich an einen entfernten Ort, um zum König ernannt zu werden." Wie jeder gute Prediger steigt er mit einem aktuellen politischen Ereignis ein, bei dem jeder Zuhörer weiß, worum es geht. Wir denken natürlich, wenn Jesus das Wort König in den Mund nimmt, meint er Gott den Vater. Aber in Wirklichkeit bezieht sich das auf Archelaos, den Sohn des Herodes. Jeder wusste damals, dass dieser Herodes-Sohn nach seiner Selbsternennung zum König einen dreijährigen Rom-Urlaub angetreten hatte.

Bevor er sich auf den Weg machte, ließ er zehn seiner Diener zu sich kommen und gab ihnen jeweils zehn Pfund. Und er sagte: „Lasst dieses Geld arbeiten, bis ich zurückkomme." Das dahinterstehende historische Ereignis bestand darin, dass Archelaos, bevor er nach Rom ging, Statthalter einsetzte. Und er erwartete, dass diese Leute dieselben ungerechten Steuern eintreiben, wie er es bisher getan hatte. Er wollte, dass sie die Armen genauso ausbeuten, wie er es bisher getan hatte. Bei seiner Rückkehr wollte er natürlich den gesamten Profit einstreichen. Es ist ferner eine historische Tatsache, dass ihm eine Delegation der Landesbewohner nach Rom hinterhergeschickt wurde, die ihm ausrichten ließ: „Komm nicht zurück; bleib, wo du bist!" Genau das beinhaltet der nächste Vers: Aber seine Landsleute, die ihn nicht ausstehen konnten, schickten eine Delegation hinter ihm her mit der Botschaft: „Wir wollen nicht, dass dieser Mann unser König ist." Jesus sagt hier also nicht irgendwelche mystischen Sachen, sondern er redet über ganz reale Themen der Politik und der Unterdrückung.

Die Geschichte geht weiter: Dennoch kommt dieser Mann, als er zum König ernannt war, zurück. Sofort lässt er seine Diener kommen, denen er das Geld gegeben hatte, um herauszufinden, wieviel Profit jeder gemacht hatte. Der erste kommt und sagt: „Herr, deine zehn Pfund haben weitere zehn Pfund erwirtschaftet." Also ist dieser Statthalter genauso ein Halsabschneider wie Archelaos selbst. „Gut gemacht, mein guter Diener, nachdem du dich im Kleinen als derart zuverlässig erwiesen hast, werde ich dir größere Dinge anvertrauen." Damit sagt Jesus seinen Jüngern: „Wenn du ihr Spiel mitspielst, werden sie dich dafür belohnen. Die Welt sorgt für ihre Leute!"

Der zweite sagt: „Herr, deine Investition hat fünf weitere Pfunde eingebracht." Und sein Herr antwortet: „Einverstanden, du darfst über fünf Städte herrschen." Früher dachte ich immer, die beiden ersten Diener sind die eigentlichen Helden; aber das ist das Vorurteil eines kapitalistischen Verstandes. In Wirklichkeit sind die beiden ersten die Halunken und der dritte ist der Held. Der dritte kommt und sagt: „Herr, hier ist dein Geld. Ich habe es versteckt. Ich hatte Angst vor dir – und das mit Recht. Denn du bist ein ungerechter und übergenauer Mann. Du nimmst das, was du selber gar nicht angelegt hast" – das ist genau das Urteil, das Jesus über die Welt fällt –, und du erntest, was du nicht gesät hast." Ronald Reagan hat das in Amerika „Trickle-Down-Ökonomie" genannt. Er hat behauptet, dass durch ein obskures Wunder die Armen auch reicher werden würden, sobald die Reichen immer reicher würden. Das ist ein sehr bequemer Mythos für Leute, die ganz oben sind.

Der Herr antwortete: „Du nichtsnutziger Diener. Ich verurteile dich nach deinen eigenen Worten. Wenn du gewusst hast, dass ich ein überpenibler Mann bin, dass ich jemand bin, der das nimmt, was er nicht hingelegt hat und der das erntet, was er nicht gesät hat – warum hast du mein Geld nicht wenigstens auf der Bank angelegt, sodass ich es mit Zinsen zurückerhalten hätte?" Der dritte Mann ist derjenige, der wirklich bereit ist, für seinen inneren Gehorsam die Konsequenzen zu tragen. Wir würden das heute „zivilen Ungehorsam" nennen. Wir würden sagen: Er gehorcht einer tieferen Wahrheit; und diese tiefere Wahrheit führt uns immer in Konflikte mit der oberflächlichen Wahrheit. Der Herr sagt: „Nehmt ihm auch das weg, was ich ihm gegeben habe und gebt es dem, der zehn Pfund erwirtschaftet hat."

Aber jetzt erscheint plötzlich aus den Kulissen der Bühne eine zaghafte Stimme und sagt: „Aber der hat doch schon zehn!" Warum sollen die Reichen reicher und die Armen immer ärmer werden? Die Welt sorgt für ihre Leute! Aber Jesus hat seine Jünger gelehrt, dieses Spiel nicht mitzuspielen. Das sehen wir an den nächsten Versen; es handelt sich nämlich um das letzte Gleichnis im Lukasevangelium, das Jesus erzählt, bevor er in Jerusalem einzieht, um gekreuzigt zu werden! Wenn ihr die Wahrheit leben wollt, dann müsst ihr den Preis dafür bezahlen. Man darf keine Lüge kaufen. Ihr könnt euer Leben nicht auf Illusionen aufbauen. Ihr könnt euer Leben nicht auf bequemen Wahrheiten aufbauen. Es scheint so, als wollte Jesus sagen: „Das einzige, was ihr machen könnt, damit das passiert, ist *einfach* zu leben."

In den ersten drei Jahrhunderten der Kirchengeschichte sprach das Evangelium in erster Linie (wenn auch nicht ausschließlich) Menschen an, die der Unterschicht angehörten – nicht der Mittel- und Oberschicht. Es sind immer die kleinen Leute, die ihm vertrauen, und es sind immer die Leute, die oben sind, die ihn bekämpfen. Aber im Jahre 313 hat uns Kaiser Konstantin einen „großen Gefallen" getan. Er erklärte das Christentum zu einer etablierten Religion im Römischen Reich. Über Nacht haben wir gleichsam die untere mit der oberen Position vertauscht.

Der Heilige Hilarius hat im 5. Jahrhundert geschrieben: „Stattdessen bekämpfen wir heute einen gefährlicheren Verfolger, einen Feind, der uns schmeichelt, nämlich den mächtigen römischen Kaiser. Er verwundet nicht mehr unseren Rücken, sondern er behängt unsere Brust mit Orden. Er konfisziert unsere Güter nicht, sondern im Gegenteil, er beschenkt uns. Er zwingt uns nicht, wirklich frei zu werden, indem er uns einsperrt, sondern er schickt uns in die Sklaverei, indem er uns in seinem Palast ehrt. Er greift uns nicht aus dem Rückhalt an, aber er nimmt Besitz von unserem Herzen. Er haut uns nicht mit dem Schwert den Kopf ab, aber er tötet unseren Geist mit Gold. Er bedroht uns nicht offiziell mit dem Scheiterhaufen, aber er entzündet insgeheim die Höllenfeuer. Er führt keine Schlacht, damit er nicht selbst eine Niederlage erleidet, sondern er betet unseren Christus an, damit er ungehindert herrschen kann. Er bestätigt Christus, um ihn in Wirklichkeit zu leugnen. Er verkündet Einheit, aber verhindert Gemeinschaft."

Wir sollten versuchen, die untere Position zurückzugewinnen. Jesus sagt: Folgenden Menschen soll das Evangelium verkündet werden – und zwar, weil sie die einzigen sind, die es hören können: Die Armen im Geiste sind es, die nichts beweisen und nichts verteidigen müssen. Und deswegen müssen wir immer fragen: In welcher Hinsicht sind wir selbst reich? Was müssen wir verteidigen? Welche Prinzipien müssen wir beweisen? Was hält uns davon ab, offen und arm zu sein? Es geht nicht in erster Linie um materielle Güter, sondern die primären Reichtümer sind unsere spirituellen Güter, unsere intellektuellen Güter, mein Ego, mein Ruf, mein Selbstbild, mein Bedürfnis, recht zu haben, mein Bedürfnis, Erfolg zu haben, mein Bedürfnis, alles im Griff zu haben, mein Bedürfnis, geliebt zu werden. Es hilft nicht viel, wenn wir sagen können: „Wir haben die Wahrheit", aber in Wirklichkeit völlig unfrei und unfähig sind, diese Wahrheit anzunehmen und zu leben, weil wir mit uns selbst so vollgestopft sind. Und deswegen erlauben uns die Worte des Evangeliums niemals, in Selbstzufriedenheit zu leben. Sondern sie machen uns immer leer. Sie lassen uns immer die Wahrheit Marias nachsprechen: „Es geschehe, wie du willst." Sie erlauben uns, unsere Wunde offenzuhalten, damit wir Christus in uns aufnehmen können. Es scheint so, als ob wir ganz unfähig sind, Christus zu empfangen, weil wir so vollgestopft sind mit uns selbst. Und deswegen ist das Eigentliche, was wir loslassen müssen, unser Selbst. Wir sind nicht wirklich frei, bevor wir nicht frei von uns selbst sind. Meister Eckhart hat gesagt: Das geistliche Leben hat mehr mit Subtraktion zu tun als mit Addition. Aber im kapitalistischen Westen haben wir mit dem Evangelium folgendes gemacht: Ständig klettern wir auf Erfolgsleitern hoch und haben auch das Evangelium zu einer Sache von Addition anstatt zu einer Sache von Subtraktion gemacht.

Das einzige, was wir tun können, ist uns selbst „beiseite zu räumen". Dann ist Gott offensichtlich. Dann können wir Christus leicht in uns empfangen. Aber wir finden heraus, dass gerade dies in Wirklichkeit das allerschwerste ist. Man hat uns beigebracht, uns selbst so furchtbar ernst zu nehmen, obwohl wir selbst doch nur ein winziger Augenblick des Bewusstseins sind. Ich bin nur ein winziger Teil der Schöpfung, ein Teilchen, das nur einen Bruchteil der Herrlichkeit Gottes widerspiegelt. Und doch ist das genug. Wenn wir dieses „Es ist genug" in uns erfahren und spüren, brauchen wir dort draußen nicht mehr so viel.

So einfach ist es wirklich. Aber wenn wir in uns nicht genug erlebt und erfahren haben, sind wir versucht, immer mehr äußere Dinge in uns hineinzustopfen und anzusammeln, damit wir unser Selbstwertgefühl nicht verlieren und das Gefühl haben, etwas wert zu sein. Genau das ist natürlich die große geistliche Illusion.

Mein zweiter großer geistlicher Lehrer war Franz von Assisi. Er, der sein ganzes Leben damit verbracht hat, kleiner zu werden, nach unten zu kommen und unter den Armen zu leben, hat uns gesagt, wir sollten immer unten leben, denn nur dort könnten wir die Wahrheit wirklich erfahren. Aber diese Wahrheit ist schwer zu begreifen in einer Welt, die sagt: „Das Leben spielt sich im Zentrum ab und nicht an der Peripherie!"

Man braucht sehr viel Glauben, um wirklich zu glauben, dass es auch am Rand genug gibt. Und trotzdem ist es wirklich meine Erfahrung. Ich hatte das Privileg, viele Länder der Dritten Welt zu besuchen. Dort habe ich immer wieder erlebt, dass die Armen dieser Welt oft viel glücklicher sind als die meisten von uns. Sie brauchen ihre Seele nicht ständig auf Dinge zu projizieren und können sie deshalb im eigenen Inneren finden. Sie können nicht davon ausgehen, dass ihnen Äußerlichkeiten Erfüllung bieten. Eine Frau auf den Philippinen hat einmal zu mir gesagt: „Pater, wir haben nichts außer Gott und unsere Gemeinschaft." Ich glaube, das ist das einzige, was uns das Evangelium verspricht. Es verspricht uns, einen Weg zu finden, der uns zu Gott führt und einen Weg, der uns zueinander führt. Wir aber wollen Sicherheit, obwohl uns das Evangelium in dieser Welt niemals Sicherheit versprochen hat. Jesus hat auch niemals gesagt, dass wir die Aufgabe hätten, die Welt sicher zu machen.

Er hat vielmehr gesagt, wir sollten die Wahrheit tun, was natürlich viel schwieriger ist. Seit Anbeginn der Zeit wird jeder Mensch, der auf die Welt kommt, in die Ungewissheit hineingeboren. Vor dieser Ungewissheit, die zu unserem Menschsein gehört, können wir uns nicht wirklich schützen, ohne uns nicht schließlich und endlich auch gegen Gott abzuschotten. Denn die Wahrheit kann uns nur da erreichen, wo wir uns an einem Ort der Ungewissheit befinden.

Karl Rahner hat einmal sinngemäß gesagt: Wenn wir bis zum nächsten Jahrhundert nicht die mystischen Wurzeln des Christentums wiederentdecken und die Verbindung von Christentum und Politik, dann können wir das ganze Christentum vergessen. Denn dann ist das Christentum für diese Welt eher Teil des Problems als Teil der Lösung. Jesus hat uns eine neue Art zu leben angeboten, und aus diesem neuen Leben beziehen wir die Kraft, der Welt neu zu begegnen. Und das ist der Ort der Armen, die nichts beweisen und nichts verteidigen müssen.

Spiritualität und Glaube haben mehr zu tun mit Subtraktion, mit weniger werden, als mit Addition, mit mehr werden. Echter Spiritualität geht es immer ums Loslassen. Zunächst müssen wir die Vergangenheit loslassen: Wir alle tragen große Pakete von Schuld mit uns herum. Uns ist allen klar, was wir nicht gemacht haben und was wir alles falsch gemacht haben. Aber selbst unsere Schuldgefühle können zum Egotrip werden. Ich habe ewig Schuldgefühle mit mir herumgeschleppt, solange ich das Bedürfnis hatte, mich für besonders wertvoll zu halten. Als ich endlich das Bedürfnis losgeworden war, mich „würdig" zu fühlen, habe ich gemerkt, dass meine Schuldgefühle ein einziges Kreisen um mich selbst waren. Das heißt, die meisten meiner Schuldgefühle dienten nur meinen eigenen Zwecken. Ich kann mir leicht Schuldgefühle über Nichtigkeiten einreden, damit ich die wirklich wichtigen Dinge nicht anpacken muss.

Ich glaube, bevor sie in die Stadt gehen, will Jesus den Jüngern sagen: Es geht hier um ganz große Dinge und nicht um die Lappalien, um die sich ein Christentum der Mittelklasse Sorgen macht. Das ist zu privatisiert, zu individualistisch und im Grunde zu unwichtig. Denn da betreiben wir ständig Nabelschau und begegnen niemals dem Christus. Wir begegnen immer neuen Versionen unserer selbst und leben in einem Teufelskreis von läppischen Schuldgefühlen.

Aber es geht nicht nur darum, dass wir die Vergangenheit loslassen, sondern auch die Zukunft. Es geht darum, dass wir die Angst vor der Zukunft loslassen, unsere Sorgen und unsere überzogenen Sicherheitsbedürfnisse. Schließlich müssen wir auch die Gegenwart loslassen, das Bedürfnis, hier und jetzt irgendetwas Besonderes zu sein. Wenn ich es zu sehr nötig habe, geliebt zu werden, wenn ich all das hier sage, damit Ihr nachher Beifall klatscht, bin ich nicht frei und sage auch nicht die volle Wahrheit, sondern nur eine kleine Wahrheit.

Einer der schwierigsten Akte beim Loslassen besteht darin, auch das Bedürfnis aufzugeben, irgendetwas zu sein. Je positiver unser Selbstbild ist, desto gefährlicher ist es. Je frömmer es ist, desto gefährlicher ist es. Und das Allergefährlichste ist es, Berufs-Christ zu sein. Und deswegen sind es immer die Pharisäer und Schriftgelehrten, die Jesus umbringen, denn sie müssen ihre Theologie verteidigen – und in dieser Theologie ist kein Platz für die Wirklichkeit eines fleischgewordenen Christus. Wenn wir ehrlich sind, dann ist es ja auch ein bisschen enttäuschend, dass Jesus Christus als ganz normaler Mensch gekommen ist.

Die Gegenwart loszulassen, bedeutet unsere Rollen aufzugeben, unsere Titel, unser öffentliches Image. Ich denke, das ist eine der vielen Bedeutungen des ersten Gebotes: „... du sollst keine anderen Götter haben neben mir!" Es geht nicht nur um falsche Gottesbilder (die meistens unseren Zwecken dienen), sondern auch um bequeme Selbstbilder. Das haben wohl die Heiligen gemeint, wenn sie gesagt haben: Wir müssen uns in den Raum des Glaubens begeben, in den Raum des Nicht-Seins, des Nichts.

Das Wort *human* kommt von Humus, was soviel wie Erde heißt. Mensch zu sein bedeutet anzuerkennen, dass wir aus Erde gemacht sind und zur Erde zurückkehren werden. Ein paar Jahre lang tanzen wir auf der Bühne des Lebens herum und haben die Chance, ein wenig von der Herrlichkeit Gottes widerzuspiegeln. Wir sind Erde, die zu Bewusstsein gekommen ist. Wenn wir diese Kraft in uns selbst entdecken und wissen, dass wir Geschöpfe Gottes sind, von Gott herkommen und zu Gott zurückkehren, dann reicht das. Man kann das nicht mit Mitteln der Logik begreifen. Sie müssen das selbst erfahren, indem Sie sich selbst auf die Reise machen und diesen Weg selbst zurücklegen. Deswegen nennen wir unser Zentrum „Zentrum für Aktion und Kontemplation", denn erst wenn wir zur kontemplativen Innenschau gelangen, finden wir die wirkliche Grundlage des Evangeliums. Genau das ist es, was Jesus in den 40 Tagen in der Wüste tut: Er geht an einen Ort der Leere; dort gibt es keine Worte mehr, sondern nur die Wüste. Und es heißt: Er fastete 40 Tage lang, das heißt, er hat sich leer gemacht. Er hat dem Dämon ins Auge gesehen, der ihm erklärte: „Du musst Erfolg haben!" Und er hat geantwortet: „Nein, ich brauche das nicht!" Als er auf der Zinne des Tempels stand, sah er dem zweiten Dämon ins Auge, der zu ihm sagte: „Du musst religiös richtig liegen!" Dieser Dämon konnte wunderbar sein Spiel mit der Bibel treiben. Und Jesus hat gesagt: „Hau ab, ich brauche dieses Spiel nicht!" Schließlich begegnete er dem Dämon, der ihm sagte: „Du kannst mit Mitteln der Macht den Willen Gottes erfüllen!" Aber der Preis der Macht besteht darin, dass man vor Satan niederfällt.

Wir müssen alle davon ausgehen, dass uns auch unser Weg in die Wüste führt und dass wir genau diesen drei Dämonen ins Auge sehen müssen: dem Bedürfnis, Erfolg zu haben; dem

Bedürfnis, richtig zu liegen und dem Bedürfnis, Macht zu haben und alles in den Griff zu kriegen. Bevor wir nicht diesen drei Dämonen in uns selbst ins Auge gesehen haben, gibt es keine Möglichkeit, aus der Wüste herauszukommen und das Reich Gottes zu verkündigen. Sonst verkündigen wir immer bloß unser eigenes Reich. Wir benutzen das Evangelium, um uns selbst zu inthronisieren, und dann laufen der innere und der äußere Weg auseinander. Gott beruft Sie alle dazu, einen Weg der inneren Wahrheit zu gehen – und das heißt, für alles Verantwortung zu übernehmen, was in Ihnen ist: für das, was Ihnen gefällt und für das, wofür Sie sich schämen; für den reichen Menschen in Ihnen und für den armen. Franz von Assisi nannte das „den Aussätzigen in uns zu lieben". Wenn Sie lernen, die Armut in sich selbst zu lieben, werden Sie entdecken, dass Sie Raum haben, um auch „draußen" mitzuleiden, dass es Raum in Ihnen gibt für andere, dass es Raum gibt für die, die anders sind als Sie, dass es Raum gibt für die Geringsten unter Ihren Brüdern und Schwestern.

Weniger ist wirklich mehr. Nur diejenigen folgen Jesus nach, die nichts beweisen und verteidigen müssen und die in sich einen weiten Raum haben, der groß genug ist, um jeden Teil ihrer eigenen Seele annehmen zu können. Und um jeden Teil dessen anzunehmen, was Gott draußen tut, selbst das, was anders ist, selbst das, was uns Angst macht. Auf diesen Weg kann nur Christus selbst uns führen. Das meine ich mit der Reise des „Wilden Mannes" und der „Wilden Frau". Auf dieser Reise werden wir es auch schaffen, uns als Gleichberechtigte zu begegnen, denn dann sind wir beide leer von uns selbst und können das Geschenk empfangen, das der andere, die andere ist. Das heißt schließlich und endlich: Das Geschenk zu empfangen, das Christus ist.

Richard Rohr, *Von der Freiheit loszulassen*, S. 139–150

Enneagramm

Das Enneagramm *ist* ein dynamisches System. Es wurde primär in einer mündlichen Tradition entwickelt, im Kontext von Schüler-Lehrer-Beziehungen. Ein „dynamisches System" erkennt an, dass Menschen viel zu komplex und nuanciert sind, um leicht in simple Kategorien zu passen; es unterstützt die Entwicklung und Reifung des menschlichen Lebenswegs.

Das Enneagramm *ist kein* strenges Gesetz und kein festgezurrter Code. Seine Kategorien sind nicht dazu da, jemanden an eine bestimmte Seins- oder Lebensweise zu fesseln oder darauf festzunageln. Menschen, die das Enneagramm nur oberflächlich kennen, meinen, es ginge darum, Menschen in Schubladen zu stecken. Aber in Wirklichkeit wirkt es daran mit, Menschen aus ihren selbstgeschaffenen Schubladen zu befreien.

Das Enneagramm *ist* ein wirkungsvolles Werkzeug zur Selbsterforschung und zu spiritueller Transformation. Aber es sollte nicht unser einziges Werkzeug sein. Das Enneagramm ist dann am hilfreichsten, wenn es in Verbindung mit anderen Praktiken wie Studium, Meditation, geistlicher Begleitung und einem Leben in Gemeinschaft mit anderen verwendet wird.

Das Enneagramm *ist kein* System der Charaktertypisierung. Ja, es gibt Tests und Fragebögen, die helfen können, das eigene primäre Enneagrammmuster aufzuspüren, aber das ist häufig nur ein erster Schritt. Dieses Werkzeug ist dazu da, einen lebenslangen Weg zu unterstützen.

Selbsterforschung ist zwar wichtig, aber sie *ist nicht* das eigentliche Ziel des Enneagramms. Das Enneagramm *ist* dazu da, die Fallen zu entdecken, die uns davon abhalten, vollständig und frei als unser wahres Selbst zu leben, *damit* wir unsere einzigartigen authentischen Gaben für das Wohl anderer und das Wohl der Welt einsetzen.

Das Enneagramm ist ein wunderbares Werkzeug, dass uns dabei helfen kann, jenes *Falsche Selbst* zu sehen und loszulassen, das das Ebenbild Gottes in uns verstellt. Es erlaubt uns ferner, aus unserem *Wahren Selbst* zu leben, jener einzigartigen Manifestation der Liebe Gottes, zu der uns Gott bestimmt und berufen hat. Anscheinend wehren wir uns am meisten genau gegen das, von dem wir zutiefst wissen, dass es wahr ist: unser Ur-Segen. Diesem ursprünglichen Geliebt- und Okaysein zu trauen ist schwierig, da dieses wahre Spiegelbild auf die eine oder andere Weise entstellt, geleugnet oder gar verraten worden ist. Das Enneagramm dient als sehr hilfreicher Seelenspiegel, der unsere egozentrischen Gewohnheiten aufdeckt, die unser authentisches Selbst am Aufblühen hindern.

Obwohl das Enneagramm ein sehr altes Werkzeug ist, dessen Wurzeln bis zu den frühen Wüstenvätern und -müttern zurückreichen, wurde es jahrhundertelang übersehen. Ich selbst habe das Enneagramm von Jesuiten erlernt, die es in den frühen 70er-Jahren des vergangenen Jahrhunderts nach Amerika brachten. Die Jesuiten entdeckten dieses Werkzeug für ihre besondere Begabung der geistlichen Begleitung. Es wird für das „Lesen von Seelen" verwendet, das Menschen zu entdecken hilft, wer sie in Gott sind. Wenn es in Verbindung mit einer regelmäßigen kontemplativen Gebetspraxis genutzt wird, kann es mächtig transformativ wirken. Es kann uns für immer tiefere Ebenen von Verstehen und Einsicht, Liebe und Gnade öffnen.

Das Enneagramm beschreibt neun unterschiedliche Persönlichkeiten, die jeweils ein breites Spektrum von „unreif" bis „reif" oder „fixiert" bis „erlöst" abdecken. Es geht eher darum, innere Wirkkräfte zu entdecken als präzise Merkmale zu beschreiben. Das Enneagramm macht uns auf unsere *Wurzelsünde*, unsere *Leidenschaft*, unsere spezifische *Falle* oder *Blindheit* aufmerksam, die uns daran hindern, die Realität umfassend und aufrichtig zu erleben. Diese Leidenschaften wurden von Papst

Gregor dem Großen im 6. Jahrhundert als die „sieben Todsünden" bezeichnet, wobei er, wie man hätte vorhersagen können, die beiden verbreitetsten Sünden der westlichen Zivilisation, nämlich *Furcht* und *Betrug*, übersah. Man kann nicht das als Sünde erkennen, was man zuvor als Tugend idealisiert hat.

Befreiung aus unserer Gewohnheitsfalle ereignet sich durch irgendeine Form einer vertieften Liebeserfahrung, sei es eine plötzliche Eingebung, sei es durch das Erlebnis, ganz am Boden aufzuschlagen und wieder aufgerichtet werden, oder sei es durch eine allmähliche Öffnung durch kontemplative Praxis. An einem bestimmten Punkt wachen viele Menschen auf und beginnen ihr wahres Selbst zu begreifen, wenn auch erst vage – eine ganz und gar einmalige Spiegelung der Liebe Gottes in der Welt. Ein Teil von uns war schon immer mit Gott vereint. Allmählich lernen wir Schritt für Schritt, unserer Seelentiefe zu vertrauen und unser Leben aus dieser Quelle zu schöpfen. Wir lernen, konsequenter aus dieser unserer wahren Identität des Ur-Segens zu leben und zu ahnen, wer wir in Gott sind und in alle Ewigkeit sein werden. Dann wissen wir auch, dass das, was wir Himmel nennen, nicht irgendwann später kommt, sondern hier und jetzt bereits angebrochen ist.

Ich glaube, der Sinn reifer Religiosität oder Spiritualität liegt darin, in uns die Fähigkeit zu kultivieren, das „Sakrament des gegenwärtigen Augenblicks" zu akzeptieren – genau so, wie er ist, einschließlich des Guten und des Schlechten, und Gott in ihm zu finden. Unser menschlicher Verstand neigt dazu, das Feld des gegenwärtigen Moments zu spalten und sich auf die Details zu fokussieren, anstatt das Ganze wahrzunehmen. So verpasst er das, was die Augen des Geistes sehen. Die Wurzelsünden oder Leidenschaften des Enneagramms können als neun unterschiedliche Weisen verstanden werden, das „Ziel zu verfehlen" (das griechische Wort für Sünde, *hamartia*, bedeutet genau das!). Es handelt sich um neun Weisen, nicht mit Gottes

Gegenwart im Hier und Jetzt in Kontakt zu sein. Wenn wir unsere enneagrammatischen Fixierungen als Einladungen betrachten, in die Gegenwart zurückzukehren, können wir für die Göttliche Präsenz in uns und um uns herum empfänglich werden und diese Liebe mit einer leidenden Welt teilen.

In der Tradition des Enneagramms bedeutet „Sünde" einfach das, was nicht funktioniert, beispielsweise selbstzerstörende Verhaltensmuster. Unsere Hauptsünden kann man als Notlösungen verstehen, die wir in der frühen Kindheit entwickelt haben, um mit unserer Umgebung klarzukommen. Seinerzeit waren diese Überlebensstrategien notwendig. Aber je älter wir werden, desto mehr stehen sie einem freien Leben als unser wahres Selbst im Weg.

Das Enneagramm weigert sich, das Negative auszublenden oder zu eliminieren; es gründet vielmehr in einer vitalen spirituellen Erfahrung. Wir haben nur dann den Mut, unseren tiefen Illusionen ins Auge zu blicken, wenn wir ganz und gar von Gott geliebt oder angenommen werden – oder von jemandem, der oder die für uns als Gott oder Göttin handelt. Ironie des Schicksals: Gerade unsere Mängel sind die Sollbruchstellen, die der Gnade Einlass gewähren, wie das Evangelium lehrt. Wir müssen uns die eigene Wurzelsünde bewusst machen, anstatt sie zu leugnen oder zu verdrängen. Wir können unsere Wunden nur durch Freundlichkeit und Mitgefühl heilen, nicht durch Urteile oder Verdammung. So ist Jesus mit Sündern umgegangen wie mit jener Frau, die beim Ehebruch ertappt worden war (Johannes 8,1–11).

Teresa von Avila hat gesagt, der Sünder sei jemand, der sich selbst nicht genügend liebt. Wir sehen oder bewundern nicht das ganze Selbst; daher spalten wir uns und versuchen, unser gutes Selbst zu lieben und das schlechte Selbst abzulehnen. Aber Jesus lehrt uns, Unkraut und Weizen gemeinsam wachsen zu lassen bis zur Ernte, damit wir nicht den Weizen bei dem Versuch zerstören, das Unkraut auszureißen (siehe Matthäus 13, 24–30). Das Enneagramm erlaubt uns, den eigenen Schatten zu sehen und anzunehmen, jenen Teil von uns, der so schambesetzt ist. Nur mit einem gewissen Grad von nicht-dualem Bewusstsein können wir Unvollkommenheit und Schönheit zusammenhalten. Thomas Merton sprach von einer „verborgenen Ganzheit". Es überrascht mich nicht, dass das Enneagramm bei vielen so unpopulär ist. Es weigert sich, den Schmerz, die schwierige Lebensaufgabe oder den Preis der Erleuchtung zu verschweigen. Indem es unsere eigene Dunkelheit ans Licht bringt, zwingt es uns bald auch, dieselbe Dunkelheit in der Gesellschaft beim Namen zu nennen: Unterdrückung, Ungerechtigkeit und Menschenverachtung. Die Sünde „bringt den Tod hervor" (Jakobus, 1,15) – oder anders gesagt: Sünde ist ihre eigene Strafe. Unsere Maßlosigkeit tötet Tiere und Wälder; unsere Aggressivität und Furcht hat zu gigantischen Waffenarsenalen geführt. Die Armen bezahlen für den Neid und die Habsucht der Industrienationen mit ihrem Tod.

Wir alle haben ein bisschen von jedem Persönlichkeitsmuster in uns. Das erlaubt uns größeres Verständnis und Mitgefühl mit anderen. Aber im Blick auf unsere eigene Transformation müssen wir erkennen, dass wir alle einen massiven Satz von Scheuklappen und blinden Flecken haben, eine grundlegende Täuschung, eine Hauptsünde. In uns allen gibt es ein Schlüsseldilemma, eine Gewohnheitsfalle. Wir müssen merken, dass wir uns selbst ausgerechnet mit Hilfe unserer bevorzugten Sichtweise blockieren. Auch wenn diese Sicht auf die Wirklichkeit keineswegs das wahre Selbst widerspiegelt, scheint sie doch für uns zu „arbeiten", indem sie uns eine falsche Art von Energie und Ausrichtung vermittelt.

Dieser eine Fallstrick beherrscht unser Leben so umfassend, dass wir ihn nicht erkennen können, außer vielleicht durch ein überraschendes Aha-Erlebnis. Schlagartig werden unsere lebenslangen falschen Motive und Reaktionen kristallklar. Das ist in der Regel ein sehr demütigendes und zugleich wundervolles Erlebnis. Es ernüchtert, wenn wir begreifen, dass selbst die besten Dinge, die wir getan haben, selbstsüchtige Gründe hatten. Aber es ist befreiend zu wissen, dass Gott das schon die ganze Zeit gewusst hat, uns trotzdem liebt und tatsächlich auch unsere Sünden für seine Ziele genutzt hat. Paulus drückt das so aus: „Gerade da, wo die Sünde mächtig ist, ist die Gnade übermächtig" (Römer 5,20).

Unsere tiefste Sünde und unsere großartigste Gabe sind zwei Seiten derselben Medaille. Wir verbringen unsere erste Lebenshälfte damit, unser Selbstbild und Ego zu erschaffen, indem wir auf das bauen, was wir gut können. Das ist ein notwendiges Stadium. Wenn wir 20 sind, ist unser Persönlichkeitsmuster gut gegründet, weil es auf seltsame Weise für uns arbeitet. Aber in der Lebensmitte beginnen wir vielleicht, die andere Seite der Medaille zu sehen. Die dunkle Seite unserer Gabe. Wenn wir auf unsere angebliche Gabe übertrieben fixiert sind, wird sie zur Sünde. Dieses Selbstbild, dieses falsche Selbst, aufrechtzuerhalten, wird wichtiger als alles andere. An diesem Punkt kann uns das Enneagramm helfen, dieses Spiel zu entlarven und uns zu entwaffnen – die Abwehr des falschen Selbst aufzugeben, das wir kreiert haben. Wir lassen das los, was nur gut zu sein *scheint,* und wir entdecken, was *wirklich* gut ist. Wir kehren zurück zu der Heiligen Gegenwart in und um uns herum. Dieses Verlassen des Paradiesgartens und die Rückkehr zu ihm wiederholt sich in einer gesunden Biografie viele, viele Male. Und jedes Mal ist es sowohl eine Selbstoffenbarung als auch eine Gottesoffenbarung.

© Richard Rohr, *The Enneagram: An Introduction*[4]

---
[4] Homepage des CAC (Center for Action and Contemplation), http://cac.org/, 24./25./26.4.2016; Übersetzung: Andreas Ebert

Eucharistie

In der Eucharistie bewegen wir uns über die bloßen Worte hinaus und kommen an den Ort, an dem wir über das Mysterium nicht mehr reden, sondern beginnen, es zu essen und zu kauen. In der Eucharistie verlegen wir unser Wissen auf die Ebene des Physischen, Emotionalen und der Zellvorgänge. Es ist für Gott leichter, Brot von seiner heiligen Identität zu überzeugen als Menschen von der ihren. Es ist für Gott leichter, Wein davon zu überzeugen, was er ist: Der Wein hat kein Problem damit zu wissen, dass er das Blut Christi ist. Wir Menschen haben damit Probleme. In der Eucharistie wird der Mensch, der zu wissen glaubt, was er ist und wer er ist, weiterhin ernährt mit dem Brot und dem Wein – eine perfekte Arznei. Eines Tages wird unserem Herzen dämmern: „Mein Gott, ich bin, was ich esse!" Damit werden endlich die beiden Präsenzen zur einen und einzigen Realpräsenz werden. Die Eucharistie ist keine Belohnung für gutes Verhalten, sondern Medizin und Nahrung für Sünder und für solche, die gar nicht wissen, dass sie der Leib Christi sind.

Richard Rohr, *Entscheidend ist das UND*, S. 132

Franz von Assisi

Schönheit schmerzt – vor allem diejenigen, die wirklich sehen können. Hässlichkeit verwirrt – aber nur diejenigen, die nicht wirklich sehen können. Wenn die großen Seher auftreten, dann pflegt ihr Leben uns aus der Bahn zu werfen. Denn sie stellen alle Regeln auf den Kopf, suchen Freude und Erfüllung ganz woanders als wir, finden Liebe an den merkwürdigsten Orten. Diejenigen, die die Schönheit in ihrer ganzen Tiefe gesehen haben, bringen unseren Verstand durcheinander; wir brauchen Jahrhunderte, um wieder Tritt zu fassen, während wir ihnen mit sehnsüchtig glänzenden Augen nachlaufen. Solch ein Seher war Francesco Bernardone (1182–1226), und solche Leute sind wir: eine staunende Menschheit, die noch immer keine Ruhe gefunden hat, weil sie einfach nicht vergessen kann, was er gesehen hat und was er mit einem einzigen kleinen Menschenleben gemacht hat. Seine Schönheit und sein Sehen schmerzen noch immer.

Mehr als jeder andere Nachfolger und Jünger Christi wurde Franz von Assisi ein „zweiter Christus" genannt. Über ihn wurden mehr Biografien verfasst als über irgendeine andere Person außer Jesus selbst. Er ist die meistgemalte nichtbiblische Gestalt der Geschichte, und die diesbezüglich normalerweise sehr zurückhaltende Kirche hat ihn nur vier Jahre nach seinem Tod heiliggesprochen. Schon zu Lebzeiten entwickelte er eine merkwürdige Anziehungskraft. Vielleicht war es jener unleugbare Magnetismus, der sich immer dann einstellt, wenn Wahrheit und Torheit eins werden.

Als der heilige Franz eines Tages aus dem Wald kam, wo er gebetet hatte, und am Waldrand stand, ging ihm Bruder Masseo entgegen und fragte ihn halb im Scherz: „Warum hin-

ter dir? *Warum hinter dir? Warum hinter dir? Warum scheint alle Welt hinter dir herzulaufen, und warum scheint jedermann dich sehen und hören und dir gehorchen zu wollen? Du siehst nicht besonders gut aus. Du bist nicht besonders gelehrt oder weise. Du bist nicht sehr vornehm. Warum also läuft alle Welt hinter dir her?" Da wandte er sich mit großem Geisteseifer Bruder Masseo zu und sagte: „Du willst wissen, warum hinter mir? Du willst wirklich wissen, warum jedermann hinter mir herläuft? Das habe ich aus den hochheiligen Augen Gottes erkannt, die das Gute und das Böse überall sehen. Denn diese gesegneten und hochheiligen Augen haben unter allen Sündern keinen gefunden, der unwürdiger und ungenügender wäre als ich. Um also jenes wunderbare Werk zu vollbringen, das er vorhat, fand er auf Erden keine gewöhnlichere Kreatur als mich – und deshalb hat er mich erwählt. Denn Gott hat das erwählt, was der Welt töricht erscheint, um die Weisen zu beschämen, und Gott hat das Niedrige und Verachtete dieser Welt erwählt, um das zunichte zu machen, was vornehm, groß und stark ist."*[5]

Radikale Wahrhaftigkeit war der Ausgangspunkt, von dem Franz ausging. Sein ständiges nächtliches Gebet lautete einfach und immer wieder: „Wer bist du, o Gott? Und wer bin ich?" Das wiederholte er unaufhörlich, und die oben geschilderte Erfahrung scheint die Antwort gewesen zu sein. Er wusste, dass er zutiefst unvollkommen war – und immer bleiben würde. Später definierte er selbst jenen Augenblick als den Punkt seiner Bekehrung, an dem er einen hässlichen und stinkenden Aussätzigen umarmen konnte. Seine wirkliche Lebensreise begann damit, dass er den aussätzigen Teil seiner selbst annehmen konnte. Einen Großteil seines weiteren Lebens verwendete er

---

5 Die Blümlein des Heiligen Franz

darauf, diese Wahrheit nicht zu verstecken oder zu bemänteln, sondern sie geradezu zur Schau zu stellen. Diese tiefe Annahme seiner eigenen Grenzen und seiner eigenen Fähigkeit zum Bösen hatte nichts von der selbstzerstörerischen oder selbstverachtenden Art, die wir so oft in uns selbst finden. Er freute sich vielmehr über die Verheißung und Möglichkeit, dass all dies erlöst werden sollte.

Die Art, wie Franz das Evangelium las, ist für uns bis heute äußerst bedeutsam. Sein Blick und sein Schwerpunkt waren genauso gelagert wie bei Jesus. Sein Leben war ein dramatisiertes Gleichnis, ein audio-visuelles Hilfsmittel zum Verstehen des Evangeliums. Es gibt uns die Perspektive, durch die wir so sehen können, wie Jesus es tat: von unten. Mit jedem Moment seines Lebens insistiert Franz darauf, dass wir nur von einer nichtetablierten Position aus richtig sehen können. Er wollte in erster Linie deshalb arm sein, weil Jesus arm war. Aber er wusste zugleich, dass die biblischen Verheißungen den Armen galten und dass das Evangelium den Armen und nur ihnen gepredigt werden musste, weil nur sie die Freiheit hatten, es zu hören, ohne es zu ihren eigenen Zwecken zu missbrauchen. Er wollte nichts verteidigen müssen — außer der Liebe, ohne die alles andere nichts nützt. „Die Liebe wird nicht geliebt! Die Liebe wird nicht geliebt!", pflegte er zu seufzen und zu klagen.

Deshalb schlug er – im Gegensatz zu allen anderen Menschen – genau die entgegengesetzte Richtung ein, in der Gewissheit, dass er dabei dem Pfad Jesu folgte. Wie Paulus wollte er nur „Christus erkennen und die Kraft seiner Auferstehung, sein Leiden teilen und der Art seines Todes ähnlich werden" (Philipper 3,10). Er wusste, dass das abgesicherte Leben oben an der Spitze den Namen Leben nicht verdient. Er selbst hatte dort als Sohn eines reichen Tuchhändlers begonnen, und er sah, wie ein Großteil der Kirche einer Art von geistlichem Materialismus verfallen war, der eine noch schlimmere Illusion darstellte, weil er im Namen Gottes und um des Reiches Gottes willen gepflegt und aufrechterhalten wurde. Sich selbst nannte Franz oft einen „idiota". Aber er war nicht so dumm, um nicht echte Freiheit von ihrem Gegenteil unterscheiden zu können. Franz wollte für seine Brüder nie eine Regel oder einen Verhaltenskodex aufstellen, obwohl Rom darauf bestand. Ihm reichten die Bergpredigt und die Anweisungen, die Jesus selbst seinen Jüngern gegeben hatte. Als man ihn schließlich doch bewegen konnte, eine Regel zu schreiben, fasste er einfach ein paar Zitate aus dem Evangelium mit wenigen eigenen Ermahnungen zusammen. Dies ist bis heute die Regel der „Minderbrüder", wie sie im Jahre 1223 von Papst Honorius III. letztlich widerwillig gebilligt wurde.

Als Franz die große Antrittsrede Jesu las, sprang ihm ins Auge, dass der Ruf zur Armut ganz am Anfang stand: „Selig sind die Armen!" Von nun an las er das Evangelium so, dass die Armut für ihn zur „Grundlage und Wächterin aller anderen Tugenden" wurde. Alle anderen Tugenden empfangen das Reich Gottes nur als Verheißung; die Armut allein ist schon hier und jetzt damit verwoben: „Selig sind die Armen, denn ihnen gehört das Himmelreich." (Matthäus 5,3)

Folglich war franziskanische Frömmigkeit nie etwas Abstraktes. Sie gründet auf den konkreten Anweisungen Jesu an seine Jünger und nicht auf Theologie. Sie kann sich nicht so leicht in einen ideologischen Bereich oder hinter eine jener Bekenntnis-Leinwände zurückziehen, auf die wir unsere Metaphysik projizieren. Wenn Franz „das Evangelium lebte", dann ging es ihm schlicht und einfach um Lebensstil. Es ging ihm darum, die Inkarnation in Raum und Zeit fortzusetzen. Er nahm die Gegenwart des Heiligen Geistes absolut ernst. Er wollte Jesus sein – und nicht nur Jesus anbeten. Recht gelebt besteht Franziskanertum nicht aus Worten, nicht einmal aus einer bestimmten Ethik. Es ist Fleisch – nacktes Fleisch – unfähig, die eigenen Grenzen zu leugnen, unfähig, die eigenen Wunden zu verbinden. Er nannte es Armut.

Diese gereinigte Vision eines gelebten Evangeliums vermittelte Tausenden eine neue Freiheit in der Kirche und im Dienst an der Welt. Viele religiöse Gemeinschaften waren damals mit Stiftungen, Spenden und immensem Grundbesitz verfilzt. Die Mitglieder lebten zwar persönlich bescheiden, gemeinsam aber in großer Sicherheit und sogar Bequemlichkeit. Die sogenannten Bettelorden wurden geboren, um diese gefährliche Ehe zwischen geistlichem Dienst und Geld zu scheiden. Franz wollte nicht in erster Linie, dass seine Brüder das Heil verkünden (obwohl sie auch das taten). Er wollte, dass sie selbst Heil sind. Er wollte, dass sie das Leben Jesu in der Welt gleichsam nachahmen und darstellten – mit all dem Vertrauen und der Ungesichertheit, die das einschloss. Man würde sie heute als Stadtstreicher oder Penner verhaften; aber er glaubte, dass Jesus buchstäblich meinte, was er sagte, als er seine Jünger aufforderte: „Esst, was man euch vorsetzt. Denn der Arbeiter ist seines Lohnes wert" (Lukas 10,7). Als Franz erstmals die Predigt hörte, in der Jesus seine Nachfolger aufruft, nichts auf den Weg mitzunehmen, verließ er überschäumend vor Freude den Gottesdienst, lernte den ganzen Abschnitt auswendig und jubelte: „Das ist es, was ich will. Das ist es, wonach ich mich sehne. Das ist es, was ich von ganzem Herzen tun möchte."

Franz konnte nicht einfach arm sein. Er musste eine Liebesaffäre, ja sogar eine Ehe mit seiner geliebten „Frau Armut" in Szene setzen. Seine zölibatäre Ehelosigkeit war Leidenschaft – nicht das Fehlen von Leidenschaft! In der mittelalterlichen Tradition höfischer Minne, jener sublimierten Liebe eines Ritters für seine zum Ideal emporstilisierte Dame, bestand Franz darauf, die „vornehmste, reichste und schönste Frau, die je gesehen wurde" zu heiraten. Es stellte sich heraus, dass dies Frau Armut war.

Franz war genug Realist, um zu wissen, dass dieser Blick von unten niemals in Mode kommen würde. Dennoch führte ihn seine Liebe zum Kleinen dazu, seine Brüder „minores" (Mindere) zu nennen, damit sie nie wieder in die weltliche Sichtweise der „majores" (das heißt der Großen, des Adels) zurückfallen sollten. Er wusste, dass es Macht bedeutet, ein Jemand zu sein – und dass es Wahrheit bedeutet, ein Niemand zu sein. Er entschied sich immer für die Wahrheit, weil er vom Beispiel des gekreuzigten Jesus wusste, dass Gott schließlich gerade daraus echte Macht erwachsen lässt. Er blieb erstaunlich unbeeindruckt von Zahlen, Erfolg, Rang, Statussymbolen und sogar von klerikalen Weihen, die er für sich ablehnte. Er wollte sich von keinem anderen Reich vereinnahmen lassen als allein vom Reich des „Großen Königs". Dennoch verlor er nie ein böses Wort gegen den Putz und Pomp des mittelalterlichen Katholizismus; er zog einfach vor die Mauern von Assisi und lebte den Glauben auf neue Weise. Er wusste, dass Frontalangriffe in der Regel sowieso nichts bewirken; und er liebte seine Kirche zu sehr, als dass er sich erlaubt hätte, andere zu verurteilen. Wieder war es sein Lebensstil, der zum Urteil wurde, nicht seine Worte. Er war ein sanfter Prophet. Deshalb fordert sein Zeugnis die Gläubigen seit acht Jahrhunderten heraus.

Die Entscheidung des Franz für Schwachheit statt Stärke, Verwundbarkeit statt Rechthaberei, Wahrheit statt Praktikabilität, Ehrlichkeit statt Einfluss steht in einem erstaunlichen Gegensatz zur gängigen westlichen Version des Evangeliums und zu einer erfolgsorientierten Kirche. Er bleibt für immer der Heilige, der buchstäblich das Unterste nach oben kehrt.

Franz hatte kein ausgeprägtes Bewusstsein für das, was wir heute „strukturelle Sünde" oder das „systemimmanente Böse" nennen würden. Jedenfalls sprach er nie ausdrücklich davon. Dennoch: Man stelle sich vor, seine Auslegung des Evangeliums wäre die Grundlage des abendländischen Christentums geworden. Welch andere Farbe, welch anderen Charakter hätte heute das westliche Christentum, die westliche Zivilisation! Hätte man die Dämonie erkannt, die in Wohlstand, Macht und Herrschaft steckt, und hätten geistliche Werte den Platz bekommen, der ihnen zusteht, dann wäre die Renaissance eine wirkliche Wiedergeburt gewesen, die Reformation hätte wohl nicht stattfinden müssen, die Aufklärung wäre tiefer gegangen als bis zur subjektiven Vernunft, und der Klassenkampf, zu dem der Marxismus aufruft, wäre auch unnötig gewesen. Weil aber der größte Teil der Kirche sich geweigert hat, die Lehre Jesu und das Beispiel des Franziskus ernst zu nehmen, weigert sich heute ein Großteil der Welt, die Kirche ernst zu nehmen: „Ihr Christen verkündet zwar neues Leben. Aber eure Geschichte beweist, dass ihr euch scheut, wirklich anders zu leben – nämlich verantwortlich, hingebungsvoll und als Friedensstifter."

Keiner verstand wohl die Vision und Berufung des Franz besser als eine reiche junge Frau aus Assisi namens Klara Scifi (1194–1253). Sie nahm sich den Ruf zur evangelischen Armut zu Herzen wie sonst niemand. Von Franz konnte sie sagen: „Nach Gott ist er der Kutscher meiner Seele." Ihr berühmtes „Armuts-Privileg" erhielt sie 1216 von Innozenz III. und nochmals 1228 von Gregor IX. Es bedurfte zweier päpstlicher Bestätigungen, um einer religiösen Gemeinschaft zu versichern, dass sie ungesichert leben dürfte! Klara wusste, dass schlaue und clevere Menschen versuchen würden, der Gemeinschaft genau das wegzunehmen, was sie als entscheidend ansah für eine evangeliumsgemäße Existenz.

Es ist allgemein anerkannt, dass der weibliche Zweig der franziskanischen Ordensfamilie die Armut und die Kontemplation des heiligen Franz wesentlich treuer durchgehalten hat als die Brüder. Dafür gibt es wohl viele Gründe. Der wichtigste jedoch scheint mir zu sein, dass die Männer bald religiöse und juristische Funktionen in der institutionalisierten Kirche übernahmen (was damit verbunden war, dass ein einfacher Lebensstil keinen Wert in sich selbst mehr trug). Die Brüder wurden in die bestehenden Machtstrukturen eingefügt, wo sie das Leben nicht mehr vom Rand oder von unten her sehen konnten, sondern selbst das System aufrechterhalten mussten. Leider wurden die „armen Klarissen" ins Kloster verbannt, um dort ihre privilegierte Armut zu leben. Vielleicht gibt es keinen anderen Weg. Die Geschichte hat uns gezeigt, wie selten es vorkommt, dass Menschen wirklich voll in der Welt sind und doch nicht in der Welt aufgehen – so wie Jesus es eigentlich gewollt hat. Obwohl nur wenige diese Balance finden, wird sie immer das franziskanische Ideal bleiben.

Franziskaner wurden schon immer als „volkstümlich" betrachtet. Ihr eher proletarisches Image hat den Brüdern erlaubt, den Sorgen und Nöten des einfachen Volkes näher zu sein als andere. Leider hat es oft auch dazu geführt, dass es ihnen an klarer Reflexion mangelte. Jede Gabe hat auch ihre besondere Gefährdung! Die Brüder haben oftmals die Vorurteile und Ängste des einfachen Volkes ebenso stark widergespiegelt wie seinen Kampf um Gerechtigkeit und Barmherzigkeit.

Franz empfand sich selbst als Versöhner und Prediger der Vergebung. Zur Zeit des Franziskus waren „Krieg und seine Ausschweifungen und seine Unordnung nicht nur notwendig und eine Gewohnheit geworden, sondern sogar eine Lieblingsbeschäftigung, die herrschende Leidenschaft, die das gesamte Leben der Stadt bestimmte, in der das Wort ‚Frieden' jede Bedeutung verloren hatte".[6] Der zweifellos berühmteste Versuch des Franziskus als Friedensstifter war sein Besuch beim Sultan Melek-el-Khamil (1217–1238) in Damiette in Ägypten. Schon vorher war er mehrmals zu Kreuzfahrer-Lagern in Syrien gereist, musste aber immer wieder wegen Krankheit und Schiff-

---

6 Nova Vita

bruch umkehren. Die Kreuzfahrer hatten diesmal bereits vom 9. Mai 1218 an bis zum 29. August 1219 gekämpft, als Franziskus in Ägypten eintraf. Er verbrachte mehrere Tage mit dem Sultan und versuchte, Frieden auszuhandeln, konnte jedoch nur einen persönlichen Achtungserfolg erringen. Dann wandte er sich an die christlichen Kreuzfahrer:

„Wenn ich sie auffordere, nicht zu kämpfen, halten sie mich für einen Narren; wenn ich schweige, entkomme ich nicht meinem Gewissen." So brach der heilige Mann auf und begrüßte die Christen mit seinen Mahnungen, verbot ihnen den Krieg und prangerte seine wahren Ursachen an. Aber die Wahrheit wurde lächerlich gemacht, sie verhärteten ihr Herz und verweigerten sich seiner Führung. Sie zogen in die Schlacht und kämpften, und unsere Armee wurde vom Feind hart bedrängt. So groß war die Zahl der Verluste in der Katastrophe, dass man sechstausend Tote und Gefangene beklagen musste. Erbarmen erfüllte den heiligen Mann, obwohl sie ihre Taten nicht bereuten. Er trauerte vor allem über die Spanier, weil er sah, wie gerade ihr Ungestüm nur wenige von ihnen übrig gelassen hatte. Das sollen die Fürsten der Welt erfahren, und sie sollen wissen, dass es nicht leicht ist, gegen Gott zu kämpfen, gegen den Willen Gottes zu streiten. Unbesonnenheit führt in der Regel in die Katastrophe, denn sie verlässt sich auf die eigene Kraft und verdient keine Hilfe vom Himmel. Wenn man den Sieg von oben her erhofft, dann muss man die Schlachten dem Geist Gottes überlassen.[7]

Leider belegt die Geschichte, dass die Kämpfe am 26. September wieder aufgenommen wurden. Franz kehrte sehr enttäuscht nach Assisi zurück. Die Ermahnungen an seine Anhänger seien

---
7 Zweite Lebensbeschreibung

auch denen ins Stammbuch geschrieben, die heute für Frieden und Gerechtigkeit kämpfen:

„Während ihr mit euren Lippen den Frieden bekennt, achtet darauf, dass ihr ihn noch mehr in eurem Herzen tragt. Niemand sollte durch euch zu Zorn und Bitterkeit gereizt werden. Jeder sollte von euch vielmehr zu Friede, gutem Willen und Barmherzigkeit bewegt werden, auf Grund eurer Selbstzucht. Denn wir sind dazu berufen, die Verwundeten zu heilen, die Verletzten zu verbinden und die Irrenden zurechtzubringen."[8]

Viele Historiker sehen in der Lebensregel des Franziskus für den „Dritten Orden" einen weltlichen Zweig des Franziskanertums, einen der Hauptfaktoren für den Untergang des Feudalismus. Der Feudalismus war ein System, das auf Zwang und Unterdrückung basierte. Fehden und Überfälle waren gang und gäbe, sodass kaum jemand die Stadtmauern unbewaffnet verlassen konnte. Aber Franz verbot seinen Anhängern zu kämpfen, Waffen zu tragen oder auch nur einem Adeligen Gefolgschaft zu schwören. Auch das ging auf die Bergpredigt zurück. So viele Menschen übernahmen diese Regeln des „Dritten Ordens", dass dadurch eine der wenigen erfolgreichen Sozialreformen der Geschichte zustande kam, wenn sie auch kurzlebig war. Trotz aller berechtigten Gründe, entmutigt zu sein, war Franz als ein Mann tiefer und beständiger Freude bekannt. Er wusste, dass er nach allem, was getan wurde und ungetan blieb, noch immer der „Bote des Großen Königs" war. Keiner sollte je daran zweifeln, dass Franz seinem ganzen Wesen nach ein Liebender war, verliebt in den größten aller Liebhaber. Seine dankbare Fröhlichkeit war geradezu bodenlos. Er sagte seinen

---

8 Legende der drei Gefährten

Brüdern, es sei ihre Berufung, „die Herzen der Menschen zu ermutigen und ihnen Anlass zu geistlicher Freude zu geben." Sie brauchten keine andere Rechtfertigung für ihr Leben. Sie brauchten keine andere Aufgabe in der Kirche. Sie sollten, wie er, Troubadoure und Spielleute Gottes sein. Manchmal, berichten Augenzeugen, überkam ihn die Freude so sehr, dass er „einen Stock vom Boden aufhob, ihn in den linken Arm nahm und darüber hinstrich wie über eine Geige. Und während er sich so hin- und herbewegte, sang er vom Herrn. Diese ganze Ekstase der Freude endete oft mit vielen Tränen."[9] Um diese Herzensweisheit seiner Gemeinschaft mitzuteilen, verwickelte er Bruder Leo in folgenden berühmten und vielzitierten Dialog über die vollkommene Freude:

An einem Wintertag, als er mit Bruder Leo die Straße von Assisi nach Perugia entlangwanderte, sprach Franziskus in der bitteren Kälte fünfmal seinen Bruder Leo an, um ihm jedes Mal zu sagen, worin die vollkommene Freude nicht besteht: „Bruder Leo, selbst wenn ein Minderbruder die Blinden sehend macht, die Krüppel heilt, Teufel austreibt, den Tauben das Gehör wiedergibt, die Lahmen laufen lässt, die Stummen zum Reden bringt und einen Menschen zum Leben erweckt, der tagelang tot war, dann schreib auf, dass darin nicht die vollkommene Freude liegt." So fuhr er fort, weitere Erfolge und sogar geistliche Freuden aufzuzählen. Als er auf diese Weise immer weiter redete, während sie zwei Meilen gingen, fragte ihn Bruder Leo hocherstaunt: „Vater, ich flehe dich in Gottes Namen an, mir zu sagen, wo man die vollkommene Freude finden kann."

Und Franz antwortete: „Wenn wir zur Portiuncula kommen, vom Regen durchgeweicht, frierend vor Kälte, voller

---

[9] Zweite Lebensbeschreibung

Dreck und Hunger leidend, und wenn wir am Tor unseres Bruderhauses klingeln und der Bruder Pförtner herauskommt und ärgerlich fragt: ‚Wer seid ihr?', und wir sagen: ‚Zwei deiner Brüder!' Und er widerspricht uns und sagt: ‚Ihr lügt. Schert euch davon!'

Und wenn er uns nicht aufmacht, sondern uns in Regen und Schnee stehen lässt, frierend und hungrig, während es Nacht wird – dann, wenn wir all diese Beleidigungen und grausamen Zurückweisungen geduldig ertragen, ohne zu verzweifeln und ohne uns zu beklagen, sogar wenn wir voller Demut und Liebe bedenken, dass uns der Pförtner eigentlich kennt – dann, o Bruder Leo, schreib auf, dass dort die vollkommene Freude gefunden wird.

Und wenn wir weiterklopfen und der Pförtner herauskommt und uns mit Flüchen und Prügeln fortjagt, und wenn wir das geduldig ertragen und die Beleidigungen mit Freude und Liebe im Herzen auf uns nehmen, – o Bruder Leo, schreib auf, dass das die vollkommene Freude ist! Und jetzt hör die Folgerung: Größer als alle Gnaden und Gaben des Heiligen Geistes, die Christus seinen Freunden schenkt, ist die, sich selbst zu besiegen und freiwillig Leiden, Schmähungen, Erniedrigungen und Mühen zu ertragen aus Liebe zu Christus."[10]

Das ist nicht so sehr eine Beschreibung vollkommener Freude als eine Beschreibung vollkommener Freiheit. Hier finden wir endlich einen wirklich gewaltlosen und befreiten Menschen. Nur Menschen wie er werden jemals andere befreien. Sie sind nicht Teil des Problems, sondern der Anfang der Lösung. Sie sind über die Trennung zwischen hier und da, mein und dein und alle anderen Trennungen hinausgewachsen. Sie akzeptie-

---
10 Die Blümlein des heiligen Franz

ren, ohne zu verzweifeln, dass wir auch in die Sünden der anderen verstrickt sind und umgekehrt, und sie können sich ehrlich am Ruhm anderer freuen. Jeder Teil versucht, jeden anderen Teil des Ganzen zu lieben – was freilich mit großen Kämpfen und endlosen Widerständen verbunden ist. Einige wenige Menschen werden zu solchen Knotenpunkten, in denen alle Linien zusammenlaufen können. Diese Menschen halten uns alle zusammen. Sie lassen uns gesunden und erlauben uns, uns auf gewaltige Abenteuer einzulassen. Damit sie das können, müssen sie so klein und schwach sein, dass wir keine Angst vor ihnen zu haben brauchen – und dass wir denken können, wir sind bei ihnen eher Gebende als Nehmende.

Diese wahrhaft Freien müssen Gottes Freude sein. Diese Wenigen sagen uns, was im Herzen Gottes vor sich geht. Sie geben uns die Gewissheit, dass dieser Schöpfer nicht Allmacht ist, sondern Demut, nicht erhaben (wie man sich einen Gott gemeinhin vorstellt), sondern grenzenlos zugänglich, nicht abweisend, sondern bedingungslos offen und herzlich. In ihrem eigenen Leben stellen diese Wenigen Gott erstaunlich konkret dar: Sie sind bereit, hier und jetzt und unter allen Umständen das zu leben, was sie erfahren haben.

Menschen wie Franz von Assisi erwarten das Gute; es ist für sie keine Überraschung. Am Ende wird immer alles gut; das Gute ist offenbar bereit zu leiden, um schließlich zu siegen, aber siegen wird es! Für diese wenigen Freien ist das Gute einfach da, überall, gleich unter der Oberfläche, die es oft genug durchbricht. Sie können ihm nicht widerstehen; sie können es nie völlig besitzen. So gelangen sie zur Anbetung. Und weil sie sich nach unten beugen, zieht sie auch die Hässlichkeit des Lebens an, und seine Schönheit erscheint wie eine fremde, heilige Wunde.

Richard Rohr, *Der nackte Gott*, S. 62–75

Freiheit

Jesus und seine Jünger kamen ins Gebiet der Gerasener, das gegenüber dem See Genezareth liegt. Als Jesus an Land ging, trat ihm ein Mann aus der Stadt entgegen. Dieser Mann war von Dämonen besessen und hatte schon seit langer Zeit keine Kleider mehr angezogen. Er lebte in keinem Haus, sondern er lebte zwischen Gräbern.

Lukas 8, 26f.

Das ist ein Bild für einen Menschen, der unter den Toten lebt und nicht gerade zivilisiert ist, denn er läuft nackt herum. Wir werden gleich sehen, dass sich die Stadt ganz wohl dabei fühlt, dass dieser Mensch dort draußen lebt. Und auch ihm geht es dort draußen ganz gut.

Denn als Jesus auf ihn zukommt, da heißt es: „Er schrie laut und warf sich auf den Boden. ‚Was willst Du von mir‘, fragte er Jesus, ‚Sohn des Allerhöchsten? Bitte quäle mich nicht‘."

Lukas 8,28

Das heißt: Ich weiß gar nicht, ob ich das will, was du hast. Die Unfreiheit, die ich habe, ist die einzige Welt, die ich kenne. Wir fühlen uns mit unserer Sklaverei viel wohler als mit der Freiheit. Denn Freiheit bedeutet, dass wir für das, was wir sind, radikale Verantwortung übernehmen müssen. Versklavt zu sein bedeutet, wir haben immer jemand anderen, dem wir die Schuld für unsere Probleme geben können.

Der Geist hatte diesen Mann schon lange besessen, er war mit Seilen und mit Fesseln gebunden. Auf diese Weise versuchte man, ihn unter Kontrolle zu halten. Obwohl die Gerasener ihn gefesselt hielten, sagten sie, der böse Geist halte ihn gefangen.

Wenn wir das, was an Dunklem in uns ist, auf einen anderen Menschen, auf andere Gruppen projizieren, dann akzeptieren diese Menschen, diese Gruppen am Ende genau das, was wir von ihnen behaupten. Wir alle glauben früher oder später, wir seien das, was die Welt uns über uns weismachen will. Bisher haben wir immer versucht, Freiheit als Befreiung einzelner Individuen zu verwirklichen. Das westliche Christentum hat es aber meistens versäumt, das Problem des institutionellen Bösen und der strukturellen Sünde anzusprechen. Das Christentum hat oft nicht erkannt, dass sie in sehr vielen Fällen die primäre Ursache für unsere individuelle Unfreiheit ist. Und wir werden sehen, wie wahr das ist, wenn wir die Geschichte weiterlesen.

Jesus sagt: „Was ist dein Name, Dämon?" Er sagt: „Wir sind ein Mob." („Legion" in der Lutherübersetzung, eine ganze Gruppe.) Und das bedeutet, das Böse hat viele Gesichter und es ist schwer, ihm einen konkreten Namen zu geben. Es ist sehr schwer, dieses Böse in eine bestimmte Schublade zu stecken, denn viele Dämonen sind in diesen Mann hineingekommen, viele Lügen hatte man ihm erzählt. „Und die Dämonen baten Jesus, ihnen nicht zu befehlen in den Abgrund zu fahren. In der Nähe weidete auf dem Berg eine große Schweineherde. Darum baten die Dämonen um Erlaubnis, in die Schweine fahren zu dürfen." (Lukas 8,32) Die Schweineherde steht natürlich für die wirtschaftlichen Verhältnisse dieser Gegend: Die Leute dieser Gegend haben sich offensichtlich mit Schweineaufzucht wirtschaftlich über Wasser gehalten. „Und Jesus erlaubte den Dämonen, in die Schweine zu fahren und sie fuhren in die Schweine. Und die Herde stürzte sich den Abhang hinunter in den See und ertrank. Als die Hirten sahen, was passiert war, flohen sie und berichteten davon in der Stadt und überall im Land. Und alle Leute kamen herbei, um zu sehen, was dort passiert war. Und sie kamen zu Jesus. Dort sahen sie zunächst den Mann, aus dem die Dämonen ausgetrieben worden waren:

Er hatte Kleider an, er war bei vollem Bewusstsein und er saß zu Füßen Jesu." (Lukas 8,32–35) Man würde erwarten, dass es in der nächsten Zeile heißt: Und sie freuten sich alle und jubelten. Man würde erwarten, dass es heißt: Sie waren sehr glücklich. Aber der Vers 35 sagt: Sie hatten alle furchtbare Angst.

Bei mir zu Hause arbeiten wir mit zerbrochenen Familien und mit Alkoholikerfamilien. Wir erleben oft, wie die ganze Familie um die eine kranke Person herumtanzt und sich darüber aufregt, wie furchtbar dieser kranke Mensch ist und wie schwer das Familienleben wegen dieses Menschen ist. Aber sobald sich der Alkoholiker entschließt, gesund zu werden, regt sich niemand mehr darüber auf als der Rest der Familie. Jetzt haben sie nämlich niemanden mehr, den sie für ihre anderen Probleme verantwortlich machen können; jetzt müssen sie selber erwachsen werden. Diese negative Unfreiheit nennen wir Co-Abhängigkeit. Wir binden einander gegenseitig durch unsere Lügen, wir binden einander durch unsere negativen Gefühle und unsere negativen Denkweisen – und das gilt für Familien, für Kirchen, für Institutionen, für Länder. Und es bereitet uns immer fürchterlich viel Angst, uns von dieser Falle des Todes wegzubewegen. Deshalb sagt Jesus zum Beispiel etwas, was wir nie verstanden haben. Er sagt, wir müssen es wagen, Vater und Mutter und Bruder und Schwester zu hassen (Lukas 14,26). Kein Theologe hat jemals eine Predigt darüber gehalten, weil wir nicht wissen, wie wir damit umgehen sollen. Er sagt, die Familie und die Gesellschaft können eine Quelle des Todes sein, genauso wie sie eine Quelle des Lebens sein können.

Dann erzählten Augenzeugen, wie dieser Mann geheilt worden war. Und daraufhin bat die gesamte Menschenmenge aus der Gegend von Gerasa Jesus, ihr Gebiet zu verlassen. Die ganze Stadt sagte: „Raus hier, du hast unsere Wirtschaft kaputtgemacht, unsere Schweine sind uns lieber als Jesus, denn unsere Schweine sind unsere Einkunftsquelle. Wir können nicht analysieren, wie uns unsere Wirtschaft kaputtmacht, wir haben nur dann Freiheit, wenn die Preise hoch genug sind." (Lukas 8,37) Die grundlegende Freiheitsdefinition, die wir im Kapitalismus haben, lautet folgendermaßen: Es ist die endlose Freiheit, endlose Wahlmöglichkeiten zu haben.

Dann fragte der Mensch, aus dem die Teufel ausgetrieben worden waren, ob er bei Jesus bleiben könne. Uns begegnet hier ein begeisterter Charismatiker, der eben eine Heilung erlebt hat und der seine persönliche Beziehung mit Jesus vertiefen möchte. Aber er möchte es zwischen sich und Jesus „warm und weich" haben. Und Jesus sagt: „Nein. Geh weg. Geh zurück in die Stadt und sag dort, was Gott für dich getan hat." (Lukas 8,39) Denn du bist jetzt nicht mehr das Problem, aber die Leute in der Stadt sind es. Und es hat überhaupt keinen Sinn, wenn ich Menschen befreie und evangelisiere und sie in kranke Städte zurückschicke, in kranke Systeme zurückschicke, in kranke Länder zurückschicke, und ihnen erzähle, dass sie dort die ganze Lüge des Systems kaufen und mitnehmen können und gleichzeitig ihre private kleine Freiheit beim Herrn Jesus haben. Der Individualismus hat das Evangelium in der westlichen Welt unglaubwürdig gemacht, weil wir glauben, wir könnten unsere private Freiheit suchen – unabhängig von anderen. Echte Evangelisation muss sich auf zwei Schienen gleichzeitig nach vorne bewegen. Wir müssen zur gleichen Zeit Individuen evangelisieren und sie zur Freiheit rufen und gleichzeitig müssen wir Institutionen, Nationen und Systeme evangelisieren und zur Umkehr rufen. Wenn man das erste macht, werden sie einen alle einen Heiligen nennen – wenn man das zweite macht, wird man „Kommunist" oder „Revolutionär" genannt, wie Dom Helder Camara. Und deswegen bleiben die meisten von uns auf der sicheren ersten Seite. Keiner von uns ist bereit zur vollen Freiheit Christi. Wir wollen die Freiheit Christi nur, solange man uns unsere „Schweine" nicht nimmt.

Alle Spiritualität (und das muss man uns beibringen!) ist die Lehre vom Loslassen: Wie wir unsere Sicherheiten loslassen, wie wir unseren guten Ruf loslassen, wie wir unsere Identität und unser Selbstbild loslassen. Alle großen kontemplativen Lehrer führen uns in diese Richtung. Aber weil wir davon nichts mehr verstehen, sind wir eine süchtige Gesellschaft und eine süchtige Kirche geworden. Ein Großteil der Religion zeigt alle Anzeichen von Sucht und Abhängigkeit. Menschen, die angeturnt werden durch eine bestimmte Art von Sprache und durch einen endlosen Versuch, ihr Selbstbild krampfhaft aufrechtzuerhalten. Menschen, die es zum Beispiel nötig haben, sich selbst als gut oder gerettet oder bekehrt zu betrachten. Sie rennen zu Jesus und sagen „Guter Meister", und seine Antwort ist: „Warum nennst du mich gut?" (Markus 10,18)

Jesus hat nicht das Bedürfnis, sein Selbstbild zu verteidigen. Ein Großteil der Religion ist nichts anderes als der Versuch, das eigene Selbstbild aufrechtzuerhalten, aber es ist keine echte Suche nach Gott. Solange wir in unserem privatisierten, eingekapselten Ego gefangen sind, können wir nichts anderes tun. Deswegen müssen wir irgendwie frei werden, aber das schaffen wir nicht alleine, sondern es widerfährt uns. Alles, was wir lernen können, ist loslassen. Und wir müssen beten: „Herr, zeig mir, wie ich loslassen kann." Wir haben nur gelernt, etwas festzuhalten.

Manchmal ist es für uns Prediger sehr schwer, über Freiheit zu sprechen, denn vielleicht braucht ihr uns ja gar nicht. Manchmal glaube ich, dass das, was wir Pfarrer tun, in erster Linie mit der Sicherung unserer Arbeitsplätze zu tun hat. Wir dürfen es nicht zulassen, dass ihr von uns abhängig bleibt. Wir Kleriker müssen endlich auch den Mut haben, euch auf einen eigenen spirituellen Weg zu schicken, und zwar mit allen Risiken, die das für unsere Kirchensysteme beinhaltet. Natürlich werdet ihr dabei Fehler machen, aber wir machen die doch sowieso schon. Was verführt uns denn zu der Annahme, dass das, was wir bisher getan haben, so toll ist? Den Weg der Freiheit einzuschlagen, bedeutet immer, einen risikoreichen Weg zu gehen. Es bedeutet, das Risiko einzugehen, vielleicht etwas ganz Falsches zu machen. Es gibt immer das Risiko, Fehler zu machen. Aber was ist ein Fehler? Und was bedeutet ein Fehler auf dem spirituellen Weg?

Erfolg hat uns im geistlichen Leben sehr wenig zu lehren, doch Versagen und Misserfolg sind große Lehrmeister. Ständige Erfahrung sogenannter Bekehrung lehrt uns wenig, doch die Sünde ist eine große Lehrmeisterin. Wir lernen viel mehr von unserem Versagen als von unseren Erfolgen. Wir lernen viel mehr von unseren Schmerzen als vom Wohlfühlen. Wir lernen viel mehr vom Loslassen als vom Festhalten. Und die Aufgabe der Kirche ist es, euch auf diese Reise zu schicken; wo ihr die Wahrheit hier unten im Bauch kennenlernt und hier im Herzen kennt und auch hier im Kopf. Wo ihr sie sozusagen durch und durch kennt. Aber es ist nicht die Erfahrung oder das Wissen anderer, sondern es ist eure eigene Reise. Der Weg führt in die Freiheit, und er heißt: Letting go.

Auf diese Reise zu gehen können wir uns dann trauen, wenn wir gleichzeitig die Freiheit haben, als Brüder und Schwestern in seinem Namen zusammenzukommen. Und wenn man in dieser Gemeinschaft sein Herz miteinander teilt und wenn man versucht, herauszubekommen: Wie sieht es in mir wirklich aus: „Bin ich verrückt, bin ich völlig daneben?" Und wenn ihr euren Brüdern und Schwestern das Recht gebt zu sagen: „Ja, du spinnst." Wenn ihr sie fragen könnt: „Liebe ich Jesus oder bin ich nur in mich selbst verliebt?" Und wenn ihr ihnen das Recht gebt zu sagen: „Ja, du bist mehr in dich selbst verliebt." Das ist das Geheimnis der Kirche, da wird Kirche konkret. Und das ist wohl einer der Gründe, warum vor allem in der katholischen Kirche Gott immer weniger Priester beruft.

Das zwingt uns, auf eine tiefere Ebene zu gehen, zu sehen, was Leben eigentlich ist, wie sich Leben ereignet, wie Leben miteinander geteilt wird.

All dies, was ich sage, wird nicht dadurch gelöst, dass wir uns darüber Gedanken machen. Schon lange predige ich in der ganzen Welt – die Predigten von Priestern und Pfarrern bekehren niemanden. Überlegen Sie einmal, wie viele Predigten Sie in Ihrem Leben schon gehört haben. Die Umstände bekehren Menschen! Sie müssen sich selbst in neue Umstände begeben, sodass die Realität wirklich an Sie heran kann, denn dort hat sich Jesus verborgen: im menschlichen Fleisch. Christus kommt immer auf einem Esel in die Welt, Christus kommt immer als Bettler in die Welt. Aber wir hätten ihn so gern in der Kirche, wir hätten ihn so gerne in unserer Theologie, wir hätten es so gerne, dass er in warmen, schönen Erlebnissen ist. Natürlich ist er auch da, aber das bekehrt uns nicht. Sondern es sind die Kleinen und Armen, die uns bekehren.

Deswegen sagt Jesus in Matthäus 25,31ff, wir würden nach einer einzigen Sache beurteilt werden. Jesus definiert Freiheit unglaublich konkret; das hat überhaupt nichts Philosophisches, es hat überhaupt nichts mit konservativ oder liberal zu tun, es geht nicht darum, ob man Recht oder Unrecht hat, sondern entweder man tut es oder man tut es nicht. Er sagt: „Nur eines müsst Ihr tun. Ihr müsst die Freiheit haben, Christus dort zu erkennen, wo Ihr ihn nicht erwartet habt, sonst seid Ihr nicht frei. Und Ihr werdet aufgrund einer einzigen Frage beurteilt werden: „Konntet Ihr Christus in den Geringsten Eurer Schwestern und Brüder erkennen?" Die Leute fragen: „Wann haben wir dich durstig und hungrig und nackt gesehen?" Offensichtlich wussten diejenigen, die das getan haben, gar nicht, dass sie Christus begegnet sind. Sie haben es nicht für Jesus getan, sie haben es einfach getan. Sie haben nicht einmal davon gesprochen, eine persönliche Beziehung zu Jesus Christus zu haben.

Bitte vergeben Sie mir, wenn Sie das ärgert, aber so steht es in Matthäus 25. Ich hoffe natürlich, Sie haben eine persönliche Beziehung zu Jesus Christus; aber es gibt Menschen, die keine solche Beziehung haben und trotzdem die Wahrheit Christi tun, ohne diese Worte zu kennen. Und viele von uns kennen diese Worte, tun aber die Wahrheit nicht. Die Wahrheit wird nicht gewusst, sondern getan. Wir tun die Wahrheit. Und dann entdecken wir Christus an einem Ort, wo wir ihn nie vermutet hätten. Bevor diese Verwandlung nicht passiert, können wir uns nicht frei nennen. Und ich möchte noch einmal wiederholen: Dies alles ist nichts, was wir uns vornehmen können, was wir machen können, sondern es widerfährt uns. Das einzige, was wir machen können, ist uns selbst aus dem Weg zu schaffen. Nehmt euch nicht so ernst! Lasst uns leer und offen und bereit sein; dann wird Christus selber unser Lehrer sein.

Richard Rohr, *Von der Freiheit loszulassen*, S. 89–101

Geheimnis

In den letzten Jahren habe ich zahlreiche Vorträge über die Spiritualität der Zwölf Schritte der Anonymen Alkoholiker gehalten. Ich bin der Überzeugung, dass sie tief im Evangelium wurzelt. Beim zwölften Schritt, der ihm besonders wichtig war, erklärt Bill Wilson den Alkoholikern in früher Phase, dass sie nie ganz die Kraft und Bedeutung der ersten elf Schritte zu spüren bekommen werden, wenn sie es nicht persönlich unternehmen, diese Methode an mindestens einen anderen Menschen weiterzugeben. Das Weitergeben haben die Christen weitgehend verlernt und das hat großes Leid über sie gebracht. Ein großer Prozentsatz der Christen verliert alles wieder, was sie durch ihre private Frömmigkeit erlangt haben, weil sie die Notwendigkeit und den Wunsch aufgegeben haben, anderen zu dienen und das zurückzuzahlen, was sie selbst empfangen haben.

Dass ich in meinen 40 Jahren als Priester einigermaßen gereift bin, verdanke ich zum Teil meiner Rolle als Priester und Lehrer. 40 Jahre lang musste ich immer wieder vor vielen Menschen stehen und ihnen erklären, was ich glaube. Und immer wieder musste ich mich dabei auch fragen: „Glaube ich das wirklich selbst?" Bei meinen Versuchen, anderen zu vermitteln, was ich glaube, stellte ich gewöhnlich fest, dass ich selbst das wirkliche Verstehen erst recht oberflächlich angekratzt habe. Häufig eignet man sich etwas zum ersten Mal erst wirklich an und kommt zu einem vertieften Verständnis, wenn man es mit anderen teilt und an sie weitergibt.

Das hängt vermutlich damit zusammen, dass das substanzielle Geheimnis ein Geheimnis der Teilhabe und nie des privaten Besitzes ist. Das ist wahrscheinlich auch der Grund, warum wir nicht bloß in unserem persönlichen täglichen Gebet und unserer täglichen Meditation treu zu bleiben versuchen, sondern das

Meditieren auch in Gruppen üben. Wir wollen uns versichern, dass alles, was sich ereignet hat, nicht bloß in uns selbst vorgeht, sondern in uns allen. Den einen Geist pflegen wir gemeinschaftlich. Es ist wichtig, den Heiligen Geist auf diese Weise zu erfahren, denn sonst kann unser Ego sich leicht aufblähen und sich einbilden, es sei besonders kontemplativ. Es geht aber darum, die Festung des Ichs zu schleifen und nicht mit irgendeiner Besonderheit oder der Überzeugung, besser zu sein als andere, das Ich zu verfestigen. Im Leib Christi besteht eine tiefe Symbiose zwischen dem, der meint, er gebe, und dem, der meint, er empfange. Was man vordergründig sieht, kehrt sich sehr oft vollständig um.

Richard Rohr, *Entscheidend ist das UND*, S. 30–31

Glaube

Glaube bedeutet letztlich, im Nichts zu stehen, nichts zu beweisen und nichts zu verteidigen. Er zeigt sich in einer ständig lebendigen Liebe, die uns dazu drängt, uns hinzugeben, loszulassen, zu vergeben, durchzuhalten, nicht beleidigt zu sein, einander zu vertrauen, uns selbst zu verlieren – ohne je sicher zu sein, dass wir uns wieder finden. Glaube fühlt sich stets an – wie nichts. Das ist wohl der Grund, weshalb ein konsumorientiertes, funktional und materialistisch ausgerichtetes Zeitalter den Glauben für beinahe unmöglich hält. Religion wollen wir schon. Aber Glaube? Wenn der Glaube ein Nichts ist, dann ist der oder die Glaubende ein Niemand. Außerdem leben wir in einer Kultur, in der Vertrauen Naivität genannt wird und Vergebung so aussieht, als sei man dem Feind gegenüber zu weich und nachgiebig. Selbst mit der Wahrheit kann man zumindest politisch nicht mehr auf Stimmenfang gehen. Glaube gilt nichts in diesem Zeitalter und in dieser Kultur – wie wohl in jeder Zeit und jeder Kultur.

Ich bin überzeugt, dass die meisten von denen, die wir heute die „Heiligen" nennen, in Wirklichkeit religiöse Aussteiger waren, die einer Gesellschaft, die ziellos geworden war, den Rücken kehrten. Gottvertrauen, das hieß für sie auszusteigen und an etwas ganz anderes zu glauben als die Mehrheit.

Jesu Verkündigung des Reiches Gottes sagt uns, dass der Zug der Zeit mit voller Fahrt ins Nichts und in die Selbstzerstörung rast. Er sagt uns aber auch, dass wir an der nächsten Station aussteigen können, um unser Leben wieder mit der Wahrheit in Einklang zu bringen. Dabei müssen wir allerdings das völlig falsche Selbstverständnis aufgeben, das uns unsere Gesellschaft anerzogen hat. Diese Befreiung scheint aus irgendeinem Grund das Schwierigste von der Welt zu sein! Aber – und das ist mein wichtigster Punkt – Gott zu finden und sich selbst zu verlieren, das ist ein und dasselbe. Und deswegen ist der Glaube von Haus aus nicht unsere Sache. Er ergibt sich nicht einfach natürlich. Wir können uns auch nicht dafür entscheiden. Der Glaube ist immer Gottes Sache. Er ist die einzige Möglichkeit, wie Gott uns einen neuen Blickpunkt schenken kann, von dem aus wir fähig sind, jenes Leben zu sehen, das größer als das Leben ist. Das führt uns zur Liebe.

Richard Rohr, *Der nackte Gott*, S. 154–155

Gnade

Der Schlüssel zum Eintritt in den göttlichen Austausch ist nie unsere Würdigkeit, sondern Gottes Großzügigkeit. Jeder Versuch, unsere Würde zu messen oder zu steigern, wird zwangsläufig scheitern oder er zwingt uns zu jenem Leugnen oder Vortäuschen, das besonders fromme Menschen allzu oft als Heuchler erscheinen lässt.

Den meisten Menschen fällt es sehr schwer, auf eine „Ökonomie der Gnade" umzuschalten. Wir gründen ja fast alles in unserer Kultur auf irgendeine Form von Erfolg, Leistung, Errungenschaft, Bezahlung, Tauschwert oder Würdigkeit. Ich möchte diesen Zustand als „Meritokratie" bezeichnen, als die „Herrschaft des Verdienstesammelns". Solange man nicht selbst die Erfahrung eines dramatischen und persönlichen Zusammenbruchs der Regeln des Verdienstesammelns macht, ist es fast unmöglich, dieser starren Logik nicht zu glauben oder außerhalb ihrer zu handeln. Diese Umstellung lässt sich nicht theoretisch oder abstrakt vornehmen. Sie kann nicht bloß im Kopf erfolgen!

Diese scheinbar unumstößliche Regel wird durch Gnade gebrochen. Damit ist gemeint, dass Gott uns großzügigerweise aus unseren selbst errichteten Gefängnissen entlässt. Einzig auf diese Weise kann Gottes Haushalten über unser stark verinnerlichtes System des Verdienstesammelns triumphieren. Die Gnade ist der geheime Schlüssel, mittels dessen sich Gott als der göttliche Türöffner für unser gesamtes Leben und die gesamte Geschichte anbietet. Wenn wir das Leben in seiner Fülle leben, stattet es uns immer wieder mit anderem Handwerkszeug aus, bis uns schließlich aufgeht, dass wir schon allein für unser Überleben und Gesundsein den Schlüssel der Gnade unbedingt brauchen.

Ohne Gnade verkommt fast alles Menschliche und degeneriert zu Kleinlichkeit, Beleidigtsein und Anklagen. Die Gnade demütigt unsere Versuche, von uns aus Tugendhaftigkeit zu üben. Die Gnade bewirkt, dass wir uns machtlos fühlen und nicht länger wie bislang wissen: Wenn ich dies tue, verdiene ich mir sicher damit das. Wenn wir die Gnade zulassen, können wir stattdessen empfinden, dass wir arm und leer und sogar nutzlos sind. Wer möchte schon Gnade? Nur Sünder, fast niemand sonst! Nur Huren, Trinker und Zöllner, nicht die ehrenwerten Leute, nicht die netten oder erfolgreichen Menschen, in deren Leben es keine Risse gibt. Jede kleinste Lücke haben sie bereits selbst gefüllt.

Vielleicht aus diesem Grund hat Jesus diesen besonders ausgefallenen Satz gesagt, an dem ich mich immer noch reibe: „Eher geht ein Kamel durch ein Nadelöhr, als dass ein Reicher in das Reich Gottes gelangt" (Markus 10,25). Warum eigentlich haben wir aus dieser ziemlich eindeutigen Lehre keine unserer Dogmen oder Moralgebote abgeleitet? Da dürfen Menschen nicht zur Kommunion gehen, wenn sie praktizierende Homosexuelle sind oder geschieden sind und wieder geheiratet haben, aber ihre erste Ehe nicht annulliert ist. Einem Multimillionär – in einer Welt voll himmelschreiender Armut – steht die Kommunion hingegen offen. Wird darin nicht offensichtlich, dass wir eigentlich schon immer „Selbstbedienungs"-Christen waren, die sich bloß herausgegriffen haben, was sie gern hören wollten?

Was wir als besonders sündhaft betonen, hat immer mit dem Körper zu tun und das, was wir für absolut wesentlich halten, verfestigt unsere Abhängigkeit vom Klerus. Diese selektive Moral unterscheidet sich grundlegend von der radikalen Moral Jesu.

Jesus spricht zu seinen Jüngern: „Euch muss es zuerst um Gottes Reich und seine Gerechtigkeit gehen; dann wird euch alles andere dazugegeben" (Matthäus 6,33). Wer in der Gemeindearbeit tätig ist, weiß, dass jede Vortragsreihe und jedes Pfarreivorhaben von vornherein zum Scheitern verurteilt ist, wenn man das Wort „Gerechtigkeit" in den Titel setzt. Mit Sicherheit werden bloß ein paar Leute kommen oder die Veranstaltung muss wegen mangelnden Interesses wahrscheinlich ganz abgesagt werden. Wie konnten wir es nur so weit bringen, dass ausgerechnet alle die Themen, die Jesus eindeutig für unwichtig erklärt beziehungsweise von denen er gar nicht gesprochen hat (zum Beispiel Empfängnisverhütung, Abtreibung und Homosexualität), zum unerschütterlichen Kriterium dafür geworden sind, ob wir ganz zur Kirche gehören? Diese Kriterien halten vorwiegend Menschen für unumstößlich, die sich als Traditionalisten oder Konservative bezeichnen! Auf welche Tradition berufen sie sich? In den ersten 1900 Jahren der Kirche sahen die bereits in den ersten Jahrhunderten herausgearbeiteten und im Apostolischen und Nizänischen Glaubensbekenntnis festgehaltenen Grundlagen des Glaubens völlig anders aus. Das Thema Moral kommt in ihnen überhaupt nicht vor. Die Glaubensgrundlagen waren vielmehr mystisch und kosmologisch ausgerichtet und versetzten den Menschen in ein Gesamtbild, ein Meta-Narrativ, in dem der Mensch gerettet war, und das nicht dank seiner eigenen moralischen Vollkommenheit oder Leistung, sondern dank Gottes gnädigen Erbarmens, seines Zugehens auf uns und seines Uns-Aufnehmens.

Damit will ich nicht in Abrede stellen, dass Jesus einige starke moralische Stellungnahmen abgegeben hat. Diese haben allerdings weithin damit zu tun, dass wir uns selbst ändern sollten, statt ständig zu versuchen, andere zu ändern. Ein besonders harter Ausspruch, von dem wohl die meisten vor den Kopf gestoßen worden sind wie schon gleich am Anfang die Jünger, lautet: „Keiner von euch kann mein Jünger sein, wenn er nicht auf seinen ganzen Besitz verzichtet" (Lukas 14,33). Meines

Wissens haben sich weder Päpste noch Bischöfe, weder Priester noch Laien daran gehalten. Im Gegenteil: Die christlichen Länder sind im Streben nach Luxus und im massiven Verbrauch der Güter dieser Erde führend.

Richard Rohr, *Entscheidend ist das UND*, S. 71–74

Gottesbeweise

Unser Wissen von Gott können wir nicht mehr beweisen, umsetzen, erklären oder rechtfertigen – meist nicht einmal vor uns selbst, und oft auch nicht vor unseren Brüdern und Schwestern, die mit uns auf demselben Weg sind. Unsere jetzige Gottes-Erkenntnis und Gottes-Energie riskiert es, missverstanden zu werden (was auch Gott riskiert!), fehlinterpretiert zu werden (womit sich auch Gott herumschlagen muss!), nicht beachtet zu werden (dies Gefühl hat auch Gott!). Im Glauben – also mit Gott – zu leben, bedeutet jetzt: sich wie ein Nichts zu fühlen und wie ein Nichts auszusehen. Das Nichts aber kann man nicht besitzen, therapieren, beherrschen, entwickeln, verkaufen, kaufen, messen, verdienen, belohnen oder auch nur angemessen vermitteln. Glaube liegt letztlich jenseits der Welt der Macht, der Funktionen und der Zwecke. Ich muss das sagen, oder ich würde die gesamte Geschichte des Glaubens von Abraham über Jesus und Franz von Assisi bis hin zu Donny Flowers und zu Erwin Wolke in New Jerusalem leugnen: Glaube liegt jenseits des Vernünftigen und Objektivierbaren. Es gibt auch keine Gemeindestruktur und kein Gemeinde-Aufbau-Programm, sei es auch noch so ausgeklügelt und durchdacht, das den biblischen Glauben unnötig macht. Der Glaube ist der Glaube ist

der Glaube! Gott wird nur im Glauben erkannt (Römer 3–5).
Ich frage mich, warum religiöse Menschen das so oft vergessen.

Richard Rohr, *Der nackte Gott*, S. 154

Gottesbilder

Ich möchte mit etwas beginnen, was aussieht wie ein Gemeinplatz: mit dem ersten Gebot. Es heißt darin, wir sollen uns von Gott keine Bilder machen und keine solchen Bilder anbeten. Wir haben das erste Gebot nie ernst genommen. Gott schuf die Menschen nach seinem Bild; aber wir haben das Kompliment gleichsam erwidert und Gott nach unserem Bild geschaffen. So wurde in der Regel aus Gott oder aus den Göttern ein Spiegelbild und eine Projektion unseres eigenen Selbst. Am Ende haben wir meistens eine Art Stammesgottheit produziert.

Und so haben wir „Gott" geschaffen, um unser Spiel weiter zu führen: einen Gott, der in unser System passt. Einen Gott, der außerhalb unseres Systems steht und uns ruft, können wir nicht ausstehen und ertragen. So haben wir beispielsweise immer wieder einen Gott gebraucht, der genauso gern Krieg spielt wie wir. Wir haben einen herrschsüchtigen Gott gebraucht, weil wir selber gerne herrschen. Und weil wir darauf so fixiert sind, haben wir fast völlig vergessen und missachtet, was Jesus uns über Gott und seine Wesensart gesagt hat.

Das erste Gebot betrifft auf den ersten Blick nur geschnitzte oder handgemachte Bildnisse von Gott. Es meint aber vor allem jene Gottesbilder, die wir uns in unseren Köpfen zurechtlegen und konservieren. Die großen Glaubensgestalten, die ich kenne, lassen immer wieder ihre momentanen selbstbezogenen

Gottesbilder los. Aber das verlangt ein hohes Maß an Selbstdistanz. Deshalb vielleicht ist auch der Glaube so selten und Religion so verbreitet: Weil Religion sehr häufig ein Mittel ist, unser gewohntes Gottesbild aufrechtzuerhalten, auch wenn es krankmachend und zerstörerisch ist. Wir fühlen uns wohler mit dem, was wir kennen, selbst wenn es uns kaputtmacht. Der Glaube aber lädt uns immer an einen neuen Ort ein, der uns gerade nicht vertraut ist. So können wir im Buch Exodus sehen, wie die Leute lieber wieder nach Ägypten in die Sklaverei zurückwollen als in die Wüste geführt zu werden, wo sie Gott nicht im Griff haben. Wenn wir wachsen, bewegen sich unser Gottesbild und unser Selbstbild normalerweise auf parallelen Schienen vorwärts. Und wenn eines von beiden zusammenbricht, muss auch das andere auseinanderbrechen. Wir hängen an beiden, und beide hängen zusammen. Jede Glaubenskrise bedeutet, dass die eine oder die andere Seite zerbricht. Wenn Sie wirklich im Glauben wachsen, dann sollte meiner Vermutung nach dieser Prozess mindestens alle zwei bis drei Jahre stattfinden. Das ist die Dunkelheit des Glaubens, wenn Sie das Alte eine Zeitlang bereits fallen lassen mussten, aber das Neue noch nicht gefunden haben. Es ist dieser schreckliche Raum dazwischen, in dem niemand leben will. Und wir wollen uns zurückziehen auf einen Platz, wo ich weiß, wer ich bin und wer Gott ist. Auch wenn sich unser Selbstbild und unser Gottesbild gegenseitig zunichte machen, was oft der Fall ist. Die Reise des Glaubens fordert von uns, dass wir unser Gottesbild und unser Selbstbild loslassen. Das aber können wir nicht im Kopf oder eigenmächtig tun, es wird an uns getan. Alles, was wir tun müssen, ist: leben, aber offen und ehrlich leben und zulassen, dass die Wirklichkeit der Welt an uns herankommt. Wir werden nicht im Kopf oder von Predigten bekehrt: Wir werden durch Umstände bekehrt – wenn wir die Umstände wirklich an uns heranlassen. Und wenn Sie die Realität wirklich an sich heranlassen, dann dauert das nicht sehr lange. Und wenn Sie Gott wirklich an sich heranlassen, dann funktioniert das Weihnachtsmann-Bild von Gott nicht sehr lange. Und wenn Sie Gott wirklich an sich heranlassen, dann funktioniert auch das männliche Gottesbild nicht sehr lange. Weil wir eine Legitimation gebraucht haben, mit Donnerkeilen zu schmeißen, haben wir einen Zeus-Gott geschaffen, der ebenfalls mit Donnerkeilen schmeißt. Sobald wir uns aber an einen Ort begeben, wo wir etwas Zärtliches und Sanftes entdecken, funktioniert ein Zeus-Bild von Gott nicht mehr. Sobald wir eine innere Reise antreten und dort einen Ort voller Erbarmen und von großer Weite entdecken, funktioniert ein Zeus-Bild von Gott nicht mehr. Jesus ging 40 Tage in die Wüste (Matthäus 4,2) und wurde dort seine Bilder los. Er wurde entleert. Und das ist die wirkliche Bedeutung des Fastens: entleert zu werden von den eigenen Bildern. Erst als er von seinem Selbstbild entleert war, konnte ihm der Vater ein neues Bild schenken und ihn „geliebter Sohn" nennen. Und wir können nicht leugnen, dass es Jesus gut damit ging, seinen Gott „Vater" zu nennen. Das hat vermutlich auch etwas mit seiner patriarchalischen Kultur zu tun, selbst wenn er es immerhin wagte, seinen Gott „Abba" zu nennen, also das Wort kleiner Kinder zu benutzen – wie bei uns „Papa". Wahrscheinlich sagt es auch viel über seinen menschlichen Vater Josef aus und über seine Beziehung zu ihm. Aber deutlich sehen wir in den Gleichnissen und Metaphern Jesu, dass er seinen Vater-Gott gewöhnlich in Bildern beschreibt, die wir als weiblich bezeichnen würden. Das gilt besonders für die Geschichte vom verlorenen Sohn (Lukas 15,11–32) und wenn er ein Bild benutzt und sagt, Gott wäre gern eine Henne und würde uns dann wie kleine Küken unter die Fittiche nehmen (Matthäus 23,37).

Ein Schwerpunkt meiner Arbeit in den USA besteht in Exerzitien und Seelsorge für Priester. Und obwohl diese Männer sehr viel von Theologie verstehen, habe ich zu meiner Überraschung festgestellt, dass ihr Gottesbild immer noch zu 90 Prozent eine Mischung aus dem Bild der eigenen Mutter und des eigenen Vaters ist. Und aus irgendeinem Grund sind sie selbst jedes Mal höchst überrascht, wenn sie das entdecken. Wenn ihre Mutter verurteilend war, dann ist auch ihr Gott verurteilend. Wenn ihr Vater abwesend und gefühlskalt war, dann ist auch ihr Gott abwesend und kalt. Ich möchte Sie ermutigen, zu überprüfen, inwiefern das auch auf Ihr Leben zutrifft.

Nochmals: Wir müssen die Bilder durchbrechen, um den Gott zu finden, der wirklich Gott ist. Ich verspreche Ihnen, es gibt nichts, wovor Sie sich dabei fürchten müssen. Aber Sie haben keinen Anlass, das zu glauben, solange Sie die Reise nicht selber machen. Menschen, die wirklich beten, wissen das immer. Menschen, die sich in der Wüste selbst entleeren, begegnen immer einem Gott, der größer ist, als sie zu hoffen gewagt hätten. Der amerikanische Trappistenmönch und Dichter Thomas Merton, ein Mann, der mich sehr beeinflusst hat, beschreibt diese Erfahrung als „Gnade innerhalb der Gnade innerhalb der Gnade". Es wird immer viel Angst und Unsicherheit damit verbunden sein, die gegenwärtigen Selbstbilder und Gottesbilder loszulassen. Gott allein kann Sie führen. Und alles, was Sie tun können, ist loslassen. Die Spiritualität aller großen Weltreligionen lehren uns das Loslassen: Wie man beiseitetritt.

Ich bin überzeugt davon, dass wir das Evangelium vor allem in den nordeuropäischen Ländern in Selbstkontrolle verwandelt haben. Ich dagegen glaube fest, dass es im Evangelium hauptsächlich um Selbsthingabe geht. Aber Selbstkontrolle ist eine männliche Art des Denkens. Und Selbsthingabe ist vielleicht eine eher weibliche Form des Denkens. Wir haben Gott nicht erlaubt, uns Hingabe zu lehren.

Seit der Bergpredigt sind das Evangelium und die westliche Zivilisation auf Kollisionskurs. Aber aus dem Kollisionskurs wurde eine Einbahnstraße, und der Gewinner war nicht Jesus, der Gewinner war die westliche Zivilisation. Wir haben Jesus als Mann vereinnahmt und ihm eine Krone auf den Kopf gesetzt, keine Dornenkrone, sondern eine Königskrone, was er ja ausdrücklich abgelehnt hatte. Aber wir brauchten Könige, um England, Frankreich und viele andere Länder in Gang zu halten. Er lehrte seine zwölf Apostel, wie man es anders machen könnte. Wir sehen zum Beispiel im Markusevangelium, wie er seinen Jüngern dreimal sagt: „Wir müssen sterben, wir müssen verlieren, wir müssen machtlos sein!" Und jedes Mal kapieren sie es entweder nicht oder wechseln das Thema. Und der erste, der nichts kapiert, ist Petrus, der sogenannte Apostelfürst. Das ist übrigens das einzige Mal, dass Jesus einen seiner geliebten Jünger einen „Teufel" nennt (Markus 8,33)! Er sagt: „Du hast überhaupt nicht begriffen, worum es mir geht."

Bis zum Ende des Markusevangeliums sind es immer die Männer, die nie begreifen, worum es geht, und die nie kapieren, wovon Jesus redet. Die Frauen hingegen verstehen es immer. Und die erste Zeugin der Auferstehung ist nicht ein Mann, sondern eine Frau mit fragwürdiger Vergangenheit, Maria Magdalena. Die ersten tausend Jahre der Kirche wurde sie eine Apostelin genannt. Man kann das jetzt anhand liturgischer Texte nachweisen. Sie wurde sogar „Apostelin für die Apostel" genannt. Dass sie das war, das geht klar aus allen vier Evangelien hervor.

Was also sagt das Evangelium? Es sagt voraus, was dann auch wirklich geschehen ist: dass wir uns mit einem weiblichen Gott, einem Gott der Vergebung, einem Gott des Mitgefühls, einem Gott der Berührung schwer tun würden. Wo hat Jesus gelernt, die Füße seiner Apostel zu waschen (Johannes 13,5)? Im vorhergehenden Kapitel werden seine eigenen Füße von Maria Magdalena gewaschen (Johannes 12,3)! Das ist keine Theologie, die im Kopf lokalisiert ist, sondern eine Theologie, die im Körper zu Hause ist.

Ich habe die wunderbare Erfahrung hinter mir, jetzt in fast allen Teilen der Welt gepredigt zu haben. Und es wird mir immer klarer, dass sich verschiedene Teile der Welt in verschiedenen Teilen des Körpers wohlfühlen. Der europäische Kontinent fühlt sich ohne Zweifel im Kopf am wohlsten, während sich beispielsweise die Afrikaner vielleicht in ihrem Körper wohler fühlen als wir, ohne die ganze Scham, die die meisten von uns im Blick auf unseren Körper haben. Ich glaube, wenn wir ein weiblicheres Angesicht Gottes hätten, hätten wir nicht die schrecklichen Probleme mit Autorität und Sexualität, mit denen wir uns in unserer Kirche und Kultur herumschlagen.

Im Mittelalter haben wir versucht, dieses Ungleichgewicht durch das Bild der Maria auszugleichen. Wir Katholiken haben das sehr oft übertrieben. Und doch: Es war vielleicht schlechte Theologie, dass wir Maria behandelten, als wäre sie Gott, aber es war sehr gute Psychologie. Wir brauchten ein weibliches Angesicht für Gott. Vom 11. bis zum 13. Jahrhundert wurden alle Kirchen in Europa „Notre Dame" oder „Frauenkirche" genannt. Es war, als würde sich die ganze Seele nach einem Gott sehnen, der zärtlich und sanft ist, wie sie es war.

Ich erinnere mich an die Zeit, als ich ein kleiner Junge in Kansas war. Unsere Priester und Schwestern, die aus Irland stammten, versuchten, uns kleine Katholiken zu ermutigen, den Rosenkranz zu beten. Sie sagten: „Wenn ihr einmal in den Himmel kommt, dann wird Petrus am Tor stehen. Er hat natürlich den Schlüssel, aber er ist ein Mann, und Männer kennen nur bedingte Liebe. Und man kann durch das Tor gucken, und da sieht man Jesus, aber der ist auch ein Mann. Und wenn ihr hinter Jesus schaut, da sitzt der alte Mann auf dem Thron." Aber diese guten irischen Schwestern sagten: „Es gibt einen Geheimzugang!" – Das wird sich jetzt erzkatholisch und sehr ketzerisch anhören! – „Geht zum Hintereingang des Himmels!" – Ich bin mir nicht sicher, ob es einen Hintereingang zum Himmel gibt! –

Sie haben gesagt: „Wenn du ein guter Junge bist und deinen Rosenkranz gebetet hast, wird Maria am Hinterfenster sein, und der Rosenkranz wird zum Fenster herunterhängen und dich in den Himmel ziehen." Schreckliche Theologie – aber gut zu verstehen! Denn die meisten Menschen wuchsen auf mit bedingter Liebe vom Vater und bedingungsloser Liebe von der Mutter. Das stimmt zwar nicht für mein eigenes Leben: Ich habe eine gute deutschstämmige Mutter, die in unserer Familie für die Disziplin zuständig war und uns nie irgendetwas durchgehen ließ. Mein Vater dagegen war sehr weich; und das ist vielleicht auch der Grund, dass ich Bücher über männliche Spiritualität geschrieben habe und warum es mir mit dem Bild von Gott als Vater sehr gut geht.

Wie Sie merken, geht es weniger um Theologie, sondern um die Frage: Wie kommt Gott an jede und jeden von uns heran? Manchmal muss Gott wie ein Freund kommen und ein andermal wie ein Liebhaber; ein andermal ist es vielleicht gut, wenn Gott als Vater kommt. Aber wenn Sie auf der Reise bleiben, verspreche ich Ihnen, dass Gott sich auch einmal in weiblicher Gestalt offenbaren wird, ER selbst als SIE selbst. Und vielleicht wird das für manche von uns das erste Mal sein, dass wir uns in Gott verlieben.

Ich komme am Ende auf das Bild der Maria zurück. Das Bild der Maria ist so vollkommen, weil sie die Fähigkeit zu haben scheint, sich leer zu machen. Ihr Schoß war leer. Sie war bereit, das loszulassen, was ihr die eigene Theologie über Gott sagte. Kein monotheistisches jüdisches Mädchen konnte damals auf irgendeine Weise auf die Inkarnation vorbereitet sein. Gott ist vollkommen transzendent und jenseitig. Und wenn sie den Rabbis geglaubt hat, dass Gott in Worten und in der Thora und in Geboten kommt, dann hat sie nichts darauf vorbereitet zu glauben, dass Gott Fleisch und ein Körper werden könnte. Das Ganze hatte nichts mit Theologie zu tun; es hatte vielmehr mit Verletzlichkeit, mit Loslassen, mit Leere, mit Selbstauslieferung zu tun – und nichts von alledem ist im Kopf. Es war eine Frau, die Ja gesagt hat, sodass Jesus in die Welt kommen konnte. Und je mehr die Kirche aus ihrem Kopf herauskommt und in ihre weibliche Seele hineingeht, desto mehr, glaube ich, wird sie dazu fähig werden, den Christus zu empfangen und den Christus auszutragen für die Welt. Keinen Christus, über den wir als Katholiken oder als Protestanten, als Liberale oder als Konservative streiten können, sondern nur einen Christus, dem man begegnen kann, einen Christus, auf den man stoßen kann, einen Christus, der nicht zulässt, dass man ihn „kennt", sondern nur, dass man ihn liebt.

Aber ich will dennoch nicht unterschlagen, wie wichtig gute Theologie ist. Hätte man mir keine gute Theologie beigebracht, hätte ich nicht die Autorität, hier zu stehen und das alles zu sagen. Gleichzeitig möchte ich aber betonen, wie unerhört wichtig vor allem anderen Spiritualität ist, und noch einmal sagen, was ich bereits anfangs gesagt habe, dass Religion eine der sichersten Methoden ist, Glauben zu vermeiden. Auch das wurde uns im Neuen Testament von den Mördern Jesu gezeigt. Es waren die Priester und Theologen, die Jesus umbrachten. Und diejenigen, die ihn aufnahmen, das waren die Aussätzigen, die Säufer und die Prostituierten. In der Befreiungstheologie nennt man das „die bevorzugte Option für die Armen": Wahrheit ist nicht da, wo wir sie vermuten. Wie Jesus sagt: „Seid auf die Überraschung gefasst, dass die Ersten die Letzten und die Letzten die Ersten sein werden" (Matthäus 19,30).

Richard Rohr, *Von der Freiheit loszulassen*, S. 11–19, 22–23

Der Groß-Vater

Vielleicht ist man 38 Jahre alt, wie ich es gerade bin. Und eines Tages steht eine große Gelegenheit vor einem und ruft einen, aufzustehen und sich einzusetzen für ein großes Prinzip, ein großes Anliegen, eine große Sache. Und man weigert sich, weil man Angst hat ... Man weigert sich, weil man länger leben möchte ... Man hat Angst, seine Arbeit zu verlieren, oder man hat Angst, kritisiert zu werden und seine Popularität einzubüßen, oder man hat Angst, dass einen jemand ersticht oder erschießt oder einem eine Bombe ins Haus wirft, und man weigert sich, Stellung zu beziehen. Man kann dann natürlich weiterleben, bis man 90 ist, aber man ist mit 38 dann schon genauso tot, wie man es mit 90 sein würde. Und wenn der Atem still steht, ist das nur die verspätete Bekanntgabe des Todes im Geist, der schon viel früher eingetreten ist.

Martin Luther King

Die letzte Stufe des Weisheitswegs wird durch das Bild des Königs symbolisiert, der die Macht in Händen hat, durch das Bild des heiligen Narren, des alten Zauberers, des Heiligen oder – wie ich gern sage – des Groß-Vaters. Wie das bewegende Zitat von Martin Luther King zeigt, können manchmal auch jüngere Männer schon diese Größe und Weite des Geistes in sich tragen. Ich spreche nicht von alten Opas, sondern von „Groß-Vätern": Männern, die das Leben halten, tragen, reinigen und verwandeln. Martin Luther King trug seinen Namen ganz zu Recht, war er doch schon mit 38 Jahren der archetypische König (King). Wer auch seine Feinde lieben kann, ist ganz sicher ein König und Martin Luther King brachte die Feindesliebe zur Vollendung.

Ich selber durfte den Segen eines Groß-Vaters erfahren – von meinem eigenen Vater. Das ist möglicherweise der Grund dafür, dass ich mich in jungen Jahren mehr mit dem Archetyp des Alten identifiziert habe als mit dem des Knaben. Mein Vater (er starb 1999 im Alter von 89 Jahren) war ein einfacher Mann, nicht besonders gebildet, aber sehr weise. Er besaß die Weisheit, zu wissen, was er wusste, und zu wissen, was er nicht wusste. Er hatte die Weisheit, darauf zu vertrauen, dass das, was er nicht verstand, vielleicht doch gut sein könnte, obwohl er es nicht verstand. Er hatte einen natürlichen Respekt vor der Güte anderer Menschen. Und er konnte anderen Mut machen, auf sich selbst zu vertrauen und ihren Weg zu gehen, auch wenn ihr Weg nicht sein Weg war. Wegen seiner Fähigkeit, mir zu vertrauen und mich zu ermutigen, obwohl er nicht verstand, wohin Gott mich rief, konnte ich Priester werden und mich auf eine persönliche Berufung einlassen, die sich von der seinen gänzlich unterschied. Er brauchte mich nicht, um sich in mir zu spiegeln. Er konnte sich mir als Spiegel zur Verfügung stellen. Das ist die gesunde Freiheit und Zeugungskraft eines reifen Mannes.

Mein Vater vertraute mir und bestärkte mich bereits, als ich noch ein Jugendlicher war. Wenn ich ausgehen wollte, verlangte er nie eine Erklärung, wohin ich ging. Er vertraute mir ganz einfach und durch sein Vertrauen lernte ich Verantwortung. Als ich sehr jung von zu Hause wegging, um weit fort von zu Hause die Klosterschule zu besuchen, unterstützte er mich auf jedem Schritt meines Weges als 14-Jähriger. Als ich begann, öffentlich Vorträge zu halten, kamen er und meine Mutter manchmal, um mich zu hören, und ich spürte immer noch dieses selbe Vertrauen, ja, sogar eine gewisse Bewunderung von ihm ausgehen. Ich bin sicher, dass er nicht immer ganz verstand, worüber ich sprach. Es war nicht sein Interessensgebiet. Er war Bauer, Mechaniker und Lackierer bei der Eisenbahngesellschaft. Ich sehe ihn noch vor mir, wie er in der ersten Reihe saß und einfach fraglos davon ausging, dass alles, was ich sagte, gut und richtig war – einfach deshalb, weil ich es sagte. Darin war er wahrscheinlich wie die meisten Väter. Sein Respekt vor mir machte mich zu dem Mann, der ich heute bin, und macht es mir auch heute noch möglich, zu sagen, was ich zu sagen habe.

Wenn wir anderen auf diese Weise vertrauen können – wenn wir Gott und dem Leben vertrauen können, selbst wenn wir nicht ganz verstehen –, können auch wir zu Groß-Vätern werden. Wenn wir den Wunsch loslassen, dass alles genauso sein soll, wie wir es haben wollen, und unser eigenes Bedürfnis nach Erfolg aufgeben können, dann können wir den eigenen, unabhängigen Weg anderer und ihren Erfolg fördern. Wenn wir die Versagensangst und die Angst vor Schmerz loslassen können, sind wir frei, dem Leben zu vertrauen, wie es gerade kommt. Wir können mit innerer Gewissheit sagen, dass etwas am Leben gut sein muss, wenn Gott zulässt, dass es geschieht.

Das mag sich nach Passivität oder Fatalismus anhören, aber das meine ich nicht. Es gibt ein Loslassen aus Passivität und es gibt ein Loslassen aus Selbstlosigkeit, aus Vertrauen und Ergebung. Ersteres ist gefährlich, Letzteres ist Heiligkeit. Der Groß-Vater schafft es, die Hauptbühne zu verlassen und am Rand zu stehen und so seine Solidarität mit denen zu beweisen, die ihn brauchen.

Das wohl stärkste biblische Bild für diese Einstellung zeigt allerdings eine Frau: Maria, die unter dem Kreuz steht (Johannes 19,25). Wohlgemerkt: Sie steht, das heißt, in Würde und Kraft hält sie den Schmerz aus, bis er verwandelt ist. Sie ist nicht hysterisch, wälzt sich nicht am Boden, klagt niemanden an und gibt niemandem die Schuld, sie versucht auch nicht, Jesus vom Kreuz herunterzuholen oder seinen Ruf – oder ihren – zu wahren. Sie ist das deutliche weibliche Bild, der Archetyp der „Groß-Mutter".

Groß-Vater- und Groß-Mutter-Energie ist ruhig und sicher.

Sie ist geprüft worden und es hat sich herausgestellt, dass nichts daran fehlt. Sie muss sich selbst nicht mehr beweisen und so kann sie die Bemühungen derer gutheißen und fördern, die sich ihrer selbst noch nicht so sicher sind. Kinder fühlen sich in Gegenwart ihrer Großeltern oft besonders sicher, denn während die Eltern sich noch abkämpfen, um ihren Weg im Leben zu finden, können Oma und Opa – im guten Fall – Probleme, Ungereimtheiten, Unannehmlichkeiten und Widersprüche aushalten, nachdem sie ein ganzes Leben lang geübt und gelernt haben.

Ein Groß-Vater kann dem Leben vor allem deshalb tiefes Vertrauen entgegenbringen, weil er sich mit dem Tod ausgesöhnt hat. Er weiß, dass nicht das Leiden der Feind ist, sondern die Angst vor dem Leiden. Er hat genug vom Leben mitbekommen, um zu verstehen, dass auf lange Sicht das Leben stärker ist als der Tod. Das Leben hat eine Kraft, die manchmal vielleicht geschwächt scheint, doch die Energie des Lebens wird in jedem Fall die zerstörerischen Kräfte des Todes überwinden. Man kann dieses Prinzip im großen Maßstab in unterentwickelten Ländern erkennen, wo Menschen trotz langer Jahre der Unterdrückung immer noch hoffnungsvoll und sogar glücklich sein können. Man kann seine Wirkung auch bei anderen Gruppen sehen, die daran arbeiten, ihre Situation zu verbessern, die Widerstände überwinden, Armut, Krankheit und Sucht bekämpfen, damit Menschen ein erfüllendes, lebenswertes Leben führen können.

Der Groß-Vater erkennt den göttlichen Geist im menschlichen Leben. Weil er sein Vertrauen zutiefst darauf setzt, dass Gott an der Macht ist, kann er sein eigenes Verlangen nach Macht und Kontrolle loslassen und darauf verzichten, andere nach seinen Wünschen zurechtzubiegen. Er kann den Versuch aufgeben, den Strom des Lebens in eine bestimmte Richtung zu zwingen, wie er es als junger Mann vielleicht oft getan hat, und einfach zulassen, dass er in dem Wellenmuster fließt, das irgendwann – wenn nicht sofort und direkt – in ein größeres Leben mündet.

Das bedeutet nicht, dass ein Groß-Vater naiv wäre. Er hat genug vom Tod erfahren, um zu wissen, wie er aussieht, auch wenn er unter der Verkleidung falscher Versprechungen oder schlauer Rationalisierungen daherkommt. Er kann über die Ignoranz der Jungen, die Geld und Erfolg, Macht und Lust anstreben, hinausblicken in der Weisheit des Wissens, dass es sich bei alldem auf lange Sicht um vergängliche Illusionen handelt. Er hat genügend Versprechungen aus Politikermund gehört und genügend Slogans aus der Feder von Werbeleuten gesehen. Er weiß, dass all das größtenteils hohle Phrasen sind. Aber er lässt sich durch das hohle Geschwätz nicht aus der Ruhe bringen, denn in Wahrheit hat er schon das Leben in der nächsten Welt angetreten. Er hat den Übergang schon begonnen. Er ist viele Tode gestorben und weiß, dass auch der nächste Tod ihm nichts anhaben kann. „Was habe ich jemals durchs Sterben verloren?", fragt er.

Jüngere Männer müssen gegen die Mächte des Todes in ihrem Leben und in der Gesellschaft ankämpfen. Und das ist auch gut und richtig so, denn ihre Berufung ist es, Verantwortung für das Leben zu übernehmen und sich mutig für das eigene Wohlergehen und das der anderen einzusetzen. Der Groß-Vater dagegen hat begriffen, dass jede Entscheidung, die ein Mensch trifft, eine Mischung aus Gut und Böse darstellt und dass alles sich aus Licht und Finsternis zusammensetzt. Der Mut des Groß-Vaters zeigt sich also nicht darin, dass er den Tod bekämpft, sondern darin, dass er das Leben bestärkt, das größer ist als der Tod. Er erkennt die Wahrheit des Jesusworts: „Niemand ist gut als Gott allein" (Markus 10,18). So ist er frei von der Illusion, dass irgendein anderes Gut ganz und gar gut sein könnte oder dass ein böser Mensch durch und durch böse wäre. Er hat Heldenverehrung und Hass gleichermaßen hinter sich gelassen.

Er weiß, dass die erste Lebenshälfte ebenso notwendig war wie es die zweite ist. So zu tun, als könnte man einfach das Kämpfen, die Bedürfnisse, das Fluchen und Versagen überspringen und direkt in der zweiten Lebenshälfte landen, ist faul und unehrlich. Diese vereinfachende Sichtweise findet sich in weiten Teilen der fundamentalistischen Religionen und in zahllosen Politikerreden. Ein nahezu untrügliches Zeichen für ein erleuchtetes Lebensstadium besteht darin, dass ein Mensch Geduld und Verständnis für diejenigen aufbringt, die noch kämpfen müssen, die noch so viele Bedürfnisse haben, die noch fluchen und versagen.

Ein Groß-Vater kann dem Leben trauen, weil er mehr davon gesehen hat als ein junger Mann, und er kann dem Tod trauen, weil er ihm näher ist als die jungen Männer. Auf seinem langen Weg hat er gelernt, dass der gegenwärtige Zustand nie der endgültige ist – also auch nicht der, in dem er jetzt ist. Man muss seinem eigenen Tod nahe genug gekommen sein, um ihn kommen zu sehen und dabei zu erkennen, dass Tod und Leben in ewiger Umarmung vereint sind und keins von beiden das Ende des anderen ist. Der Tod ist, was er ist. Sicher ist das Sterben nicht einfach, aber es ist Teil des Lebens und der Groß-Vater weiß, dass das Leben gut ist. Der Körper ist ein Instrument des Lernens und sobald wir seine Lektion gelernt haben, können wir ihn aufgeben. Ein Groß-Vater ist einer, der bereit ist loszulassen. Für ihn ist der Tod nicht mehr der Feind, sondern, wie der Heilige Franziskus gesagt hat, eine „willkommene Schwester".

Die Seele des Groß-Vaters schließt den Tod des Egos ein und bejaht das Leben Gottes in sich selbst und in anderen, trotz aller Unvollkommenheiten. Seine Seele ist so weit, dass sie alle Gegensätze im Leben akzeptieren kann (männlich und weiblich, Einheit und Verschiedenheit, Sieg und Niederlage, wir und die anderen und so weiter), denn sie hat ihren eigenen Gegensatz, den Tod, akzeptiert. Der Groß-Vater braucht den

Luxus vollkommen klarer Prinzipien nicht mehr, um sich bei jeder Entscheidung zu vergewissern. Wenn er den Heldenweg gegangen ist, weiß er, dass seine Glaubensüberzeugungen weniger mit unbestreitbaren Schlussfolgerungen zu tun haben als mit Furcht erregenden Begegnungen mit dem Leben und mit dem lebendigen Gott. Er hat begriffen, dass es beim spirituellen Wachstum weniger ums Lernen geht als ums Verlernen, um ein radikales Offensein für die Wahrheit, welche Konsequenzen sie auch haben und wohin sie ihn auch führen mag. Er hat verstanden, dass es weniger darum geht, die Wahrheit zu ergreifen, als darum, das Ego loszulassen – sein persönliches Hindernis auf dem Weg der Wahrheit.

Er stimmt dem Jesuswort zu: „Die Wahrheit wird euch frei machen" (Johannes 8,32). Er hat begriffen, dass diese Wahrheit die Aufrichtigkeit eines authentischen Lebens meint, nicht nur die Übereinstimmung der Theorie mit der Wirklichkeit. Er weiß, dass eine urteilende Haltung der Rechtschaffenheit weniger dem Wunsch nach Wahrheit entspringt als vielmehr dem Wunsch nach Kontrolle. Er hat gelernt, dass Bekehrung ein Prozess ist, bei dem er immer genauer auf andere hört und auf Den Einen Großen Anderen. Religion ist für ihn zur reinen Gegenwärtigkeit geworden, sie erklärt nicht mehr.

Mehr als durch alles andere wird ein Mann wohl durch den großzügigen Umgang mit Grenzen zum Groß-Vater. Das fröhliche Akzeptieren einer beschränkten Welt, von der er nur ein kleines Teilchen und ein sehr begrenzter Ausschnitt ist – das ist wohl das deutlichste Anzeichen, dass ein Mann seine Fülle erreicht hat. Wofür er einmal gekämpft hat – nämlich die vollkommene Freiheit –, das findet er nun in den unvollkommenen Begebenheiten und Gegebenheiten dieser Welt. Man denke nur an Paulus, Dietrich Bonhoeffer oder Nelson Mandela im Gefängnis. Der Groß-Vater hegt ein profundes Misstrauen gegen das, was die Welt unter Freiheit versteht. Wie Aristoteles versteht er, dass Freiheit nur lebendig wird, wo sich ein Mensch bereits der Tugend verschrieben hat, und dass die eigentliche Freiheit die Freiheit von sich selbst ist.

Das Chaos und die Komplexität unserer Zeit werden wahrscheinlich auch weiterhin viele Männer dazu bringen, ihre Zuflucht hinter falschen Grenzen zu suchen – etwa dem Patriarchat oder dem Nationalismus, hinter Rassismus, Fundamentalismus oder Sexismus statt auf dem Weg durchs Labyrinth zu bleiben, den man als Glauben bezeichnet. Andere werden sich hinter Psycho-Gerede oder esoterischer Konturlosigkeit verstecken, um Grenzziehungen überhaupt zu vermeiden. Ich kann mir keinen echten Groß-Vater vorstellen, der nicht in irgendeiner Form kontemplativ ist. Und ein Kontemplativer ist einer, der aus der Mitte lebt, die er in sich selbst vorfindet, und immer wieder in diese Mitte zurückkehrt, wohl wissend, dass er selbst nicht die Mitte ist. Er ist nur ein Teil, allerdings ein großzügiger und dankbarer Teil.

Vielleicht sollte ich das Konzept des Groß-Vaters nicht weiter beschreiben, sondern einfach einige Groß- Väter aufführen, die den meisten bekannt sein dürften. In Zeiten wie diesen brauchen wir ihre Vollmacht und allein ihr Leben und ihr Zeugnis können uns diese Vollmacht übermitteln. Den Lesern werden noch viele weitere Namen einfallen, hier meine Auswahl: Abraham Lincoln, Albert Schweitzer, Dag Hammarskjöld, U Thant, Johannes XXIII., Dietrich Bonhoeffer, Michail Gorbatschow, Jean Vanier, Thich Nhat Hanh, Martin Luther King, Mohandas Gandhi, Martin Buber, Anwar as-Sadat, Abraham Heschel, Thomas Merton, Dom Helder Camara, Thomas Dooley, Hubert Humphrey, John Howard Griffin, Jimmy Carter, Kardinal Bernardin, Julius Nyerere und Nelson Mandela.

Überflüssig zu betonen, dass unsere gegenwärtige amerikanische beziehungsweise europäische Gesellschaft nur wenige Groß-Väter hervorbringt. Dazu wäre es ja nötig, dass ein weiser Mann einen wilden Mann schafft, um aus ihm wiederum einen weisen Mann zu machen. Manchmal kommt es mir so vor, als warteten wir auf einen globalen spirituellen Funken. Aber nachdem Gott demütig und geduldig genug ist, um zu warten und es immer wieder zu versuchen, meine ich, das könnten wir auch.

Richard Rohr, *Vom wilden Mann zum weisen Mann*, S. 198–207

Heilige Worte

Heilige Worte erfüllen ihre Aufgabe nur dann, wenn wir ihnen erlauben, Staunen, Sehnsucht und Gehorsam in uns auszulösen. Sie fordern von uns Hingabe, bevor sie ihre Kraft freigeben. Das ist für uns problematisch.

In Amerika beispielsweise hat man uns beigebracht zu dominieren, zu herrschen, zu gewinnen — aber nicht, uns hinzugeben oder zu unterwerfen. Außerdem haben wir Schwierigkeiten damit, Worte ohne unmittelbar einleuchtende Funktion zu verstehen. Worte sind für uns da, um Fragen zu beantworten und zu erklären. Selten sind wir herausgefordert, den Unterschied zwischen Wörtern in einem Kochbuch und heiligen Worten zu begreifen. Deshalb neigen wir dazu, auch die Bibel in erster Linie funktional zu verstehen: wir benutzen sie, um unsere religiösen Fragen zu beantworten, theologische Spitzfindigkeiten zu erörtern und Gott zu erklären.

Aber Gottesworte haben einen anderen Sinn, als vernünftig erklärt zu werden. Es sind Worte, die uns über sie selbst hinausführen in eine Erfahrung der Wahrheit, damit diese Wahrheit unsere Wahrheit wird. Solche Worte kann man nicht einfach benutzen. Sie haben ihren Platz im persönlichen, nicht-funktionalen Bereich. Um Martin Bubers berühmte Unterscheidung auszuleihen: Man kann mit solchen Worten in keine „Ich-Es"-Beziehung treten, weil sie eine „Ich-Du"-Antwort fordern. Sie sind lebendig. Wir müssen auf sie hören und uns von ihnen bewegen lassen. Wir können sie nicht einfach daherreden oder benutzen. Wir müssen ganz bei ihnen sein. Wir müssen uns diesen Worten aussetzen und ihnen erlauben, uns zu hinterfragen und herauszufordern.

Richard Rohr, *Der nackte Gott*, S. 31

Heiligkeit

Um Heiligkeit geht es auch im ersten Kapitel des Markusevangeliums. Vers 21 zeigt Jesus in der Synagoge, in einem heiligen Raum. Dort trifft er – höchst erstaunlich – auf einen Dämon. Ein Dämon, den wir uns in einem Striplokal oder in einer verruchten Bar vorstellen, in der Synagoge? Nein, die Synagoge, der heilige Raum, selbst ist es, der von einem Dämon besessen ist und der Heilung durch Jesus bedarf.

Das Markusevangelium zeigt Jesus also mit dem Ziel, die Religion zu reformieren. Dieses Bestreben haben wir völlig aus dem Blick verloren, weil wir Jesus als Gründer einer neuen Religion betrachten. Darauf hat besonders die Philosophin und Mystikerin Simone Weil (1909–1943) hingewiesen. Jesus wollte jedoch keineswegs eine neue Religion aufbauen, sondern die bestehende reformieren. Jesus zeigt, dass Religion, wenn sie nicht selbstkritisch ist und wenn sie kein Mitgefühl für die Opfer und die Ausgestoßenen hat, immer zu einem selbsterhaltenden System wird. Es ist also kein Zufall, dass der erste Ort, an dem er auftritt, der heilige Raum selbst ist. Heiliger Raum wird im Judentum durch Reinheitsgebote und die Schuldfrage definiert. Jede Religion legt letztlich diese Kriterien zugrunde, manchmal versteckt, manchmal ganz offensichtlich. Das Judentum benennt die Reinheitsgebote und die Kriterien von Schuld von Anfang an völlig eindeutig. Die Gesetzeskataloge im 3. bis 5. Buch Mose teilen ein: Diese Handlung macht rein und jene macht unrein, der gehört dazu, der nicht, diese ist würdig, jene nicht. Jesus dagegen stellt Gott über diese Reinheits- und Gesetzeskategorien, er fordert den heiligen Raum für Gott zurück.

Der Dämon in der Synagoge versinnbildlicht die Unwürdigkeit innerhalb des heiligen Raums. Die Würde ist also nicht an den heiligen Raum gebunden. Entsprechend findet Jesus außerhalb des heiligen Raums würdige Menschen. Wie Jesus gehen auch andere Heilige immer wieder an die unreinsten Orte und suchen die Außenseiter und Ausgestoßenen. Welch ein Skandal! Das stellt die Wirklichkeit auf den Kopf.

Markus 2,13-28 beschreibt, wie Jesus eine neue Gemeinschaft der Sünder versammelt: Steuereintreiber, Fastenbrecher, Leute, die den Sabbat nicht einhalten – sie alle werden eingeladen, mit ihm an einem Tisch zu essen. Auch die Priester, Leviten und Amtsträger der Synagoge sind eingeladen, doch ihre Feindseligkeit Jesus gegenüber steigert sich immer mehr, bis sie beschließen, ihn zu töten. Er hat ihnen ihren Überlegenheitskomplex genommen und ihre Wertehierarchie, die es ihnen erlaubt, sich selbst zu erhöhen und andere Menschen zu erniedrigen. Doch unbeirrt von Unverständnis und Anfeindungen ruft Jesus zur Nachfolge auf und sammelt Menschen um sich, die ihrerseits weitere Menschen berufen und dazu einladen werden, aus einer anderen Kraft heraus zu leben als aus dieser egozentrischen Welt.

Immer wieder stellt Jesus das Übel bloß; dadurch macht er sich noch mehr Feinde. Sogar seine eigene Familie hält ihn schließlich für verrückt (Markus 3,21). Dieser Mann redet anderen nicht nach dem Mund; er ist nicht einfach nur ein netter jüdischer Junge aus Nazareth. Seine Mutter Maria allerdings steht letztlich doch zu ihm. Offensichtlich hat es in ihrem Leben einen Wachstumsprozess gegeben. Natürlich war sie von Zweifeln bedrängt und hat sich gefragt, was mit ihrem Sohn geschieht. Sagt er etwas, das ihn unbeliebt macht?

Ich erinnere mich daran, dass mich meine Mutter ermahnt hat, keine Schimpfwörter in meinen Büchern und CDs zu verwenden, weil sie sonst niemand kaufen würde. Mütter wollen nun einmal, dass ihre Söhne beliebt sind. Und auch Maria hat schlicht Angst davor, dass ihr Sohn unbeliebt ist.

Würdige Menschen außerhalb des heiligen Raums leben aus

einer anderen Kraft als der einer egozentrischen Welt – Jesus zeigt immer wieder, dass die Welt nicht so beschränkt ist, wie Menschen es sich einreden. Die nächtlichen Bootsfahrten, von denen das Markusevangelium berichtet (vgl. beispielsweise Markus 4,35), symbolisieren den Aufbruch zu einem neuen Ort. Wie oft überquert Jesus den See! Niemals geht es dabei nur um den Wechsel des geografischen Orts, sondern immer auch um einen neuen inneren Ort, um einen neuen Standpunkt mit einer neuen Sicht. Jesus zeigt den Menschen, dass es mehr gibt als die jüdische Welt.

Und was haben wir Christen in seiner Nachfolge getan? Wie lange haben wir uns in unseren eigenen Kirchen versteckt aus Angst, von Menschen „angesteckt" zu werden, die etwas anderes denken und glauben. Wir könnten die schreckliche Krankheit Häresie bekommen. Das Ein- und Aus- und Abgrenzen erinnert auf fatale Art an das Alte Testament, dessen Gesetzlichkeit Jesus so scharf verurteilt. Warum aber sind wir nicht seiner Kritik gefolgt, sondern setzen immer noch auf kleinliche Grenzstreitigkeiten? Weil wir keine nächtlichen Bootsfahrten zu neuen Orten unternommen haben, wo unser Ego eine Zeitlang in die Dunkelheit geführt wird und Gott die Verantwortung übernehmen lassen muss. Verständlich, aber gewiss keine Nachfolge Jesu!

Richard Rohr, *Nur wer absteigt, kommt auch an*, S. 60–63

Heilung

Die Probleme des Geistes können nicht vom Gehirn gelöst werden. Wir müssen uns in Richtung einer mehr körperbezogenen Therapie bewegen und dabei der rechten Gehirnhälfte mehr Gewicht geben, oder anders ausgedrückt: Wir müssen handlungsbezogenere Formen der Therapie finden. Wir haben unser Zentrum ganz bewusst Zentrum für „Aktion und Kontemplation" getauft, und dabei die Aktion bewusst an den Anfang gestellt. Wir lernen und werden geheilt, indem wir uns engagieren. Doch das ist ein Glaubensakt, das kann man niemandem beweisen. Selbstbezogene Menschen möchten das nicht glauben. Sie wollen immerfort in der eigenen Seele herumwühlen. Es ist sehr schwer, Leute über diese Grenzlinie zu kriegen. Ich erinnere mich an die erste Zeit von New Jerusalem: Da gab es viele Leute, die stark von der charismatischen Bewegung beeinflusst waren. Sie waren davon besessen, geheilt zu werden, und sie haben sich ständig geweigert, für andere da zu sein, weil sie ja erst einmal selber heil werden mussten. Wenn sie eines Tages geheilt sein würden, dann würden sie anderen helfen! Ohne Übertreibung: Diese Leute sind bis heute immer noch nicht geheilt und warten immer noch darauf, geheilt zu werden. Ihr Narzissmus hält sie davon ab, jemals geheilt zu werden. Wir haben in den letzten Jahren sehr oft Spiritualität durch Therapie ersetzt. Deswegen betone ich das kontemplative Gebet. Wir müssen die Grenzen der therapeutischen Gesellschaft sehen, ohne die positive Gabe der therapeutischen Gesellschaft zu leugnen. Gute Psychologie enthält nichts, wovor man Angst haben müsste.

Richard Rohr, *Von der Freiheit loszulassen*, S. 41

Hiob

Gott ist Licht, doch dieses Licht scheint im Dunkel zu wohnen. Wir müssen in dieses Dunkel gehen, um das Licht zu sehen. Wir leben jedoch in einer Zeit, die große Widerstände gegen die Sprache des „Abstiegs" entwickelt hat. Wir gehören einer Zeit und einer Zivilisation an, die einen noch nie dagewesenen „Aufstieg" hergestellt hat. Vernunft, Medizin, Technik und Geschwindigkeit haben es uns ermöglicht, den normalen „Weg nach unten" zu umgehen. Nun sind wir ungeübt und haben Angst. Es gibt kein Werk der religiösen Literatur, das den Weg des Abstiegs kühner und effektiver darstellt als das Buch Hiob. Selbst der Name „Hiob" ist nach Meinung einiger Linguisten ein Akronym des Satzes „Wer ist der Vater?". Der Name und die Geschichte sind ein Aufschrei gegen eine Dunkelheit, die sich weigert, sich preiszugeben – und ein Weg, der sich zu Anfang alles andere als sicher anfühlt. Sicherlich ist kein Buch weniger Antwort als das Buch Hiob. Kein Buch ist weniger therapeutisch oder „hilfreich" in dem Sinne, wie wir diese Begriffe normalerweise gebrauchen. Es repariert nichts, erklärt nichts und enttäuscht alle, die sich mit Erklärungen auch nur versuchen. Es ist gewiss erstaunlich, dass irgendjemand es gewagt hat, ein solches Buch zu schreiben oder zu veröffentlichen. Oder dass wir uns die Mühe machen, es zu lesen. Es trägt alle Anzeichen von göttlicher Offenbarung, doch es offenbart praktisch nichts von dem, was wir uns vielleicht erhofft hatten. Und doch richtet es die Seele aus und belebt sie, wie es wenige Bücher tun. Da stellt sich die Frage, wieso. Wenn die Krise der Postmoderne eine Krise des Individuums ist – und ich glaube, dass es sich so verhält –, dann kann das Buch Hiob das Individuum korrekt und wahrhaft neu auslegen. Die Wahrheit heilt uns, mehr als bloße Aufrichtigkeit, harte Arbeit oder religiöse Praxis. Hiob –

wie auch Jesus – sagt letztlich, dass die Wahrheit eine Person ist, eine Begegnung – weit entfernt von einem Konzept, das man begründen und über das man streiten kann. Wir werden wieder auf die Wahrheit ausgerichtet, wenn die reale Person auf den realen Gott trifft – und um nichts anderes geht es bei Spiritualität, Theologie und Bekehrung. Wir werden dabei erkennen, dass es weder schnell noch einfach geht, das wahre Selbst zuzulassen oder den wahren Gott zuzulassen. Die Aufgabe unseres Lebens ist die schrittweise Enthüllung des wahren Selbst wie des wahren Gottes, eine Enthüllung, die ebenso wild und ebenso heilig ist wie der gefahrvolle Abstieg Hiobs. Immerhin nahm der Abstieg einundvierzig Kapitel in Anspruch, der Aufstieg noch nicht einmal eines. Die Auferstehung kann für sich selbst sorgen. Sie kommt von selbst, wenn wir erst einmal die falsche Persönlichkeit abgelegt haben. Aber wie sieht dieses „Ablegen" aus! Jeder Schritt in Richtung Einheit wird uns vorkommen wie der Verlust unserer Wichtigkeit und Kontrolle. Der wiederhergestellte Hiob und der auferstandene Christus sind Bilder des wesentlichen, wahren Selbst, nicht mehr privat, getrennt oder autonom, sondern verborgen in Gott. Das wahre Selbst irrt nicht in einem vergänglichen Spiegelsaal herum, sondern ist gegründet in dem vollkommenen Spiegel, der selbst nicht gespiegelt ist: „Jetzt möchte ich ihn sehen mit meinen Augen" (Hiob 19,27). Wir brauchen nichts weiter als die Gewissheit, dass Gott unseren Blick erwidert – und nicht wegschaut. Damit wir jedoch angesichts dieses Wunders des Sehens und gesehen Werdens die Nebenhandlung nicht aus dem Auge verlieren, dürfen wir die radikale Religionskritik nicht übersehen, die das Buch Hiob ebenfalls entwickelt. All unsere üblichen religiösen Antworten rufen nach seinem Urteil den Zorn Gottes hervor, der uns zuruft: „Denn ihr habt nicht die Wahrheit über mich gesagt!" (Hiob 42,7). Man stelle sich vor: Gott sagt das über alle religiöse Ideologie, Rechtgläubigkeit, über unsere herkömmlichen Weisheiten und allen heroischen Idealismus! Und doch sind diese Maskeraden und Ersatzhandlungen für wahren Glauben, die die vier guten Freunde Hiobs charakterisieren, so naheliegend! Sie werden so gefährlich gerade deshalb, weil sie „Freunde" sind – so vertraut, so alltäglich, so sehr mit dem wahren Wesen der Dinge verknüpft. Und als ob das noch nicht genug wäre, wird dieser vorletzte Ausdruck des Glaubens in der Hebräischen Bibel bereitwillig einem Heiden zugeschrieben. Es ist sicherlich ein Zeichen sowohl für die göttliche Inspiriertheit als auch für radikale Selbstkritik, dass das jüdische Volk es überhaupt gewagt hat, dieses Buch in den Kanon seiner heiligen Schriften aufzunehmen. Damit versichert es uns, dass – entgegen aller Versuchungen des institutionellen Götzendienstes – der Glaube zu allen Zeiten „draußen vor den Mauern" gefunden werden kann, ebenso wie der Hügel Golgatha. Dort draußen findet der Glaube am ehesten bereiten Boden – am Boden, im Zerbrochenen, am Rand. Wenn wir im menschlichen Leiden keinen Sinn finden können, wenn unsere Wunden keine heiligen Wunden werden, dann ist das Projekt Menschheit gewiss dazu verurteilt, ein sinnloser Krieg aller gegen alle zu werden. Die Zukunft wäre dann voll von Sündenböcken und Opfern. Die Frage, die das Buch Hiob behandelt, ist alles andere als nebensächlich. Es ist tatsächlich so etwas wie die Frage, mit der der Glaube und die Geschichte der Menschheit steht und fällt. Ohne die Antwort aus dem Wirbelsturm wird das Leben der meisten Menschen im kommenden Jahrtausend tatsächlich „hässlich, tierisch und kurz" sein. Wir hätten keinen Ort, an dem unsere Wunden zu heiligen Wunden werden könnten, sie werden einfach Wunden bleiben – blutig und schmerzend. Ohne Hiob und ohne Jesus bleibt am Ende nur noch die Frage: „Wer ist schuld an meinem Unglück?" Es ist die vorhersehbare, ewige Frage Satans, des „Anklägers". Wenn wir die Stimme aus dem Wirbelsturm nicht hören, wenn wir keine tröstenden

Augen im Auge des Sturms erblicken, dann bleibt der Menschheit nichts übrig, als „auf dem Misthaufen zu sitzen und ihre Geschwüre zu kratzen". Doch wir – auch wenn wir nur wenige sind – haben eine Geschichte gehört, die immer wahr ist. Und diese Geschichte heiligt unsere Wunden.

Richard Rohr, *Hiobs Botschaft*, S. 220–223

Ich

Es ist gut und nötig, dass ich mich meiner selbst freue, aber über das, was ich wirklich bin: ein gesegneter, wenn auch angeknackster Teil des großen Leibes Jesu Christi. Diese unendliche Freude ist die Frucht eines kontemplativen Gebetslebens. Sie hängt nicht an Stimmungen, Vorlieben und Abneigungen, Höhenflügen und Seelentiefen, und auch nicht daran, ob mich andere verletzen oder auf mich eingehen. Das ist das Geheimnis der „Rechtfertigung allein aus dem Glauben", über die Paulus in seinen Briefen immer wieder schreibt. Sind wir von dem Bedürfnis befreit, uns ständig zu beweisen oder zu rechtfertigen, dann können wir endlich das sein, was wir in Christus sind. Diese Gabe ist so grundlegend, so verborgen, so frei und so gratis, so absolut unverdient und nicht erarbeitet – dass sie von den meisten Menschen verpasst wird, oder dass man monströse religiöse Verrenkungen veranstaltet, um ihrer nur ja würdig zu sein! Gott finden und sich selbst verlieren, das ist eins.

Dieser Glaube, diese Liebe, dieses heilige Geheimnis, von dem wir nur ein kleiner Teil sind, kann in der schweigenden Betrachtung des Gebets geweckt und aufgenommen werden. Diejenigen, die betrachten, wer sie in Gottes ekstatischer Liebe sind, werden verändert, noch während sie schauen und horchen und finden und teilen. Diesen Gott kann man, wie eine verführerische Frau, nur im Akt der Liebe erkennen. Wir erkennen Gott, indem wir Gott lieben. Ich meine sogar, es ist wichtiger zu wissen, dass wir Gott lieben, als zu wissen, dass Gott uns liebt – obwohl beide Bewegungen letztlich eins sind. Am Ende eines Glaubenslebens besteht die Summe all unserer Gotteserkenntnis darin, dass Gott uns erkennt – und dass Gottes Erkennen vollkommene Empfänglichkeit ist – wie ein Spiegel.

Aus irgendeinem Grund reicht diese Erkenntnis, um eine unendliche Freude auszulösen und lebendig zu halten. Man muss es nur versuchen!

Richard Rohr, *Der nackte Gott*, S. 161–162

Johannes der Täufer

Er wird erfüllt werden mit dem heiligen Geist. Und er wird viele Israeliten zu Gott, ihrem Herrn bekehren ... und wird bekehren die Herzen der Väter zu den Kindern.

Lukas 1,15ff.

Johannes den Täufer kann man unmöglich als Gipsfigur, als einen erbaulichen Heiligen verstehen. Er löste eine neue Erwartung innerhalb seiner eigenen Tradition aus und erwies sich zu seiner Zeit als gefährlicher Bilderstürmer. Johannes sah die Aufgabe der Religion in der Verwandlung der Menschen und der Gesellschaft und betrachtet die Religion nicht als bloßes Zugehörigkeitssystem. Genau deshalb wurde er von dem System gehasst, zu dem er selbst gehörte. Sein Denken war damals nicht populär und wäre es auch heute nicht, es musste abgeschnitten, zerstört und aufgehalten werden. Es ist erstaunlich, dass er es ins Pantheon der christlichen Heiligen geschafft hat, nachdem er wenige der orthodoxen Voraussetzungen dafür erfüllt. Doch glücklicherweise ließ die Bibel keine andere Wahl – „kein Mann, der von einer Frau geboren ist, ist größer als Johannes der Täufer" (Matthäus 11,11 und Lukas 7,28).

Alle vier Evangelien räumen dem Bericht über Johannes ziemlich viel Platz ein, auch wenn sein öffentliches Auftreten nur kurz war, seine Botschaft sich um einiges von der Jesu unterscheidet und er in mehrfacher Hinsicht nicht gerade attraktiv ist. Die Texte wollen uns wohl eigentlich nahe bringen, dass er ein neuartiges „System der Verwandlung" abseits des priesterlichen Tempelkults lehrte. Er brachte eine neue, initiierende Botschaft und ein Initiationsritual, das eindeutig eine Kritik an den alten Formen darstellte, sodass die Pharisäer und Rechtsgelehrten es nicht akzeptierten (Lukas 7,30). Und wir, ehrlich gesagt, auch nicht.

Aber Jesus hat es akzeptiert, für sich persönlich und in aller Öffentlichkeit. Dadurch ist Jesus von Anfang an in einer Außenseiterposition – eine Tatsache, die oft übersehen wird. Indem Jesus am Flussufer durch Johannes die Initiation empfing, begab er sich in eine kritische Distanz zur Tempelreligion. Diese Rolle spielt Johannes in den Evangelien; und darüber kann man nicht sentimental hinwegsehen. Johannes war der Tora, den Propheten und der Weisheit unbedingt treu, was ihn die bestehenden Verhältnisse infrage stellen ließ. Sein radikaler Traditionalismus verschaffte ihm Popularität beim Volk und Ablehnung durch das religiöse Establishment. Das intuitive Gespür der einfachen Menschen (*sensus fidelium*) wusste den wahren Propheten zu ehren. Für diejenigen, die viel zu beschützen haben, wirkte er dagegen bedrohlich. Der Außenseiter erfährt in der Bibel so viel an Aufmerksamkeit und Zustimmung, dass mancher Insider fast den Impuls verspüren könnte, in die Außenseiterrolle zu wechseln! Doch diesen schmalen Weg gehen nur wenige.

Doch dann tat Johannes etwas, was womöglich noch prophetischer war. Er blieb nicht bei seiner Popularität, sondern deutete über sich hinaus auf den, der nicht nur den Ritus mit Worten und mit Wasser vollziehen, sondern „mit Feuer und heiligem Geist taufen" würde (Matthäus 3,11) – mit anderen Worten: Es geht um das „Wahre", nicht nur um das Ritual. Das Verdienst des Johannes besteht in mehreren großen Übergängen, die nur sehr wenige Menschen erreichen. Er schuf ein Modell aus radikalem Traditionalismus, was zur radikalen Kritik am bestehenden System und schließlich zum Tod seines eigenen kleinen Selbst führte. Da haben wir alles beieinander. Jesus ging exakt denselben Weg, sein Vetter zeigte ihm sehr real, „wie man es macht". Johannes „füllte Täler und trug Hügel ab" und bahnte „eine neue Straße für Gott" (Lukas 3,5 unter Aufnahme eines Zitats aus Jesaja 40,3–5). Johannes der Täufer ist ein vorläufiges Bild des gesamten notwendigen Weges, den wir inzwischen „christlich" nennen. Dabei war er ein waschechter Jude und ein klassischer biblischer Prophet. Er ist tatsächlich der „Vorläufer", nicht so sehr in dem, was er sagte, sondern in seiner Entwicklung. Seine Worte wirken weithin zweideutig und sie sind es auch nicht, worauf es wirklich ankommt. Das Modell seines Lebens ist seine Botschaft, wie bei Ezechiel, Jeremia, Jona, Daniel, Amos und Hosea.

Wir sehen, wie neugierige, ängstliche und teilweise gar böswillige „Priester und Leviten" von Jerusalem herunterkommen, um sich seine persönlichen, unorthodoxen religiösen Rituale dort am Fluss anzuschauen (Johannes 1,19–28). Sie fragen ihn lang und breit aus. Wir wissen, dass Johannes große Menschenmassen anzog, offenbar so viele, dass er sowohl dem religiösen System als auch der politischen Macht eines Herodes gefährlich werden konnte, der alle Macht in den Händen seiner Familie vereinen wollte, indem er die Frau seines Bruders heiratete. Problematisch an diesem Verhalten ist nicht der Ehebruch, sondern die Endogamie, die Schaffung einer Familiendynastie. Warum hat uns das niemand gesagt? Wahrscheinlich sind wir so sehr auf sexuelle Sünden konzentriert, dass wir dieses Thema in den Text hineingelesen haben. Endogamie, das war der klassische Weg, die eigene Macht mit keiner anderen Familie, mit keinem anderen Menschen zu teilen. Ein Tyrann, der seinen Handlungsspielraum erweitert – das erklärt die Heftigkeit, mit der Johannes auftrat. Es geht Johannes viel mehr darum, die Machtspiele im Tempel und am Königshof aufzudecken, als um irgendwelche sexuellen Verfehlungen.

Der angemessene Umgang mit der Macht, das ist das Lebensthema des Johannes. Wird Johannes seine eigene Macht und Popularität für sich selbst oder für andere einsetzen? Er besteht die Prüfung und erweist sich als echter Mann Gottes, als Mann der Wahrheit, und deshalb kann Jesus sagen: „Keiner, der von einer Frau geboren ist, ist größer als er" (Lukas 7,28). Die Redegabe und die Diplomatie des Johannes mögen nicht die besten sein. Man würde ihn auch nicht gerade taktvoll nennen. Sein Denken ist schwarz-weiß, er hat zeitweise geradezu einen Tunnelblick, er ist sogar ein bisschen selbstgerecht und von Zorn erfüllt – weshalb wohl ein anderer Bibelvers lautet: „Der Geringste im Reich Gottes ist größer als er" (Lukas 7,28). Johannes ist der Prophet der ersten Hälfte des spirituellen Lebens, aber er steht nicht für die zweite Hälfte des Lebens, für Erleuchtung. Bereitwillig und dankbar tritt er ab. Er hat nicht die endgültige, volle Botschaft – aber sein Genie äußert sich darin, dass er das erkennt!

Man beachte, welche Brücke er gebaut hat: Johannes, väterlicher wie mütterlicherseits aus einem Priestergeschlecht stammend, wird seinem Vater an dessen Arbeitsstelle extrem gefährlich, indem er sein eigenes in der Natur wurzelndes Ritual zur Vergebung der Sünden entwickelt. Dabei ist doch ganz klar, wie die Sünden vergeben werden: durch den Zehnten im Tempel, durch Tieropfer und Reinheitsgesetze, die allesamt von den Priestern, Schriftgelehrten und Leviten verwaltet werden. Von niemand anderem beschreibt das Neue Testament Kleidung und Essgewohnheiten, außer von Johannes dem Täufer. Weshalb? Weil er eindeutig eine Gegenkultur pflegt, sich unkonventionell kleidet und nicht koscher isst. Er ist ein Priestersohn, der sich nicht kleidet wie ein Priester. Er steht für die notwendige, gute Spannung zwischen Struktur und Antistruktur, zwischen Tempeldienst und ritueller Entzauberung. Seine Bedeutung besteht darin, dass er die beiden Pole zusammenhält, und deshalb ist er ein so wichtiges Symbol, ein so großer Brückenbauer. Seine Bedeutung besteht in seiner Methode der Vermittlung zwischen der traditionellen Religion und 'der permanenten Notwendigkeit der radikalen Reform. In gewisser Weise steht er für beides, und das führt – wie in allen solchen Fällen – dazu, dass er beseitigt wird. Wer zur Brücke werden will, muss bedenken, dass Leute von beiden Seiten auf ihm herumtrampeln werden, und wer einen gemeinsamen Bereich schafft, wird „von allen gehasst" werden (Matthäus 10,22). Alle wollen ihn in ihr eigenes Lager ziehen, um sich selbst zu beruhigen und ihr eigenes Spiel aufzubauen.

Dass Jesus selbst sich dem gegenkulturellen Initiationsritus des Johannes unterzog (Johannes 3,23) und dieser später zum verpflichtenden Element der gesamten christlichen Religion wurde, ist in sich selbst ein Modell, das wir nicht verlieren dürfen. Schon die Tatsache, dass Johannes einen neuen Initiationsritus für erwachsene Juden schuf, ist eine Aussage darüber, dass das alte System aus irgendeinem Grund nicht mehr funktionierte. Es wird kaum überraschen, wenn ich sage, dass auch wir heute aus genau demselben Grund über neue Initiationsriten sprechen. Dass Jesus sich dem Ritual des Johannes anschloss, bedeutet, dass er mit Johannes auch die Einschätzung des Tempelkults und die Kritik daran teilte. In gewisser Weise war auch der Tod Jesu unausweichlich, sobald er erst einmal die Johannestaufe empfangen hatte. Seine schockierte Reaktion auf die Nachricht vom Tod des Johannes, sein Rückzug scheint darauf hinzudeuten, dass er genau dies erkannt hat (Matthäus 14,13).

Im Neuen Testament besteht zwischen Taufe, Salbung und Tod ein innerer Zusammenhang. Wer das System in aller Öffentlichkeit kritisiert, wer sein Leben neu gründet auf die Grundlage, dass er Gottes Sohn ist – sozusagen eine neue „Staatsangehörigkeit" annimmt –, den wird das System auf die eine oder andere Weise töten. Er wird sicherlich nicht in die normale Staatsbürgerschaft passen (vgl. Philipper 3,20), er ist der Wildnis ausgeliefert, dem Ort der Nonkonformisten und der „Nicht-Normalen". Um Johannes mit Fug und Recht als

Kirchenheiligen betrachten zu können, müssten wir all dies totschweigen, diesen wilden Mann keimfrei desinfizieren und aus ihm eine der hübschen Statuen machen, die wir in unseren Kirchen sehen können. So wird er niemandem Angst machen und niemanden anziehen.

Interessant ist auch, wie der Name Johannes seinem Vater von dem Engel geradezu aufgenötigt wird (Lukas 1,13). Die Stummheit, die Zacharias auferlegt wird (Lukas 1,20–22), wird in dem Augenblick gelöst, in dem er den fremden Namen Johannes akzeptiert. Das ist ein deutlicher Wink für den Vater, „den Mund zu halten" und den Jungen seine eigene Identität finden zu lassen, ohne ihn. Das „erstaunt" die Familie. Man könnte es aber auch als gottgegebene Freiheit für das Kind sehen, nicht so werden zu müssen wie der Vater. Für diesen scheinbar unbedeutenden Zwischenfall verbraucht der Evangelist Lukas so viel Tinte, dass man gleich merkt, dass es hier um etwas Wichtigeres geht (Lukas 1,5–25.57–80). Der Junge wird befreit, zu tun, was er tun muss, und dazu, es außerhalb der patriarchalen und der priesterlichen Erwartungen zu tun. Gott selbst muss ihm dafür den Rücken stärken und ihn aus der üblichen väterlichen Kontrolle herauslösen.

Möglicherweise könnte man das „Hüpfen" im Leib seiner Mutter als Zeichen seiner Initiation nehmen, bevor diese überhaupt stattgefunden hat – sozusagen seine eigene „beinahe unbefleckte Empfängnis" (Lukas 1,44). Man kann es ebenso als Symbol für die vorgeburtliche göttliche Identität betrachten, die wir geschenkt bekommen und nicht verdienen, die wir nicht einmal wählen können. Sie hängt nicht von irgendwelchen Leistungen oder Heldentaten ab. Der Name „Johannes" bedeutet an sich schon „Gott ist freundlich" bzw. „frei" und schon bald wird dieser Johannes ausziehen aus dem Tempelsystem seines Vaters und verkünden, dass Gottes Vergebung ebenso verfügbar ist – gratis, frei – wie das Wasser des Flusses (Lukas 3,4)!

Da bleibt den Hütern der religiösen Macht gar nichts übrig, als sich die Kleider zu zerreißen, während Johannes gleichzeitig bei den erniedrigten, leidenden Massen sehr beliebt wurde. Die katholische Kirche mag bis heute keine allgemeine oder Gemeindebeichte, außer zu seltenen, oft misstrauisch beäugten Gelegenheiten.

Hier ist also ein Mann, der jedem religiösen System gefährlich wird, und eine Macht, die jedes politische System bedroht. Kein Wunder, dass Johannes umgebracht wurde. Sein Kopf wird auf einer Schale präsentiert, gleichsam „Futter" für den weitgehend unbewussten Sündenbockmechanismus. An diesem Punkt zieht sich Jesus zurück „an eine einsame Stelle", sammelt seine Kräfte und stellt eine „wohlgenährte und nährende Gemeinschaft von Arbeitern" zusammen (Matthäus 14,13ff.). Da sehen wir die Macht des Märtyrers, die Vision zu stärken, ebenso am Werk wie die Macht dessen, was wir heute die Trauerarbeit Jesu nennen würden.

Schließlich ist es für die Christen immer etwas peinlich, zu sehen, welch untergeordnete Rolle Jesus gegenüber Johannes einnimmt, wie er sich seinem Ritual und seiner Führung unterwirft. Welche Bedeutung könnte darin liegen, wenn Jesus tatsächlich die höchste Macht hat? Johannes nur als Vorläufer und Herold Jesu zu betrachten, ergibt nicht viel Sinn. Ist Johannes aber der Initiator Jesu und lebt uns Jesus vorbildlich den Anfängergeist vor, dann ergibt es sehr wohl Sinn. Die Evangelien zeichnen das Wasserritual als unmittelbare Aussendung zur „Visionssuche" in der Wüste und Jesus nimmt die vollkommen angemessene Haltung gegenüber seinem Begleiter ein. Ein Initiand muss demütig und lernwillig sein, wie ein Novize, der bereit ist, sich anleiten und belehren zu lassen, ein bereitwilliger Anfänger. Jesus selbst sagt zu Johannes: „Es ist angemessen, es so zu machen und alles zu befolgen, wie es die Ordnung verlangt" (Matthäus 3,15).

Deshalb kann Jesus uns initiieren, weil er selbst initiiert ist. Das ist die angemessene und einzig wahre Weise für einen Lehrer. Darüber hinaus entspricht es der Ordnung, dass ein älterer männlicher Verwandter der Initiator ist – es war nie der leibliche Vater, denn dieses Verhältnis ist einerseits zu komplex und musste andererseits als nährende Beziehung aufrechterhalten werden. Die Genialität des Johannes besteht darin, dass er – wie Jesus – als Erwachsener die Initiation selbst gesucht hat, denn beide wurden „am achten Tag beschnitten" (Lukas 1,59) und nicht erst als Teenager. Bemerkenswerterweise führen in der Taufhöhle des Johannes exakt 28 Stufen hinunter ins Tauchbecken, genauso wie die amerikanischen Ureinwohner 28 heiße Steine in die Schwitzhütte bringen. Diese so genannten primitiven Menschen kannten die zyklische Todessymbolik der Zahl 28 und verwendeten sie in der Initiation. Jede Frau begegnet ihr allmonatlich, Männer dagegen müssen sie erst kennen lernen. Die Taufe des Johannes war wohl tatsächlich eine Initiation in genau diese Symbolik, in den notwendigen Kreislauf von Tod und Wiedergeburt.

Richard Rohr, *Vom wilden Mann zum weisen Mann*, S. 59–67

Kontemplation

Menschen, die es hätten „besser wissen" können und die von ihren Religionen besser unterwiesen hätten werden sollen, muten sich selbst viel unnötiges Leid zu. In der westlichen Welt ist die Religion seit langem damit beschäftigt, den Menschen mitzuteilen, was sie wissen sollen, anstatt wie man zu Erkenntnis gelangt; sie sagen den Menschen vor allem, *was* sie sehen sollen, anstatt *wie* sie sehen sollen. Das hat dazu geführt, dass wir eine nur schwache Ahnung vom Heiligen haben, dass wir versuchen, mit beschränktem Horizont Großes zu verstehen und Gott mit unserem kleinen, zersplitterten Herzen zu lieben. Es ist, als betrachte man die Galaxis mit einem Billigfernglas aus dem Supermarkt. Wie sich zeigen wird, eröffnet das Wort „Kontemplation", das ich für dieses umfassendere Sehen benutze, einen weiten Horizont. Es bedeutet, ungeschützt vor dem jeweiligen Augenblick, einem Ereignis oder einer Person zu verweilen – ohne zu spalten und zu versuchen, die Dinge zu beherrschen und zu kontrollieren. Kontemplative weigern sich, falsche Gegensätze aufzubauen und das Feld der Wirklichkeit zu zerstückeln, um das Ego vorschnell zu beruhigen. Sie polarisieren nicht mit dem Ziel, die eigene geistige Verwirrung aufzulösen. Sie gleichen Nikodemus, dem suchenden Pharisäer, der nachts zu Jesus kommt, um sich selbst ein Bild von ihm zu machen und wirklich zu hören, was er zu sagen hat, und der später, als Jesus von den Pharisäern angeklagt wird, fordert, dass man den Angeklagten doch anhören soll, bevor man urteilt (Johannes 7,50f.)! Der Pharisäer Gamaliel, der Lehrer des Pharisäers Paulus, sagt im Prozess gegen die Apostel Petrus und Johannes: „Lasst von diesen Männern ab und gebt sie frei; denn wenn dieses Vorhaben oder dieses Werk von Menschen stammt, wird es zerstört werden; stammt es aber von Gott, so könnt ihr sie nicht vernichten" (Apostelgeschichte 5,38f.). Nikodemus und Gamaliel waren hochgebildete jüdische Gesetzeslehrer, in der eigenen Tradition verwurzelt und dennoch bereit, Jesus eine Chance zu geben und ihm mit Achtung zu begegnen, obwohl das gesamte Establishment bereits sein Verdammungsurteil gefällt hatte. Jesus passte nicht in das zu seiner Zeit gängige Verständnis von Heiligkeit. Nikodemus und Gamaliel waren aus Sicht ihrer Umwelt nicht „vernünftig" oder „bei Verstand". In gewisser Weise waren sie Kontemplative, die den Durchbruch zu nichtdualem Denken erreicht haben. Ich nenne Kontemplation gerne „umfassendes Wissen" – nicht irrational, aber vor-rational, nicht-rational, rational und transrational – alles gleichzeitig. Kontemplation entzieht sich der Vereinfachung. Kontemplation ist Einübung darin, die Räume des Herzens und des Verstandes lang genug offen zu halten, damit der Verstand neues, bisher verborgenes Material sehen kann. Kontemplation gibt sich mit dem nackten Nun zufrieden und wartet auf Zukünftiges, wie Gott und Gnade es schenken. Insofern muss ein gewisses Maß an Liebe zu einem Gegenstand und zu mir selbst der vollständigen Erkenntnis vorausgehen. Der Dalai Lama drückt dies einfühlsam aus, wenn er sagt: „Eine Veränderung des Herzens ist immer auch eine Veränderung des Denkens." Man könnte es auch umgekehrt sagen: Eine Veränderung des Denkens ist auch eine Veränderung des Herzens. Schließlich müssen sich beide ändern, damit wir angemessen sehen können. Abendländische Juden und Christen tun sich mit dem Begriff „Nichtdualität" eher schwer. Sie assoziieren ihn häufig (negativ) mit östlichen Religionen. Ich bin jedoch davon überzeugt, dass Jesus der erste nichtduale religiöse Lehrer des Westens war. Einer der Gründe, weshalb wir einen Großteil seiner Lehre nicht verstanden haben, besteht darin, dass wir versucht haben, sie mithilfe eines dualistischen Denkrasters zu interpretieren. Aber ich muss zunächst eine Menge Schutt wegräumen, damit man nicht einfach meinen Behauptungen folgt, sondern es selbst sieht. Der brillante Begriff „Nichtdualität" (Sanskrit: *advaita*) wurde in verschiedenen Traditionen des Ostens häufig benutzt, um den Unterschied zu totaler und vollständiger Identifikation oder Verstrickung zu markieren. Ähnlich wie ökologische und quantenphysikalische Erkenntnisse unserer Zeit haben auch sie nicht einfach behauptet, alle Dinge seien metaphysisch oder physisch identisch. Aber sie wollten auch nicht alles trennen und spalten. Kontemplatives Denken, sei es östlich oder westlich, hält sich damit zurück, Dinge zu etikettieren oder allzu schnell einzuordnen. Kontemplatives Denken will die Dinge sehen, wie sie sind, jenseits von Worten und Konzepten, die sonst allzu schnell die Realität ersetzen. Menschen neigen dazu zu meinen, sie hätten eine Sache verstanden, wenn sie einer Vorstellung davon zugestimmt oder nicht zugestimmt haben. Dem ist nicht so, sagt der Kontemplative. Es ist notwendig, der Sache selbst zu begegnen. „Präsenz" ist mein Begriff für diese Begegnung: eine alternative Weise, den Augenblick zu erkennen und mit ihm in Berührung zu kommen. Sie ist viel ungeschützter und vermittelt uns das Gefühl von Machtlosigkeit. Der „ungläubige" Thomas hatte eine Vorstellung von Jesus, aber er musste vertrauensvoll die Hand in seine Seite legen, bevor er die Wahrheit „erkennen" konnte (Johannes 20,27). Ein solch breiteres und tieferes Sehen erfordert viel Übung. Aber die Belohnungen sind immer herrlich und, wie ich glaube, nötig, damit in der Welt Freude und Wahrheit möglich sind. Die Tatsache, dass nichtpolares Denken zum Kern von drei der größten Weltreligionen – Hinduismus, Buddhismus und Taoismus – gehört, macht es erforderlich, dass wir ihm zumindest wie Gamaliel Gehör schenken.

Richard Rohr, *Pure Präsenz*, S. 38–41

Der Kosmische Christus

Seht, ich mache alles neu ... es ist geschehen. Ich bin das Alpha und das Omega, der Anfang und das Ende.
Offenbarung 21,5f.

Ich setze dieses Zitat vom Ende der Bibel an den Anfang dieses Kapitels, um Ihnen eine Frage zu stellen: Spricht hier Jesus von Nazareth oder jemand anders? Denn wer auch immer hier spricht: Er zeigt uns einen vollständigen, optimistischen Bogen, der sich über die gesamte Geschichte wölbt. Und er ist nicht nur der bescheidene Zimmermann aus Galiläa. Diese Botschaft ist nicht nur „religiös", sie ist auch historisch und kosmisch. Sie beschreibt die letztgültige Flugbahn zu einer Kohärenz zwischen dem Anfang und dem Ende aller Dinge. Sie beschreibt eine Hoffnung und Vision für die Menschheit. Dadurch erhält die Geschichte Richtung und Sinn und ist nicht mehr nur eine Aneinanderreihung isolierter Ereignisse. Tatsächlich spricht hier der kosmische Christus. Jesus von Nazareth sprach nicht so. Christus ist von den Toten auferstanden, und selbst diese Aussage verlangt keinen „Sprung des Glaubens" mehr, sobald Sie begreifen, dass Christus nie gestorben ist und auch nicht sterben kann, weil er das ewige Geheimnis der Vereinigung von Materie und Geist verkörpert.

Jesus stirbt bereitwillig, und Christus ist auferstanden. Ja, er ist immer noch Jesus, aber jetzt umfasst und offenbart er alles andere in Ganzheit und Herrlichkeit. Wenn Sie den Kolosserbrief, Kap. 1,15–20 gelesen haben, wissen Sie, dass das nicht nur meine Idee ist. Als diese Bibelverse geschrieben wurden, war es sechzig bis siebzig Jahre her, dass der menschliche Körper Jesu in den Himmel aufgestiegen war. Inzwischen hatten die Christen eine ganz und gar erreichbare Präsenz erlebt, die ihr

Leben definiert, befreit, ihm ein Ziel und eine Richtung gibt. Im Wesentlichen in der Nachfolge von Paulus, der um das Jahr 50 herum schrieb, nannten sie diese scheinbar neue und Zugängliche Präsenz ein Mysterium, das sie als „Herr und Messias" ansprachen (Apostelgeschichte 2,36) und nicht mehr nur als „Jesus" (noch so ein Fall von Nicht-Dualität). Voller Begeisterung hatten sie diese Präsenz gespürt, die nach der Auferstehung Jesu in der Welt spürbar geworden war. Dabei ist diese Präsenz immer da gewesen, wie wir aus den Erfahrungen von Abraham, Isaak und Jakob (siehe Lukas 20,37f.) wissen. Aber nach dem Tod Jesu bekam diese ewige Präsenz einen präzisen, konkreten und persönlichen Bezugspunkt. Ein vielleicht noch vager Glaube, eine spirituelle Intuition wurde spezifisch, bekam in Jesus ein Gesicht, das die Menschen sehen, hören und berühren konnten (1. Johannesbrief 1,1). Im nächsten Kapitel werde ich beschreiben, wie wichtig und machtvoll eine solche „personale" Gottesempfindung ist. (...)

Die meisten Christen sind nie dazu ermuntert worden, das Personale mit dem Kosmischen zu verbinden, Jesus und Christus. Man hat uns auch nicht gesagt, dass wir sie beide ehren und lieben können, oder gar, dass es sich um dieselbe Liebe handelt, nur in einem unterschiedlichen Bezugsrahmen. Die Liebe zu Jesus bringt Menschen zum Glauben, die Liebe zu Jesus Christus macht sie zu kosmischen Gläubigen. Einige Väter der Ostkirche und frühe Mystiker, darunter Maximus der Bekenner, Symeon der neue Theologe und Gregorius von Nyssa, haben diese Vorstellungen in genialer Weise gelehrt, aber nach der Kirchenspaltung von 1054 entwickelten sie sich im Westen nicht weiter. Hier sehen wir besonders klar, wie das Christusmysterium jedes Mal zerteilt wurde, wenn der Leib Christi sich teilte (1. Korinther 1,12f.) Es ist wichtig, dass wir uns in den größtmöglichen Rahmen stellen, sonst fallen wir immer wieder an einen sehr un-katholischen (also un-vollständigen) Ort zurück, an dem der Erlöser wie auch die Erlösten viel zu klein werden, weil Jesus von Nazareth vom ewigen Christus getrennt wird. Aber wenn das geschieht, wird das Christentum zu einer Weltreligion unter anderen, und die Erlösung wird zur Privatsache, weil die soziale und historische Botschaft verloren geht. Das vollständige Evangelium ist so viel größer und schließt so viel mehr ein: Jesus ist die historische Gestalt, Christus die kosmische – und zusammen bringen sie das Individuum wie auch die Geschichte weiter. Bisher haben wir die Geschichte nicht viel weiter gebracht, weil „mitten unter uns einer stand, den wir nicht kennen" (Johannes 1,26): „Nach mir kommt ein Mann, der mir voraus ist, weil er vor mir war", sagt Johannes der Täufer dazu (Johannes 1,30). Wir haben „Christus" zum Nachnamen Jesu gemacht, statt zu begreifen, dass es sich um eine Beschreibung seiner kosmischen Rolle in der Geschichte und in allen Weltreligionen handelt. Ich glaube unbedingt, dass es nie eine Seele gegeben hat, die nicht Christus gehörte, selbst in den Jahrhunderten vor der Inkarnation. Und ich glaube auch, dass die Heilige Schrift, richtig verstanden, und die große Tradition Sie zum selben Schluss führen werden. Christus ist ewig, Jesus ist in die Zeit hineingeboren. Jesus ohne Christus führt unweigerlich zu einer zeit- und kulturgebundenen Religion, die einen Großteil der Menschheit von der Umarmung des Christus ausschließt. Andererseits würde Christus ohne Jesus viel zu leicht zu einem Subjekt abstrakter Metaphysik oder reiner Ideologie ohne persönliches Engagement. Liebe braucht immer ein direktes Gegenüber. Wir brauchen beide, Jesus und den Christus, und deshalb ist es nur folgerichtig, dass wir an Jesus Christus glauben, wie es die meisten Christen auch formulieren.

Richard Rohr, *Die Liebe leben*. S. 207–210

Kreuz

Neben der Bergpredigt bilden die Gleichnisse den Kern der Lehre Jesu. Einige der wichtigsten Gleichnisse handeln vom Verlieren und Finden: die Gleichnisse vom verlorenen Sohn, dem verlorenen Groschen, dem verlorenen Schaf, dem verborgenen Schatz und dem verborgenen Sauerteig. Jedes Gleichnis beschreibt, dass ein Mensch glaubt, etwas zu besitzen, dann verliert er es, findet es wieder, und schließlich feiert er ein großes Fest. Die Botschaft ist eindeutig: Ein gewisses Maß an Versagen und Verlust ist unumgänglich. Der Mensch muss etwas verlieren, er muss versagen. Er muss sich einer Sache sicher sein und sie verlieren, um zu erkennen, wie sehr er sie liebt. Jeder kennt diese Erfahrungen. Man weiß so lange nicht, was etwas bedeutet, bis man es verliert. Die Dynamik zwischen Verlust und Finden ist essenziell für den Prozess der Verwandlung.

Menschen, die noch im Stadium einer Spiritualität von Vollkommenheit sind, glauben, sie müssten sich eine moralische Reinheit oder Würde erarbeiten, damit der Heilige Geist auf sie herabkommt. Sie stellen sich eine göttliche Transzendenz vor, die für die Würdigen erreichbar ist. Doch die Lehre vom Kreuz sagt etwas ganz anderes: Sieg ist nicht die Vermeidung des Todes, sondern der Tod selbst, allerdings der verwandelte Tod. Es geht nicht darum, niemals etwas falsch zu machen, sondern alles, was die Menschen jemals falsch gemacht haben, zu unserem Vorteil nutzbar zu machen. Zu solcher Metamorphose ist Gott fähig. Gott lässt das, was wir kreuzigen, auferstehen, und baut auf, was wir zerstören. Dafür braucht Gott Menschen, die diesem Prozess zustimmen. Das ist wahrlich etwas anderes als das Herabkommen des Geistes auf die Vollkommenen.

Der Irrglaube, man könne sich moralische Reinheit und Würde erarbeiten, führt auf einen nicht zu bewältigenden Weg.

Wie viele junge Menschen, Novizen, Seminaristen und engagierte Christen machen sich voller Idealismus auf den Weg. Jesus, Gott und den Nächsten zu lieben ist ihr Ziel. Doch was ist nach 20 Jahren geblieben? Fast alle sind durch ihre Verletzungen an der Liebe gescheitert. Zeigt das nicht überdeutlich, wie wichtig es ist zu lernen, mit seinem Schmerz umzugehen? Darum geht es in der Botschaft vom Kreuz. Nur mit Weisheit und Erleuchtung ist es möglich zu akzeptieren, dass wir nicht alles kontrollieren können, unsere Gesundheit nicht oder Todesfälle in der Familie oder politische Entscheidungen und was wir sonst noch kontrollieren wollen.

Nach der biblischen Botschaft geht es nicht darum, immer besser zu werden und die Gebote einzuhalten. Das kann den Menschen nur anfangs auf die richtige Spur führen. Aber irgendwann in der Lebensmitte muss er aufwachen und erkennen, dass er nicht auf dem richtigen Weg ist, dass er ein schrecklicher Angeber ist und eigentlich niemanden wirklich liebt außer sich selbst. Erst ab diesem Punkt kann man eigentlich von christlicher Spiritualität sprechen. Der Gedanke an eine weiße Weste der Reinheit führt zwangsläufig zu Versagen und Heuchelei. Als Mensch Reinheit zu erlangen ist ein unmögliches Unterfangen und Jesus hat niemals dazu ermutigt, es erwartet oder danach gefragt. Dieses Streben geht allein vom Ego aus. (…)

Die Lehre vom Kreuz ist eine wunderbar gute Nachricht. Allerdings hat die Theologie diese gute Botschaft zu einer pragmatischen Problemlösung umgedeutet: Durch das Kreuz würde der eigentlich ablehnende Gott umgestimmt und öffnete die Himmelstore. Hätte Jesus anders gehandelt, bliebe uns die Liebe des Vaters vorenthalten.

Wir Franziskaner haben nie an eine solche Sühneopfertheologie geglaubt. Nach unserer Lehre war das Kommen Jesu keine Notwendigkeit, er musste keine Probleme im Himmel oder auf der Erde lösen, er hat keinen metaphysischen Deal mit Gott abgeschlossen, durch das der aufgebrachte Gott entschieden hätte, uns zu mögen. Gottes Meinung musste nicht verändert werden. Gott ist von Anfang an mit seiner Schöpfung verbunden und liebt sie, sagt der mittelalterliche franziskanische Theologe Johannes Duns Scotus (um 1266–1308) in aller Klarheit. Prominente Fürsprecher einer Opfertheologie sind die Dominikaner. Sie haben sich schließlich mehrheitlich durchgesetzt und die Protestanten haben sich später der dominikanischen Ansicht angeschlossen. Die Franziskaner haben immer die Meinung der Minderheit vertreten und sind davon überzeugt, dass Jesus überhaupt nichts verändert hat, aber alles enthüllt. Er enthüllt, dass Gott ungefährlich ist, dass er verletzlich ist, dass er zärtlich ist, dass er kein blutgieriger Tyrann ist. Die Betrachtung Gottes nach juristischen Kriterien ist jedoch so tief verwurzelt, dass es fast zwangsläufig zu der Vorstellung kommen musste, Gott brauche das Blut seines Sohnes, um sich dafür zu entscheiden, uns zu lieben.

Aus diesem Grundgedanken entwickelte sich ein unsägliches und absurdes christliches Glaubenssystem. Die Lehren von der Satisfaktion, der Buße und des Blutopfers stammen sämtlich aus dem jüdischen Gedankengut und ergeben nur für Menschen einen Sinn, die im jüdischen Opferbewusstsein aufgewachsen sind. Uns erscheint ein Gott, der dazu überredet werden muss, uns zu lieben, jedoch als käuflich und damit geht ein wesentliches Element der Schöpfung verloren. Vielleicht erleben wir uns deswegen so oft verloren in der Schöpfung.

Nach der franziskanischen Tradition des Johannes Duns Scotus – er wurde niemals heiliggesprochen und deshalb besitzt er nicht die Autorität eines Thomas von Aquin (um 1225–1274) – ist der Gekreuzigte das Bild des unsichtbaren Gottes. Diese Auffassung ist unter anderem auf den Kolosser- und den Epheserbrief gegründet, in denen der Gekreuzigte für die große Versöhnung zwischen Menschheit und der Göttlichkeit steht.

Jesus ist Mensch und Göttliches; er hält beides in sich selbst zusammen und versöhnt es miteinander. Er lädt den Menschen ein zu dieser Einheit und zu dieser Versöhnung. So versöhnt er durch das Mysterium des Kreuzes alle Dinge mit Gott und mit sich selbst.

Jesus am Kreuz – aufgehängt zwischen Himmel und Erde – hält nicht nur das Menschliche und das Göttliche zusammen, sondern auch den guten und den bösen Dieb links und rechts von ihm (Lukas 23,39–43), die dem Guten und Bösen in uns entsprechen, und außerdem seinen männlichen Körper und seine eindeutig weibliche Psyche. So wird er zu einem großartigen Mandala der Ganzheit und der Vervollständigung und von allem, was wir nicht zusammenfügen können, sondern immer auseinanderhalten und einander gegenüberstellen. Doch Jesus hält zusammen: das Männliche und das Weibliche, das Gute und das Böse, das Menschliche und das Göttliche.

Die gesamte biblische Tradition, aber auch all unsere persönlichen Gebetserfahrungen, die äußere und die innere Reise aller Menschen – sofern wir dafür aufmerksam sind – führen zum immer gleichen Schluss: Die Geschichte zeigt, wie wir als Werkzeuge für die Verwandlung dieser Geschichte benutzt werden können. Im Mandala des Kreuzes ist all das zusammengefügt. Der Verstand ist nicht in der Lage, das zu erkennen. Wenn man das Kreuz nach Kriterien der Vernunft und Logik betrachtet, endet man nahezu zwangsläufig bei einer Theorie der Buße: Dem Teufel oder Gott gegenüber muss eine Schuld beglichen werden.

Das Kreuz meint etwas anderes. Weder musste eine Schuld dem Teufel gegenüber beglichen werden, wie es in den ersten tausend Jahren des Christentums gelehrt wurde, noch Gott gegenüber, wie die überwiegende Lehre vor allem der zweiten tausend Jahre behauptet. Ich glaube vielmehr, dass – spirituell und psychologisch gesehen – uns gegenüber eine Schuld beglichen wurde. Wir sollten erkennen, wie Gott wirklich ist. Gott musste als verletzlicher Mensch auf die Erde kommen, damit wir ihn nicht länger fürchten.

Die Weltreligionen zeigten und zeigen Gott fast nie als liebenswert. Er war Tyrann und Diktator, er nutzte sein Volk aus, verlangte den Tod der jungfräulichen Töchter und der erstgeborenen Söhne. Die Geschichte von Abraham, der bereit ist, seinen Sohn Isaak zu opfern, konnte nur weitererzählt werden, weil Gott im Glauben der Menschen als absoluter Herrscher gesehen wurde, der über alles verfügt, auch über das Leben.

Mittlerweile sind wir in unserer Fähigkeit und unserem Bewusstsein so weit gewachsen, dass wir eine persönliche Beziehung zu Gott eingegangen sind, einem Gott, der uns mehr liebt, als wir selbst es können, einem Gott, der uns besser kennt, als wir uns selbst kennen können, einem Gott, der uns leichter vergibt, als wir uns selbst vergeben können. Sich selbst zu vergeben ist eine der schwersten Herausforderungen für den Menschen. Nur ganz tief in uns lässt sich der Brunnen des Mitgefühls finden, aus dem wir Vergebung schöpfen und sie uns selbst und einander in aller Großzügigkeit schenken können.

Auch das Bild von der allumfassenden Großzügigkeit ist auf einzigartige Weise durch das Kreuz veranschaulicht. Das Johannesevangelium fordert auf, auf den zu blicken, ja, ihn zu bestaunen, den wir ans Kreuz genagelt haben (vgl. beispielsweise Johannes 19,37). Damit ist die mystische, kontemplative Schau gemeint, die uns einlädt, einfach hinzusehen. Am Grunde dieser Schau erkennen wir: Wenn Gott tatsächlich so ist, dann ist alles in Ordnung. Es gibt nichts, wovor wir uns fürchten müssten. Wir haben Anteil an der Wahrheit Gottes.

Nahezu alle Religionen und Kulturen kennen die Notwendigkeit, Blut zu vergießen, um zu Gott zu gelangen. Auf jedem Kontinent finden sich Opferrituale mit Menschen oder Tieren, immer krochen Menschen auf Knien vor ihrem fordernden tyrannischen Gott. Immer musste Blut vergossen werden. Darin zeigt sich wieder der tief im Menschen verankerte prometheische Instinkt: Nur wer etwas leistet und bereit ist, Opfer zu bringen, nur wer etwas opfert und Blut vergießt, wird von Gott angenommen. Jesus aber sieht Gott in einem anderen Licht. Er propagiert eine Religion der Gnade und nicht eine Opferreligion.

90 Prozent der Wirtschaft von Jerusalem hatten zu Jesu Lebzeiten mit dem Kauf, Verkauf und der Schlachtung von Opfertieren zu tun. Priestersein bedeutete, an den großen Festtagen vom Morgengrauen bis zum Sonnenuntergang Ochsen, Färsen, Ziegen und Lämmer zu töten. Listen nennen die unvorstellbaren Zahlen: 10 000 Färsen, 10 000 Ochsen und so weiter! Was wäre das für ein Gott, der so etwas nötig hätte? Selbst die Bibel findet klare Worte gegen solche Vorstellungen. Gott sagt sinngemäß: „Ich halte mir die Nase zu, weil es stinkt." (3. Mose/ Levitikus 26,31) In der Tat, ein solcher Opferglaube stinkt zum Himmel! Und wir glauben ernsthaft, das könnte einen wütenden, gefährlichen Gott besänftigen?

Jesus macht niemanden zum Opfer. Er fordert keinerlei Blut. Er gibt sein eigenes Blut. Daher rührt das ausgeprägte Sprechen vom Blut innerhalb des Katholizismus. Logischem Denken ist solches Sprechen nicht zugänglich, solches Sprechen beschreibt Archetypen. Erst in kontemplativer Schau erschließt sich das Geheimnis. Dann verstehen wir, dass das Mysterium von Tod und Auferstehung, das Jesus enthüllt, nicht irgendwo stattfindet oder irgendwann stattgefunden hat, sondern in unserem Inneren und überall im gesamten Universum geschieht. So wird die Liebe zu Jesus möglich.

Die Lehre vom Kreuz besagt, dass Gott in allen Dingen zu finden ist, überraschenderweise sogar und ganz besonders im Schmerz, in der Tragik und in der Sünde. Jesus wurde zum Zeichen für den Schmerz, die Tragik und die Sünde, also von allem, was wir hassen, meiden und wovor wir flüchten. Aus dem Schlimmsten in der Welt macht er die Erlösung der Welt. Es gibt also nichts, was nicht verwandelt werden könnte.

Die Kreuzigung des Gottessohnes ist – symbolisch gesprochen – zugleich der schlimmste und beste Augenblick der Geschichte. Wenn erst einmal das Schlimmste zum Besten wird, dann ist kein Platz mehr für die Opferrolle oder endgültige Niederlagen. Das ist die zentrale Bedeutung von Ostern: Der Tod ist besiegt. Wenn der Tod überwunden werden kann, dann kann alles überwunden werden. Wir sehen nur die Endgültigkeit des Todes, doch in Wahrheit gibt es keine Endgültigkeit des Todes. Das menschliche Leben ist nicht frei von Widersprüchen, selbst wenn sich nach Kriterien der Logik denkende Menschen das wünschen.

Ein Versuch, diese Spannung zwischen Anspruch und Realität aufzulösen, ist der Atheismus. Atheismus ist ein Phänomen der gebildeten westlichen Kultur; in Indien etwa gibt es keinen Atheismus. Atheismus ist keine Einstellung oder Überzeugung der Armen, sondern derjenigen, die in ihrer Gedankenwelt leben. Wenn solche „Denker" die vollkommene Widerspruchslosigkeit nicht finden, lehnen sie sich häufig gegen das ganze System auf oder geben es gänzlich auf.

Vom Atheismus ist der Agnostizismus zu unterscheiden. Atheismus als Überzeugung, dass es keinen Gott gibt, ist nicht zu beweisen. Dagegen ist Agnostizismus weniger eine Überzeugung, sondern eher eine Lebenseinstellung – eine in meinen Augen durchaus nachvollziehbare Einstellung, die das eigene Nichtwissen zugibt.

Eine weitere Weltsicht sieht nur Chaos und keine Ordnung, keine Strukturen und keinen Sinn. Die Begriffe Postmoderne oder Dekonstruktion stehen für diese Einstellung. Menschen aus den 70er-Jahrgängen des 20. Jahrhunderts sind fast ausnahmslos im Geist einer postmodernen Weltanschauung aufgewachsen. Sie erwarten nichts Rationales oder Logisches, außer wenn sie selbst aktiv werden. Das hat einen totalen Selbstbezug zur Folge: Ich muss die Welt erklären, ich muss sie reparieren, ich muss sie verstehen, ich bin für alles zuständig, weil dort draußen niemand ist, der alles zusammenhält. Die Dekonstruktion geht davon aus, dass es keine Metaerzählung gibt.

Dem halte ich entgegen: Es gibt sehr wohl eine Metaerzählung: das Mysterium des Leidens, nämlich Tod und Auferstehung. Beides gehört zusammen, das sagen alle Religionen und alle Initiationsriten. Leben ist nur im ewigen Kreislauf von Tod und Auferstehung möglich. Wer versucht, nur durch die Auferstehung zu leben, wird ebenso Schiffbruch erleiden wie derjenige, der nur bei Leid und Tod ist. Tod und Auferstehung bedingen sich gegenseitig.

Das Kreuz symbolisiert den Zusammenprall von Gegenteilen. Die Welt ist weder eine absolute Einheit noch absolutes Chaos. Dieses Aufeinandertreffen von Gegensätzlichem lässt sich auch in der Geometrie des Kreuzes erkennen. Man kann sich das Kreuz als aus zwei einander entgegengesetzten Kräften bestehend vorstellen. Jesus hängt an diesen beiden sich widersprechenden Kräften.

Nach der Einsicht des Franziskaners Bonaventura wird ein Mensch gekreuzigt, wann immer er versucht, zwei widerstreitende Kräfte zusammenzuhalten. Wer zwischen zwei politischen Gruppen, den Liberalen und den Konservativen, oder zwischen Männern und Frauen eine Brücke schlagen will, wird als jemand wahrgenommen, der auf keiner Seite steht. Beide Seiten werden ihn als Häretiker, Sünder, Außenseiter oder Verlierer betrachten. Das meint Jesus mit den Worten: „Wenn ihr mir nachfolgt, wird die ganze Welt euch hassen." (Markus 13,13)

Der Pfad der Nachfolge ist schmal. Es ist eine Berufung, sich auf das Mysterium des Kreuzes einzulassen, es zu leben und sich davon verwandeln zu lassen, um so zum Werkzeug der

Verwandlung für andere zu werden. Der Preis, den wir zahlen, wenn wir Gegensätze zusammenhalten wollen, ist immer eine Art der Kreuzigung. Der Heilige Augustinus erkennt diesen Zusammenhang im Mysterium der Passion.

Das wahre Leben entsteht erst durch die Reise in den Tod. Durch diese Reise in den Tod erkennen wir, wer Gott für uns und in uns und mit uns ist. Nach meiner Überzeugung können wir Gott ausschließlich durch diese Reise in den Tod erkennen. Wir können ihn nicht erfahren, indem wir ein Buch lesen. Wer sich hingegen auf den Tod eines anderen Menschen einlässt, kann Gott und das große Ganze finden. Ein deutliches Beispiel ist die Hospizbewegung, die sich in den vergangenen 25 Jahren weithin etabliert hat. Die Menschen, die sich dort engagieren, finden oft zu großer Weisheit. Und selbst wenn sie noch unterwegs sind auf ihrer eigenen inneren Reise, vermögen sie doch, sich einem Sterbenden und seinen Angehörigen ganz zuzuwenden, ganz da zu sein, den Gegensatz zwischen Leben und Tod auszuhalten und dem Tod sein Recht im Leben zu lassen.

Die Welt ist so eingerichtet, dass der Tod in jedem Leben seinen ganz normalen Platz hat. In den Mehrgenerationenfamilien, die ich in Indien kennengelernt habe, ist der Tod etwas ganz Natürliches. Die Familie geleitet die Groß- oder Urgroßeltern und überhaupt jedes sterbende Familienmitglied in und durch den Tod. Danach haben alle etwas gelernt. Ich erinnere mich an den Tod meiner Eltern; danach war ich ein anderer Mensch.

Natürlich löst der Tod eines geliebten Menschen Bitterkeit und Rebellion aus. Doch der Tod ist – so paradox es scheinen mag – der große Lehrer des Lebens. Solange wir das Leben nicht verlieren, können wir es nicht finden und erst dann erkennen wir, dass wir es die ganze Zeit hatten, aber nicht realisiert haben, wie wertvoll und wunderschön es war.

Richard Rohr, *Nur wer absteigt, kommt auch an*, S. 94–107

Krieg

Man muss der Tatsache ins Auge sehen, dass beide Weltkriege von einem christlichen Europa ausgegangen sind, einem Europa voller Kirchen und theologischer Fakultäten. Die Tatsache, dass Rassismus, krasse soziale Ungleichheit und Antisemitismus bis fast 2000 Jahre nach Jesus insgesamt nicht einmal als ernsthaftes Problem begriffen worden sind, ist ein immer währendes Urteil über die Unreife des westlichen Christentums, sei es katholischer oder protestantischer Provenienz. Der Kommunismus setzte sich häufig in ehemals christlichen Gesellschaften durch, in denen man sich nicht wirklich ernsthaft mit sozialer Ungerechtigkeit befasst hatte (China ist die markanteste Ausnahme). In den früheren Kolonien in Lateinamerika gab es von ihrer Gründung an niemals auch nur einen Mindeststandard von sozialer Gerechtigkeit, trotz ihrer katholischen Identität. Der Genozid an den amerikanischen Ureinwohnern und die Versklavung von Afroamerikanern scheinen für nordamerikanische Protestanten kein Problem gewesen zu sein. Der Sexismus kam erst nach den 50er-Jahren überhaupt ernsthaft zur Sprache. Die Heilmittel dagegen werden von den meisten patriarchalischen Kirchen bis heute ignoriert oder sogar abgelehnt. Elite- und Klassendenken, Folter, Homophobie, Massenarmut und die Ausbeutung der Erde befinden sich noch immer kaum im Gesichtsfeld des normalen monotheistischen „Gläubigen". Solche Themen kommen in den meisten Erlösungstheorien nicht vor. Ich zähle das alles nicht auf, weil es negativ ist, sondern damit wir sehen, wie begrenzt eine übermäßige Betonung und Bestätigung des Individuums und seines persönlichen Seelenheils ist. Nicht selten expandiert dieses falsche Selbst zu solchen Ideen wie „mein christliches Vaterland". Im Westen empfing das Individuum seine „Individuation" ohne waches Bewusstsein für das Gemeinwohl oder die Balance von Körper, Geist, Herz und Gemeinschaft. Einschlägig individualisierte Persönlichkeiten haben die Welt kolonialisiert und ihre imperialistische Version des Christentums verbreitet. „Katholisch" bedeutet „universal" (griechisch *kata-holon*, „das Ganze betreffend"). Ich habe jedoch die Erfahrung gemacht, dass die meisten römischen und anglikanischen Katholiken ebenso wie die meisten orthodoxen viel eher provinziell und national orientiert sind als wirklich universal. Und die meisten Protestanten verharren noch immer zu sehr im Protest, anstatt sich und ihre Gesellschaften zu verwandeln. In beiden Gruppen hat es nie ein ausgeprägtes Bewusstsein für soziale Sünde oder institutionelles Übel gegeben. Die Spiritualität ist dabei auf der Strecke geblieben. Deshalb suchen heute so viele ehemalige Christen anderswo: bei Selbsthilfegruppen und Tagungen, in Büchern oder mit Do-it-yourself-Konzepten. Nach einer Studie sind derzeit 44 Prozent aller US-Amerikaner anderswo beheimatet als in der Kirche, in der sie aufgewachsen sind. Die zweitgrößte Denomination nach der römisch-katholischen Kirche ist die der ehemaligen Katholiken. Gab es so etwas je zuvor in der Geschichte? Man fragt sich, ob eine Gesellschaft gedeihen kann, in der so viele Menschen der eigenen Tradition und Religion Lebewohl sagen.

Richard Rohr, *Pure Präsenz*, S. 48–49

Liebe

Über die Liebe zu reden, bedeutet über das zu reden, was Plato „heiligen Wahnsinn" nennt. Sie entzieht sich der psychologischen Beschreibung. Vielleicht grassieren deshalb bei uns so viele falsche Vorstellungen von der Liebe. Vielleicht hat Jesus aus diesem Grund die Liebe niemals definiert, sondern schlicht und einfach geboten. Du musst lieben! Du musst in jenes unaussprechliche Geheimnis eindringen, wenn du Gott und dich selbst erkennen willst!

Ich möchte mich diesem Mysterium der Liebe von einer neuen Seite nähern. Vielleicht könnten wir einen Augenblick lang alles vergessen, was wir unter Liebe verstehen. Um uns diesem heiligen Wahnsinn zu nähern, möchte ich zwei Bilder benutzen: den Spiegel und die Maske.

Zunächst gleicht die Liebe einem Spiegel: Der Spiegel, sagen die Zen-Meister, hat kein Ich und kein Gedächtnis. Kommt ein Gesicht vor den Spiegel, reflektiert er das Gesicht. Steht ein Tisch davor, zeigt er den Tisch. Er zeigt, dass ein krummer Gegenstand krumm ist und ein gerader Gegenstand gerade. Alles wird so offenbar, wie es nun einmal ist. Der Spiegel urteilt nicht, er hat keine eigenen Interessen. Kommt etwas vor den Spiegel, so lässt er es kommen. Bewegt es sich weiter, so lässt er es gehen. Der Spiegel ist selbst leer und deshalb fähig, den oder das andere zu empfangen. Er stellt keine Bedingungen, wer oder was kommen darf und akzeptiert wird. Er reflektiert einfach, was da ist. Insofern ist der Spiegel der vollkommen Liebende und der perfekte Kontemplative. Er richtet nicht, er urteilt nicht, er handelt nicht.

Wenn wir sehen wollen, wie Gott sieht, so müssen wir zunächst wie Spiegel sein. Wir müssen nichts sein, damit wir etwas empfangen können. Das ist wahrscheinlich der einzige Weg, auf dem es jemals zu wirklicher Liebe kommen kann. Zu lieben, das verlangt eine ziemlich vollständige Umwandlung des Bewusstseins. Diese Transformation war das Ziel aller Religionsstifter, Heiligen, Mystiker und Gurus, seit Liebe überhaupt ein Thema ist. Diese Bewusstseinsveränderung besteht darin, dass wir von uns selbst befreit werden müssen. Wir müssen erlöst werden von der Tyrannei unserer Urteile, Meinungen und Emotionen über alles und jedes. Wir müssen damit aufhören, jenen falschen Subjekten zu glauben, die wir sind und deren Art es ist, alles andere und alle anderen in der Welt zum Objekt zu machen – einschließlich Gott und unserer eigenen Seele. (Das ist wahrscheinlich auch der Grund, weshalb sich die meisten Menschen des Westens selbst hassen. Sie hassen ihre Seele, die sie als Objekt betrachten, das man zerlegen, verurteilen oder perfektionieren kann.)

Der jüdische Gelehrte Martin Buber sagte schon in der ersten Hälfte des 20. Jahrhunderts, dass wir mit der gesamten Wirklichkeit Ich-Es-Beziehungen aufgenommen haben, während wir zur Ich-Du-Beziehung geschaffen sind. Die Ich-Du-Beziehung ist eine Grundhaltung von Ehrfurcht und Gegenseitigkeit, aus der heraus wir Menschen, Dingen und Ereignissen von Subjekt zu Subjekt begegnen. Wir erkennen nur, indem wir uns zugleich zu erkennen geben. Wir sind wirklich Gebende nur da, wo wir auch Empfangende sein können, Nehmende nur da, wo wir auch zur Hingabe fähig sind. Deshalb hat die franziskanische Theologie die Erkenntnis immer der Liebe untergeordnet. Wir leben aber heute in einem Zeitalter, das sich damit begnugt, aus reiner Neugierde oder um der Ausübung von Macht willen nach Wissen und Erkenntnis zu streben. Wissen ist zum Dämon geworden in der Hand von Menschen ohne Weisheit, Barmherzigkeit oder Unterscheidungsvermögen.

Richard Rohr, *Der nackte Gott*, S. 155–157

Loslassen

Wie können wir loslassen? Zuallererst: Sie nehmen sich nicht vor, das zu tun; es widerfährt Ihnen. Wenn Sie es darauf anlegen, wird es nur Ihr eigenes Ego verstärken. Wir können uns nicht selber bekehren, wir werden bekehrt. Wir müssen uns auf eine Weise in der Welt ansiedeln, dass die Umstände, die Wirklichkeit an uns herankommen, dass das Nicht-Ich mich berühren kann. In vielen unserer Kirchen besteht die Gefahr, dass jeder genauso aussieht wie ich. Sie sind alle weiße Katholiken, mit angelsächsischem Stammbaum, mit derselben Bildung. So wird niemand bekehrt, sondern sie legitimieren sich gegenseitig in ihrem jeweiligen Stand der „Nicht-Bekehrung". „Ekklesia" heißt eigentlich: „Jene, die herausgerufen sind"; wir aber wurden nicht herausgerufen, wir wurden hineingerufen.

Wir wollten am Karfreitag einen Kreuzweg durch die ganze Stadt veranstalten. Wir wollten vor dem Gericht beginnen („Jesus wird zum Tode verurteilt"); und dann zum Gefängnis („Jesus fällt zum ersten Mal hin") gehen. Wir machten das in jenem Jahr zum ersten Mal; die Kreuzweg-Aktion wurde von den Leuten aller Kirchen mit großer Begeisterung aufgenommen – außer von einigen Klerikern, die sagten: „Ihr holt die Leute aus der Kirche raus!" Als ob sich Kirche im Kirchengebäude ereignen müsste! Aber diese Annahme ist Jahrhunderte alt und sehr schwer zu überwinden. Das wäre ein Beispiel dafür, wo die Kirche anfangen muss, loszulassen.

Aber das Allerwichtigste für uns überhaupt ist es, kontemplatives Gebet zu lehren. In den ersten Stunden muss ich den Interessenten viele Übungen anbieten, um ihnen beizubringen, sich nicht mit ihren Gedanken und Gefühlen zu identifizieren. Viele unserer christlichen Gebetsformen haben damit zu tun, über Gott nachzudenken oder Gefühle über Gott zu haben.

Ich glaube, diese beiden Formen sind äußerst begrenzt. Das ist verständlich, weil wir das Evangelium auf der linken Gehirnhälfte lokalisieren, der es leichter fällt zu denken. Eine andere wichtige Sache, die wir loslassen müssen, ist die Dominanz der linken Gehirnhälfte. Die linke Gehirnhälfte will immer alles verstehen und erklären. Sie hat Angst davor, in die „Wolke des Nichtwissens" einzutreten. Das ist die Schwäche der Theologie, solange sie von Spiritualität getrennt ist; deswegen lehren wir mehr Spiritualität als Theologie – in der Geschichte war es genau umgekehrt. Wir müssen also wahrscheinlich auch unser Bedürfnis nach einer klaren und tröstlichen Theologie loslassen, denn wir werden in ein Geheimnis hineingeführt. Deshalb müssen wir schließlich unser Kontrollbedürfnis loslassen. Die meisten von uns entdecken mit großer Betroffenheit, dass sie ein großes Kontrollbedürfnis haben.

Die drei großen Dinge, die wir meiner Meinung nach loslassen müssen, sind folgende: den Zwang, erfolgreich zu sein; den Zwang, recht zu haben, und schließlich den Zwang, mächtig zu sein, alles unter Kontrolle zu haben. Ich bin überzeugt, dass dies die drei Dämonen sind, denen Jesus in der Wüste ins Gesicht sieht. Und solange wir diesen drei Dämonen in uns selbst nicht ins Gesicht gesehen haben, sollten wir davon ausgehen, dass sie immer noch herrschen. Die Dämonen müssen beim Namen genannt werden, und zwar klar, konkret und praktisch: auf welche Weise wir herrschsüchtig und rechthaberisch sind. Das ist die erste Lektion der Spiritualität des Loslassens.

Richard Rohr, *Von der Freiheit loszulassen*, S. 33–35

Männer

Die Helden aller Zeiten sind uns vorangegangen, das Labyrinth ist gründlich erforscht; wir brauchen nur dem Heldenweg zu folgen. Und wo wir glaubten, etwas Schreckliches zu finden, werden wir auf einen Gott treffen. Wenn wir glaubten, nach außen zu gehen, werden wir in die Mitte unserer eigenen Existenz gelangen. Wo wir glaubten, allein zu sein, werden wir eins sein mit aller Welt.

Joseph Campbell

In fast allen Gesellschaften wird man nicht als Mann geboren, man wird zum Mann gemacht. Die verschiedenen Kulturen haben seit alters speziell für die jungen Männer Initiationsriten entwickelt, viel mehr als für die Frauen. Es scheint, als ob die biologischen Erfahrungen der Menstruation und des Gebärens den Frauen genug Weisheit vermitteln. Die Männer jedoch müssen unbedingt auf die Probe gestellt, begrenzt, herausgefordert, bestraft, schikaniert und beschnitten werden, man muss sie Hunger, Durst und Nacktheit aussetzen und sie so zur Reife bringen. Dies gilt praktisch für die gesamte Welt, lediglich der säkularisierte Westen der jüngeren Zeit bildet eine Ausnahme. Es gibt ein paar Versuche, dafür einen Ersatz zu schaffen, Pfadfindergruppen, Konfirmanden- oder Firmunterricht, Lions Club – aber die spirituellen Auswirkungen sind überschaubar.

In früheren Zeiten war klar: Der Junge musste aus der schützenden weiblichen Energie herausgerissen und in einen rituellen Raum gebracht werden, wo die Begegnung mit der männlichen Energie zur heiligen Erfahrung werden konnte. Der Junge musste rituell verwundet und auf die Probe gestellt werden, dabei die Erfahrung der Verbundenheit mit anderen

Männern machen und zur Loyalität gegenüber den Werten des Stammes finden, sodass er auch etwas zurückzugeben hatte. Diese Struktur ist so verbreitet, dass man sich nur wundern kann, wie wir sie so einfach aufgeben konnten. Phänomene wie Straßenbanden, Verwischung der sexuellen Identität, romantische Verklärung des Krieges, ziellose Gewalt und Homophobie werden weiter unkontrolliert wachsen – so wage ich vorauszusagen –, bis die männlichen Jugendlichen wieder von weisen Ältesten in die Schule genommen und förmlich ausgebildet werden. Diese Funktion hatte in der Vergangenheit im Wesentlichen der Medizinmann inne, der Priester und der Schamane. Nun suchen die Jungen bei ihrem Fußballtrainer, beim Spieß auf dem Kasernenhof oder bei fundamentalistischen Predigern nach dem, was ihnen die Kirche nicht mehr bietet. Mehr noch, sie lehnen alles ab, was von Kirchenleuten kommt – wahrscheinlich deshalb, weil wir ihnen zu lange Steine statt Brot gegeben haben, moralische Minimalstandards statt einer wagemutigen Reise, zwanghafte kirchliche Feiertage statt einer riskanten Visionssuche.

Männliche Initiation hat immer zu tun mit Härte, Grenzerfahrungen, Schwierigkeiten und Kampf, und sie beinhaltet normalerweise die Konfrontation mit dem Nichtrationalen, dem Unbewussten und, wenn man so will, mit dem „Wilden". Sie bereitet den jungen Mann darauf vor, dem Leben anders zu begegnen als in den Kategorien von Logik, Dominanz, Kontrolle und Problemlösung. Sie bereitet ihn auf die Begegnung mit dem Geist vor. (...)

In klassischen „Erlösungsgeschichten" und mythischen Reisen bewegt sich der Mann typischerweise durch verschiedene Ebenen des Bewusstseins: vom (1) einfachen über das (2) komplexen zum (3) erleuchteten Bewusstsein. Innerhalb dieser Ebenen gibt es noch zahlreiche Abstufungen, aber für unsere Zwecke genügt die Betrachtung dieser drei. Sie entsprechen den

Anweisungen des Zen-Meisters, der sagt: Beginne mit der einfachen Antwort, die dir der gesunde Menschenverstand eingibt, dann jedoch fang an nachzudenken, zu studieren, zu warten, zu ringen und zu suchen, als ob alles nur von dir abhinge – und schließlich findest du zurück zu der einfachen Antwort, aber in ganz neuer Weise, die mit dem „gesunden Menschenverstand" nichts mehr zu tun hat. Manche nennen diesen Zustand Erleuchtung.

Der *puer*, der uninitiierte Junge, beginnt mit dem einfachen Bewusstsein. Alles ist wundersam und wahr, schwarz und weiß, gleich unter der Oberfläche erfüllt von Geheimnis und Sinn. Bis zum Alter von etwa sieben oder acht sind wir echte Glaubende, manche bewahren sich das schlichte Bewusstsein auch noch viel länger. Vor allem Menschen in behüteten Familien und nicht allzu komplexen Gesellschaften können sich Unschuld und Unversehrtheit fast ihr ganzes Leben lang erhalten. Es ist naiv und wohl auch nicht ungefährlich, zu lange in diesem Zustand zu verweilen, aber Menschen mit dieser Haltung zeichnen sich aus durch ein reiches inneres Leben, voller Geschichten und Fantasien von tief religiöser Bedeutung, die sie große Schwierigkeiten unversehrt durchschreiten lässt. Sie gehen nur nach innen und stoßen auf ihren transzendenten Grund, und alle Ungerechtigkeiten, Widersprüche und Leiden erweisen sich als erträglich. Das ist die göttliche Therapie, die seit Anbeginn der Zeiten viele Menschen durchs Leben getragen hat. Man kann auch ganz einfach von Glauben oder Vertrauen sprechen. Menschen in diesem Zustand sind wie Adam und Eva im Garten Eden, eins mit sich selbst, den Tieren, der Schöpfung und Gott.

Aber wir müssen das Paradies verlassen, um den Rest der Bibel zu schreiben. Unweigerlich essen wir vom „Baum der Erkenntnis des Guten und Bösen" und entwickeln das komplexe Bewusstsein. Wir durchlaufen unsere Ausbildung, beginnen zu denken und zu handeln und versuchen zu kontrollieren. Wir entwickeln widersprüchliche Meinungen, hilfreiche Verdrängungen und Glaubenssätze. Wir wissen, dass die Antwort irgendwo außerhalb von uns liegt, wir lauschen auf Anzeichen, lesen Bücher und retten uns bis zur nächsten Panikattacke in vergängliche „Sicherheiten".

So verläuft der größte Teil der Reise. Wir leben zwangsläufig zwischen Scylla und Charybdis, zwischen dem Minotaurus und den Sirenen. So sind die Israeliten 40 Jahre lang immer im Kreis in der Wüste umhergeirrt. So sucht der moderne, aufgeklärte Denker nach der letzten Wahrheit in Gefühlen, Erklärungen, im nächsten Buch oder in *political correctness*. Wenn wir im komplexen Bewusstsein leben, wissen wir zu viel, um zu den Wundern und dem Frieden im Garten der Kindheit zurückzukehren – symbolisch dargestellt durch den Cherub mit dem Flammenschwert, der den Rückweg zum Baum des Lebens bewacht und verwehrt (vgl. 1. Mose/Genesis 3,24).

Viele Menschen sind jedoch vom komplexen Bewusstsein so fasziniert, dass sie auf Dauer darin verfangen bleiben. Der moderne Mensch versucht, mit seinem kleinen Verstand und seinem kleinen Herzen die Lösung zu finden. Doch irgendwann versagen diese enge Logik und ihre Parameter. Die meisten Menschen im Westen sind eingesperrt im komplexen Bewusstsein und kehren immer und immer wieder zu denselben Quellen zurück, um daraus zu schöpfen: der Quelle der Vernunft, der Ordnung, der Kontrolle und der Macht. Das ist durchaus gut und notwendig. Denn diesen Weg müssen wir gehen. Auch ich musste ihn gehen. Es gibt nun mal keinen Nonstop-Flug zur Erleuchtung oder Erlösung. Der Fundamentalismus in all seinen Erscheinungsformen vertritt hingegen die illusionäre Vorstellung, wir müssten den Garten niemals verlassen.

Einfach dort zu bleiben, ist aber noch keine echte Wandlung, keine echte Erlösung! Man kann nicht erlöst werden, wenn man nicht gefallen ist, und fundamentalistische Gruppen erlauben einem nicht, zu fallen. Das ist das klassische Missverständnis des so genannten Pharisäers, der immer „Recht" hat.

Ohne diese schmerzhafte zweite Phase entsteht keine Sehnsucht, keine Weite, kein wirkliches Verständnis für die Fülle. Normalerweise bewältigt der Held den Weg zur Erleuchtung nur, nachdem er eine Anzahl von Verletzungen, Enttäuschungen und Paradoxien erlitten hat. Erst im Ringen mit dem Dunkel und dem Leid entwickelt sich die Seele des Mannes. Physisch erfährt man das Dunkel in der Form von Schmerz und Behinderung, wie es an der verletzten Hüfte Jakobs dargestellt wird (1. Mose/Genesis 32,26). Auf der intellektuellen Ebene begegnen wir dem Dunkel und dem Absurden in Form von Rätseln, Paradoxien und ausweglosen Situationen, wie den Fragen der Sphinx oder den Nicht-Antworten des Zen-Meisters. Nach meiner Überzeugung muss die Bergpredigt Jesu zum großen Teil genau so verstanden werden, aber die Kirchen des Westens haben wenig Geduld mit dieser paradoxen Weisheit, die von der erleuchteten dritten Stufe stammt. Viele einflussreiche Denker und Leitungspersonen in der Kirche sind im komplexen Bewusstsein verhaftet, nur einige Neokonservative verharren ängstlich auf Stufe eins und geben das als Heiligkeit aus.

Wenn wir bereit sind, uns führen zu lassen, und wenn unser Ego ein gewisses Maß an Leiden aushalten kann, werden wir zur „Erlösung" geführt. Der Held kann sich nicht vornehmen, erleuchtet zu werden, er kann sich nicht einmal voll und ganz dafür entscheiden, den Weg zur Erleuchtung zu gehen. Er weiß noch gar nicht, worum es sich dabei eigentlich handelt! Er kann sich allenfalls bereithalten. Das ganze Leben lang geht es darum, sich vorzubereiten, sich einzustimmen, zu erwachen. Der leichteste Ersatz dafür ist natürlich die Religion. Sie bietet Antworten und allzu leichte Gewissheiten über die Vergangenheit und die Zukunft an Stelle schlichter Achtsamkeit in der Gegenwart. So seltsam es klingt, die institutionalisierte Religion vermeidet immer die wahre Erleuchtung. Die ersten Stufen der Erleuchtung fühlen sich allzu sehr wie Sterben an und die meisten Menschen haben keine große Erfahrung mit dem Sterben. Bei der Initiation aber geht es immer darum, das Sterben zu lernen. Erleuchtung hat weniger mit Wissen zu tun als mit Nichtwissen, es geht weniger ums Lernen als ums Verlernen. Es geht um eine zweite, bewusst gewählte Naivität, die all die Widersprüche und die ganze Komplexität nicht vergisst, durch die wir in der Zwischenzeit gegangen sind. Bei der Erleuchtung geht es mehr darum, sich zu ergeben, als um intellektuelle Erkenntnis, mehr um Vertrauen als um das Beharren auf Positionen – und Erleuchtung ist durch und durch gratis, eine Gnade, für die man nur dankbar sein kann. Man kann die Erleuchtung nicht selbst machen, weder durch irgendein Programm noch durch ein Ritual oder durch moralische Lebensführung. Das treibt die Superreligiösen zum Wahnsinn, doch „der Geist weht, wo er will", wie Jesus sagt (Johannes 3,8). Du kannst nichts tun, als weiterzugehen auf dem Weg, auf die Lektionen zu hören, die er bringt – Agonie und Ekstase –, und um diese eine, seltene und absolut entscheidende Gabe zu bitten: die wahre Offenheit, die Jesus als Glauben oder als Vertrauen bezeichnet. Wir können uns nur bemühen, unser Ego aus dem Weg zu räumen (was in der Mythologie oft als die Tötung des Drachens dargestellt wird), und darum bitten, dass wir die geheime Tür nicht übersehen, die uns Gott als Ausweg aus dem komplexen Bewusstsein öffnet. Diese Tür hat gewöhnlich die Form des Leidens, körperliches, emotionales, intellektuelles oder Leiden an Beziehungen und Strukturen – jedenfalls gilt das für praktisch alle erleuchteten und erlösten Menschen, die ich je kennen gelernt habe.

Die Initiationsriten lehrten den jungen Mann immer, zu sterben – vor dem eigentlichen Tod, und dann begann für ihn das Leben. Dabei handelt es sich um eine Wahrheit, die sich durchzieht und sich bei Jesus findet, in dem Initiationsritus der Taufe, bei den alttestamentlichen Propheten, bei Mohammed, den Mystikern, bei vielen Armen und Behinderten und bei Menschen, die ein Nahtoderlebnis hatten. Sie alle scheinen sich einig zu sein in dem einen, was wir alle vermeiden — dem Sterben. Offenbar ist dies der beste, eindeutigste Weg, alles in die angemessene Ordnung und Richtung zu bringen. Mein Ordensvater, der heilige Franziskus, sagt: „Wer dem großen Tod ins Auge geblickt hat, dem kann der zweite Tod nichts mehr anhaben."

Richard Rohr, *Vom wilden Mann zum weisen Mann*, S. 43–50

Maria

When I find myself in times of trouble,
Mother Mary comes to me,
Speaking words of wisdom, let it be.
And in my hour of darkness
She is standing right in front of me,
Whispering words of wisdom, let it be ...

Die Beatles

Von nun an werden mich seligpreisen alle Geschlechter.

Lukas 1,48

Das größte Problem, das der Katholizismus mit Maria hat, besteht darin, dass sie niemals römisch-katholisch war, sondern ein einfaches jüdisches Mädchen. Das noch größere Problem, das der Protestantismus mit Maria hat, besteht darin, dass sie „nur" eine Frau ist – und nicht Gott.

Beide Male beschäftigen wir uns mehr mit „Religion" als mit echter Weisheit. Beide Male versuchen wir, unsere Sache für Gott großzumachen, anstatt zuzulassen, dass Gott seine Sache für uns groß macht. Beide streitenden Parteien haben furchtbare Angst vor dem Weiblichen in Gott. Katholiken würden Maria gerne behalten, aber sie sollte dabei süßlich und unwirklich bleiben – und gerade so nicht-weiblich. Protestanten sind sich nicht sicher, ob sie Maria überhaupt haben wollen. Eigentlich ist sie eher ein peinliches Hindernis bei der sehr ernsten Aufgabe, die Welt zu retten und zu verändern.

Maria scheint auf den ersten Blick nicht in die Befreiungstheologie zu passen; sie hat auch den Prozesstheologen sicherlich nichts zu sagen, da ihr Leben keinen besonders beeindruckenden Prozess bietet; für die Theologie der Hoffnung ist sie zu altmodisch; und traditionelle evangelische Theologie lehnt es ab, sich überhaupt mit ihr zu befassen – es sei denn so, dass sie als Beweis katholischer Exzesse und Verirrungen herhalten muss. Weshalb aber weigert sich der Hauptstrom katholischer und orthodoxer Theologie ebenso hartnäckig, sie fallen zu lassen und sieht sie stattdessen als merkwürdig zentral an?

Ich habe den Verdacht, dass es etwas damit zu tun hat, wie sich Erkenntnis und Leben an Menschen weitervermitteln. Ich denke, Gott weiß es; die Geschichte aber hat gezeigt, dass wir selbst es größtenteils nicht wissen. Gott kennt sein „Produkt"; er weiß, dass er die Menschen „nach seinem Bilde" geschaffen hat, „nach dem Bilde Gottes, ... als Mann und Frau" (1. Mose/ Genesis 1,27). Gott brauchte Maria, um sein eigenes Wesen dem Menschen Jesus zu vermitteln. Und Gott braucht Maria noch immer, um einem Großteil der Menschheit ein vollständigeres Gottesbild mitzuteilen. Alle Generationen der Kirche erfassten das intuitiv; aber während der letzten 400 Jahre haben wir intuitive Erkenntnis immer mehr verdrängt. C. G. Jung würde sagen, dass wir einen Teil unseres kollektiven Unbewussten abgespaltet haben; Karl Stern würde davon reden, dass wir „poetische Erkenntnis" zugunsten „wissenschaftlicher Erkenntnis" und damit das Weibliche zugunsten des Männlichen verleugnet haben; Erich Fromm würde darauf hinweisen, dass der westliche Mensch funktionales „Haben"-Wissen, das man in Gestalt von Wörtern „besitzen" kann, vorzieht, anstatt „ganz" oder weise zu sein. Ich würde sagen, dass wir das Evangelium verfälscht haben: Wir haben das fleischgewordene Wort genommen und es mit Druckerschwärze aufs Papier zurückverbannt, wo wir es analysieren, diskutieren und unter Kontrolle halten können. Die spezifisch katholische Gestalt dieses Prozesses hat zu Legalismus geführt. Die spezifisch protestantische Gestalt zeigt sich entweder als Rationalismus oder als Fundamentalismus (die beiden Enden desselben Spektrums!). Aber all das ist nicht lebenschaffend. Alle diese Ansätze verhindern, dass Gottes Wort lebendig, persönlich und echt wird. Sie alle haben vor dem Angst, wovor Maria keine Angst hatte: vor der Inkarnation.

Diese Spaltung zwischen Leben und Glauben zeigte sich im Lauf der Geschichte auf viele verschiedene Weisen; aber keine ist bedauerlicher als das Unvermögen des Christentums, das Weibliche und das Männliche in Gott – und damit in unserem eigenen Menschsein! – zusammenzubringen. Das Ergebnis war eine über-rationale, verkopfte Religion, eine körperlose Moral, die sich vor Gefühlen, Berührung und Sexualität fürchtet, eine Kirche, die sich selbst als wohlorganisierte Heils-Anstalt verstanden hat und ein Kirchenvolk, das sich ständig mit fertigen Ergebnissen beschäftigen musste, anstatt in einem lebendigen Wachstumsprozess zu lernen. Als Ergebnis haben wir eine Religion ohne zwischenmenschliche Beziehungen, ohne die „Gemeinschaft der Heiligen." Wir haben System statt Sozietät, Kommerz statt Kommunion, wir sind Experten der Sachzwänge und ihrer Beherrschung – anstatt Experten der Hingabe. So etwas geschieht in einer mutterlosen Kirche. Ich verstehe, weshalb die Kirchenväter Maria die „Zerstörerin aller Häresien" genannt haben. Häresien sind immer Teilwahrheiten. Unser vermännlichter Gott und unsere vermännlichte Kirche werden immer das weibliche Korrektiv brauchen. Es gibt wohl nur einen Weg, der Eva in uns zu vergeben: indem wir Maria in unsere Kirche lassen.

Es ist kein Zufall, dass charismatische Gebetsgruppen, die eine stille, aber tiefe Marienverehrung praktizieren, am wenigsten anfällig für den Fundamentalismus sind. Ich und andere haben das immer wieder beobachtet und konnten uns zunächst keinen Reim darauf machen. Aber jetzt scheint mir die Sache klar zu sein: Eine Kirche, die sich als Familie versteht, hat Zeit für eine Mutter und findet Hirn-Trips und ideologische Spitzfindigkeiten langweilig. Sie muss den Fundamentalismus weder bekämpfen noch fürchten; sie braucht ihn einfach nicht – weil da schon viel zu viel wirkliches Leben ist!

Dies ist jener Teil der katholischen Synthese, die der Protestantismus niemals wirklich verstanden hat. Der Katholizismus hat sich in der Geschichte normalerweise als eine Art zu leben, als eine Sub-Kultur verstanden, in der die tiefsten inneren Bedürfnisse der Menschen durch ein umfassendes, ausgeklügeltes Bezugssystem angesprochen wurden. Maria spielt darin eine wichtige Rolle. Die Mutter der Kirche symbolisiert die katholische Einheit. Die Mutterrolle besteht darin, eine Familie als Familie zusammenzuhalten, und zwar so, dass das auf den ersten Blick gar nicht bemerkt wird – das ist die besondere Macht eines Symbols! Deshalb hat übrigens die katholische Theologie der Sakramente immer betont, dass Symbole nicht nur Zeichen für etwas sind, sondern wirkliche Kraftquellen – mitunter sogar mehr als andere, „offensichtliche" Kraftquellen. Marias Rolle in der Kirche ist daher verborgen, aber wesentlich. Eine Illustration dafür sehen wir im Bericht des Johannes-Evangeliums von der Hochzeit zu Kana (Johannes 2,1ff.).

Martin Luther, der so tapfer gegen die „guten Werke" der Katholiken gekämpft hat, würde sich im Grabe umdrehen, wenn er wüsste, dass er zum Teil eine noch viel subtilere Form von Leistungsreligion inspiriert hat. Die Katholiken hatten ihre Päpste, aber die Protestanten machten die Bibel zum „papierenen Papst" und versuchten, Rechtfertigung dadurch zu erlangen, dass sie recht hatten und Schwerstarbeit dafür leisteten, Recht zu behalten. Maria dagegen verkörpert all das, was Gott für die Menschheit tut. Ihre Rechtfertigung ist reines Geschenk. Sie ist passiv vor Gott und gerade so im höchsten Maße aktiv. Sie ist Mutter, weil sie zuvor Jungfrau ist, und bringt als solche den ganzen Christus zur Welt. Maria ist in sich selbst „ganz". Deshalb konnte ihr die menschliche Seite der Zeugung des Sohnes anvertraut werden. Gäbe es Maria nicht, so müssten wir fragen, wie Gott Jesus so vollständig männlich hätte schaffen und dabei das Prinzip der Inkarnation so hätte achten können.

Wer gegen die Fleischwerdung des Christentums ist, der wird auch eine vorhersagbare Reihe katholischer Lehren ablehnen: Maria, die Eucharistie, die Sakramente und oft auch eine positive Anthropologie.

Gerard Manley Hopkins sagt, dass die selige Jungfrau Maria nur mit der „Luft, die wir atmen" verglichen werden kann. Sie ist alles und zugleich ist sie nichts. Unmöglich? Unglaublich? Und doch sollen durch sie „die geheimen Gedanken der Vielen offenbar werden" (Lukas 2,35). Auf uns liegt die Last, die scheinbaren Gegensätze miteinander zu versöhnen. Gott macht uns heil und ganz. Wenn es Maria nicht gäbe – eine heile Kirche, ein „heiliges Volk" müsste sie sozusagen erfinden. Gott sei Dank für Gott! Er hat zuerst daran gedacht!

Richard Rohr, *Der nackte Gott*, S. 37–44

Ökonomie

Es scheint mir, als ob sich eine Art Milchglasscheibe zwischen uns und Jesus befände: Wir schieben sie zwischen ihn und uns, damit wir die wirklichen Fragen nicht sehen müssen. Man nennt das eine Ablenkungstaktik, die wir wahrscheinlich in aller Unschuld und unbewusst wählen, denn unser Ego findet ungeheuer schlaue Wege, um sich selbst zu schützen. Unser Ego findet ungeheuer trickreiche Wege, um Hingabe zu vermeiden. Unser Ego findet unglaublich einfallsreiche Wege, um das Loslassen zu vermeiden – selbst wenn wir behaupten, dass wir an die absolute Autorität der Bibel glauben. Lasst uns alle ehrlich sein und zugeben, dass unsere Konfessionen allesamt immer nur selektiv gehorsam gewesen sind und nur bestimmte Bibelverse herausgepickt haben, die unser theologisches System bestätigt haben. Doch jedes Mal, wenn sich Jesus mit den wirklichen Themen dieser Welt befasst hat, nämlich mit Macht und mit Kontrolle und mit ökonomischen Fragen, die von uns wirkliche Veränderung erfordern würden (nicht nur Veränderungen im Kopf, sondern unseres gesamten Lebens), haben alle Konfessionen – durch die Bank – diese Lehren beiseitegeschoben und ignoriert. Keiner von uns ist bereit für den großen Christus, für den ganzen Christus; keiner von uns ist für die Geschichte bereit, die Christus uns anbietet – ausgenommen arme und blinde Leute wie Bartimäus.

Richard Rohr, *Von der Freiheit loszulassen*, S. 120

Papst Franziskus

Papst Franziskus zeigt uns, dass die franziskanische Vision auf jeder Ebene und zu jeder Zeit möglich ist. Er hat nicht nur den Namen Franziskus angenommen, sondern scheint mehr als bereit, sowohl die „Torheit" als auch die Weisheit des Evangeliums auf jeder gesellschaftlichen Ebene zu verkündigen. Er besitzt die Leidenschaft, die Liebe und den Drang, die auch Franz von Assisi auszeichneten, und hat „das Papsttum aus dem Palast und auf die Straße gebracht". Beide Männer – der Papst und der Heilige – entlarven unsere Trägheit und unseren Widerstand gegen ein Leben im Einklang mit den Seligpreisungen und der Bergpredigt im Allgemeinen. Dabei ist die ganze Welt begeistert, wenn sie jemanden sieht, der es wagt, so zu leben! Wie Papst Franziskus in seinem mutigen ersten apostolischen Schreiben „Evangelii Gaudium" (Freude am Evangelium) schrieb: „Lassen wir uns das Evangelium nicht nehmen!"[11] Wenn tatsächlich der Heilige Geist die Papstwahl geleitet hat – und davon bin ich fest überzeugt –, dann scheint es, als würde auch Gott uns zu der Fortführung der Revolution drängen, auf die Morris West im Jahr 1963, zu Beginn des Zweiten Vatikanischen Konzils, so große Hoffnungen setzte. Gott ist offenbar sehr geduldig.

Richard Rohr, *Die Liebe leben*, S. 259–260

---

[11] Papst Franziskus: Evangelii Gaudium

Präsenz

Drei Männer standen am Ozean und betrachteten denselben Sonnenuntergang. Der eine sah die immense physische Schönheit und erfreute sich an dem Ereignis selbst. Dieser Mann repräsentiert den „sinnlichen" Typus, der sich – wie 80 Prozent der Menschheit – mit dem befasst, was man sehen, anfassen, berühren, bewegen und festhalten kann. Diese Wirklichkeit war ihm genug, denn er hatte wenig Interesse an größeren Ideen, Eingebungen oder dem Gesamtzusammenhang der Dinge. Er sah mit dem *ersten Auge*. Und das war gut so. Der zweite sah denselben Sonnenuntergang. Er freute sich über all die Schönheit – sowie der erste. Wie alle Liebhaber von analytischem Denken, Technik und Wissenschaft freute er sich darüber hinaus über die eigene Fähigkeit, das Universum zu analysieren und seine Funktionsweise zu verstehen. Er dachte über die zyklische Rotation von Planeten und Sternen nach. Aufgrund seiner Vorstellungsgabe, seiner Intuition und seiner Vernunft sah er gleichsam mit dem *zweiten Auge*. Und das war schon besser. Der dritte Mann sah den Sonnenuntergang, wusste alles, was der erste und der zweite wussten, und freute sich daran wie sie. Aber aufgrund seiner Fähigkeit, vom Sehen über das Erklären zum „Schmecken" voranzuschreiten, verweilte er darüber hinaus staunend vor einem grundlegenden Geheimnis, einem Zusammenhang und einer Weite, die ihn mit allem anderen verbanden. Er benutzte sein *drittes Auge*, was das eigentliche Ziel allen Sehens und Erkennens ist. Und das war das Beste. Sehen mit dem dritten Auge ist die Sichtweise der Mystiker. Sie lehnen das erste Auge nicht ab. Die sinnlichen Wahrnehmungen bedeuten ihnen etwas. Aber sie wissen, es gibt mehr. Sie lehnen auch das zweite Auge nicht ab. Aber sie verwechseln Wissen nicht mit Tiefe und bloße korrekte Information nicht mit der

Transformation des Bewusstseins selbst. Der mystische Blick baut auf dem ersten und zweiten Auge auf – aber er reicht weiter. Er ereignet sich immer dann, wenn aufgrund eines wundersamen „Zufalls" der Raum unseres Herzens, der Raum unseres Verstandes sowie unsere Körperwahrnehmung gleichzeitig geöffnet und nicht-resistent sind. Ich nenne dies gern Präsenz. Präsenz wird als ein Moment tiefer innerer Verbundenheit erfahren und sie zieht uns als zutiefst Erfüllte unweigerlich in das nackte und ungeschützte Hier und Jetzt hinein. Das kann mit profunder Freude und profunder Traurigkeit verbunden sein. An diesem Punkt möchte man entweder dichten, beten oder einfach nur völlig still sein. Im frühen Mittelalter haben im Kloster St. Viktor in Paris zwei christliche Philosophen diese drei Arten des Sehens pointiert ausformuliert. Ihre Definitionen hatten großen Einfluss auf zahlreiche Gelehrte und Sucher innerhalb der abendländischen Tradition. Hugo von St. Viktor (1078–1141) und Richard von St. Viktor (1123–1173) schrieben, dass die Menschheit drei Paar Augen hat, die aufeinander aufbauen. Sie nannten das erste Auge das „Auge des Fleisches" (Gedanke oder Sicht), das zweite das „Auge der Vernunft" (Meditation oder Reflexion). Das dritte Auge war für sie das „Auge des wahren Verstehens" (Kontemplation). Ich kann nicht genug unterstreichen, dass die Abspaltung und der Verlust dieser drei notwendigen Augenpaare die Ursache eines Großteils der Kurzsichtigkeit und der religiösen Krise des Abendlandes sind. Wenn solche Weisheit fehlt, ist es sehr schwierig für Kirchen, Regierungen und Machthaber, über Eigeninteressen, Kontrollbedürfnis und Selbstdarstellung hinauszugelangen. Alles spaltet sich dann in Gegensätze auf wie „progressiv gegen konservativ", wobei zwei starre Standpunkte zusammenprallen. Auf dieser Gesprächsebene lässt sich keine Wahrheit finden. Selbst die Theologie wird dann nur noch zum Machtstreben, anstatt zur Suche nach Gott und dem Mysterium. Man fragt sich, wie weit uns unsere spirituellen und politischen Führer wirklich bringen können, wenn sie nicht über ein gewisses Maß von mystischem Sehvermögen verfügen und sich in ihrem Handeln davon leiten lassen. Es ist kaum eine Übertreibung zu sagen, dass die gängige „Wir-und-die"- Sicht und das daraus resultierende dualistische Denken die Ursache fast aller Spannungen und aller Gewalt in der Welt sind. Sie erlauben den Oberhäuptern von Religion und Staat, ihre eigenen Stifter und Gründer, ihre eigenen nationalen Ideale und ihre eigenen besseren Instinkte zu ignorieren. Ohne den kontemplativen Blick werden solche Führer zu bloßen Funktionären und Technokraten ohne große Vision, die sie nachhaltig inspirieren könnte. In Welt und Kirche wimmelt es von solchen Menschen, die oft einen religiösen Jargon pflegen, um den eigenen Mangel an Klarheit oder Tiefgang zu verschleiern. Personen mit dem dritten Auge, das waren immer schon die Heiligen, Seher, Poeten und Metaphysiker – oder die echten Mystiker, die das Gesamtbild im Blick hatten. Dieser mystische Blick beinhaltet viel mehr als ekstatische Visionen. Wenn Menschen das erste und das zweite Auge ausblenden, ist ihr Umgang mit dem dritten Auge häufig flüchtig, oberflächlich und anderen nicht vermittelbar. Wir brauchen echte Mystiker, die mit allen drei Augenpaaren gleichzeitig zu sehen vermögen, und keine Exzentriker, Fanatiker und Querulanten. Die echten Mystiker sind immer demütig und mitfühlend, denn sie wissen, dass sie nichts wissen.

Richard Rohr, *Pure Präsenz*, S. 30–33

Religion

Was ich zu diesem Thema sagen werde, sage ich im Kontext dessen, wer und was ich bin: Ich bin ein Mann der Kirche; ich bin Franziskaner; ich bin Priester und ich werde als solcher sterben, wenn sie mich nicht vorher hinauswerfen. Meine Worte werden also gleichsam „aus der Familie" kommen und nicht von außerhalb.

Ich möchte beginnen über die Kirche mit dem größten Bild zu sprechen, das überhaupt möglich ist: Ich möchte mit der Schöpfung beginnen; denn die primäre Offenbarung Gottes ist die Schöpfung, wie Paulus im Römerbrief sagt: „Alles, was man von Gott wissen kann, ist uns von Gott offenbart worden" (Römer 1,19). Auch wenn wir Gott nicht sehen können, so können wir Gott doch in dem entdecken, was Gott geschaffen hat; das meinen wir mit einer „Theologie der Schöpfung": Wir steigen nicht mit den später hinzugekommenen Problemen ein, sondern mit dem, was Gott geschaffen hat. Im letzten Vers des ersten Kapitels der Bibel heißt es: „Gott sah alles, was er gemacht hatte und siehe, es war sehr gut" (1. Mose/Genesis 1,31). Das ist das einzige Mal in der ganzen Bibel, wo etwas „sehr gut" genannt wird. Aber wir haben uns so sehr mit dem späteren Problem der Erlösung beschäftigt, dass wir vergessen haben, was Gott ganz am Anfang gesagt hat. Wir sind so gefangen in unserem eigenen winzigen Augenblick, dass wir das große Bild vergessen. Und ich nehme an, Gott versteht das. In Amerika lief kürzlich eine Fernsehsendung mit dem Titel „Leben auf der Erde", wo die gesamte Schöpfung auf eine Jahresskala projiziert wurde. Die Skala beginnt im Januar; um den April herum traten die Reptilien und Echsen auf. Im September kommt die Schöpfung der Säugetiere. Ich erinnere mich nicht an alle Zwischenstufen, aber ich weiß, dass wir sehr spät kamen. Homo sapiens, der „weise

Mensch", wie wir uns selbst gerne zu nennen pflegen, taucht in den letzten drei Minuten des 31. Dezembers auf. Das bedeutet, dass sich die gesamte jüdisch-christliche Tradition in den letzten Millisekunden des 31. Dezembers abspielt. Ich kann nicht glauben, dass Gott in der letzten Millisekunde erstmals geredet hat. Der heilige Franziskus nannte die Schöpfung „den Fingerabdruck Gottes". Wir haben vergessen, diese Fingerabdrücke zu lesen, weil wir so sehr mit unseren theologischen Theorien beschäftigt sind. Jesus beruft uns als Kirche dazu, eine neue Gemeinschaft von Menschen zu sein; er nennt uns eine kleine Herde. Ich glaube nicht, dass er jemals wollte, dass wir das Ganze sind. Er sagte, wir sollten die Hefe sein, der Sauerteig, nicht der ganze Laib. Er sagte, wir sollten das Salz sein, aber wir wollen die ganze Mahlzeit sein. Er sagte uns, wir könnten das Licht sein, das die Bergspitze erleuchtet, doch wir wollen der ganze Berg sein. Die Bilder, die Jesus verwendet, sind sehr bescheiden und doch sehr stark. Unsere Ziele sind sehr unbescheiden und ganz und gar nicht stark. Es ist schwer für uns, vor allem im Kontext der europäischen Erfahrung, der Versuchung zu widerstehen, auf „Christentum" zu machen. Der europäische Kontinent hatte das Ziel, „Christentum" zu sein; und daher ist es jetzt sehr schwer, nur Sauerteig und Salz und Licht zu sein. Wir wissen kaum, wie wir das machen sollen. Wir wollen führen; wir wollen den Weg der Macht; aber die einzigen Regeln, die uns Jesus gegeben hat, waren die Regeln der Machtlosigkeit. Wir haben aus seiner Ankündigung einer neuen Wirklichkeit, die Jesus das Reich Gottes nannte, die Kirche gemacht. Als Jesus diese neue Wirklichkeit beschrieb, die er das Reich Gottes nannte, hat er offenkundig nicht über die Kirche geredet. Und so sollte auch die Kirche, wie Jesus selbst es tat, über sich selbst hinaus weisen auf das Reich Gottes. Aber die Kirche ist – genauso wie das Volk Israel – immer wieder versucht gewesen, sich selbst zu vergötzen. Aber wenn sie sich selber anbetet, kann sie den Einen nicht anbeten, der allein es verdient, angebetet zu werden. Die Verkündigung des Reiches Gottes besagt, dass nur eines absolut ist – und alles andere relativ. Alles andere ist ein Mittel, um auf das Ziel zu weisen. Das schließt die Kirche ein, den Papst, die Bibel, die Sakramente und auch alle Übungen des geistlichen Lebens. Nichts von alledem ist Selbstzweck. Wie die Zen-Meister sagen: Das sind Finger, die auf den Mond zeigen. Aber wir verwenden die meiste Zeit darauf, darüber zu streiten, wer die besten Finger hat und wer die wahren Finger hat, anstatt auf den Mond zu weisen. Das ist ganz klar eine Übertretung des ersten Gebotes, nämlich Götzendienst.

Das erste Götzenbild wurde vom ersten Priester, Aaron, geschaffen. Während Mose vom Berg herunterkommt, glühend von der Erfahrung des Mysteriums, produziert sein Bruder Aaron Religion, indem er das Goldene Kalb schafft. Da kann man über Gott verfügen, da hat man Gott im Griff, da sind wir selbst am Ruder! Die Versuchung der Religion besteht immer darin, den Spieß umzudrehen, sodass wir wieder selbst Herr der Lage sind. Der erste Fehler besteht also darin, das Reich Gottes mit der Kirche zu verwechseln. Wir Katholiken waren diesbezüglich besonders schlimm. Der zweite und häufigere Fehler besteht darin, das Reich Gottes mit dem Himmel zu verwechseln, als ob wir ins Reich Gottes gingen, wenn wir gestorben sind. Aber das Gebet Jesu sagt ganz klar: Das Reich Gottes ist hier, „Dein Reich komme!" Aber es ist nicht so hier, dass wir es in den Griff kriegen könnten. „Glaubt denen nicht, die sagen: Hier ist es oder da!" (Matthäus 24,23). Es wird nie mit irgendeiner Institution oder Realität so verbunden sein, dass wir wieder die Kontrolle haben. Das Reich Gott ist überall da, wo Gottes Wahrheit hindurchbricht in unsere Welt. Und manchmal klebt kein Schild vorne drauf, auf dem „christlich" steht, so wie Jesus gesagt hat: „Viele sagen: Herr, Herr!, tun aber nicht den Willen meines Vaters" (Matthäus 7,21). Der heilige Augustinus hat 400 Jahre später gesagt: „Viele gehören zur Kirche, die nicht zu Gott gehören. Und viele gehören zu Gott, die nicht zur Kirche gehören." Das ist keine neue Theologie, sondern beschreibt, was passiert, wenn wir Gott vereinnahmen wollen oder wenn wir versuchen, die Frage bis zur Ewigkeit zu vertagen. Die Herausforderung lautet, das zu tun, was Jesus getan hat, nämlich das Wirkliche aufzunehmen, die Wirklichkeit willkommen zu heißen in dieser vergehenden Welt. Und immer, wenn Sie das tun, zahlen Sie dafür einen Preis, weil Sie dann normalerweise Ihre „kleinen Reiche" loslassen müssen: die Reiche der Macht, die kleinen Machtspiele, die Sie spielen, die Reiche von Status und Prestige und die Reiche der Besitztümer.

Die härtesten Worte Jesus richten sich an Heuchler und die zweithärtesten an Leute, die in erster Linie mit Besitztümern beschäftigt sind. Er sagt, diese drei Dinge sind es: Macht, Prestige und Besitz, die uns davon abhalten, das Reich Gottes zu erkennen und aufzunehmen. Als er das zu guten, „anständigen" Leuten sagt, ist ihre Reaktion Empörung und Anstoß. Sie nennen ihn einen Ungläubigen, einen Feind des Gesetzes und schließlich einen Teufel – weil sie zu viel haben, was sie verteidigen müssen. Die einzigen, die die Verkündigung des Reiches annehmen können, sind diejenigen, die nichts zu beschützen haben, weder das eigene Selbstbild, noch ihren Ruf, ihre Besitztümer, ihre Theologie, ihre Grundsätze oder ihre Rechtschaffenheit. Und diese werden „die Armen" genannt, auf Hebräisch die *anawim*.

Wenn wir schon in dieser Welt in der Wirklichkeit des Reiches Gottes leben, dann wird die alte Welt hinfällig, dann hat sie keinen Sinn mehr. Man kann sein Leben nicht auf eine Lüge gründen, man kann sein Leben nicht auf Unterdrückung gründen, man kann sein Leben nicht auf Bilder gründen. Wir müssen es auf die Wahrheit gründen: auf die Wahrheit, wer wir sind; auf die Wahrheit dieser Schöpfung, von der Gott sagt, sie ist „sehr gut".

Unser Problem besteht darin, dass wir uns so bewusst sind, dass wir nicht sehr gut sind. Und man braucht sehr viel Vertrauen, um der Schöpfungsaussage Gottes zu glauben, dass alles, was Gott geschaffen hat, *sehr gut* ist. Wir scheinen zu glauben, dass nur vollkommene Dinge liebenswert sind – das ist unser Problem. Doch die Evangelien sagen sehr deutlich, dass Gott unvollkommene Dinge liebt. Nur die Unvollkommenen und die Gebrochenen sind es, die das glauben können. So geschieht es, dass er eine Party schmeißt – und die „guten" Leute kommen nicht. Deshalb sagt er, man soll die Krüppel, die Lahmen und die Blinden einladen – und die würden bereit sein.

Dieses Muster hat sich nie verändert. Diejenigen, die nichts beweisen und nichts beschützen müssen, können glauben, dass sie geliebt werden, so wie sie sind. Aber wir, die wir unser Leben darauf verwendet haben, die spirituelle Leiter oder irgendeine andere Leiter zu erklimmen, können die Wahrheit nicht hören. Denn die Wahrheit ist nicht oben an der Spitze, sondern unten am Boden. Und wir verpassen Christus, der durch die Inkarnation herunterkommt, während wir versuchen, die Leiter hochzusteigen. Ich bin davon überzeugt, dass viele der Schuldgefühle, von denen die Mittelklasse besessen ist, ein Großteil von dem verbreiteten „Mangel an Selbstwertgefühl", wie wir es nennen, ein Großteil von dem Selbsthass und vom Kreisen um sich selbst daher rührt, dass wir in einer Welt leben und uns in ihr häuslich eingerichtet haben, von der Jesus gesagt hat, wir sollten dort nie zu Hause sein. Wenn Sie Ihr Leben auf eine Lüge gründen, werden Sie sich natürlich selber hassen. Die Ankündigung des Reiches Gottes ist die radikalste politische und theologische Aussage, die überhaupt möglich ist. Es hat nichts damit zu tun, vollkommen zu sein; es hat damit zu tun, dass wir unser Leben auf das gründen, was Gott wahr nennt.

Und das bedeutet für uns alle, dass wir unser Leben ändern müssen. Das heißt nicht nur, anders zu denken oder eine bestimmte Art von kirchlichem Gottesdienst zu besuchen oder mit einer neuartigen Erlösungstheologie zu leben. Wir denken uns nicht in ein neues Leben hinein, sondern wir leben uns in ein neues Denken hinein. Das Evangelium ist zuallererst ein Anruf, anders zu leben, sodass das Leben mit anderen geteilt werden kann.

Ich glaube, die Religion der Mittelklasse stand immer in der Versuchung, die Schrift in erster Linie dazu zu benutzen, uns Trost zu spenden. Aber das Wort Gottes muss uns – wie ein Spiegel – zunächst konfrontieren, und dann muss es uns dazu herausfordern, in einer neuen Weise zu leben, ein Leben echter Geschwisterlichkeit zu führen – ökonomisch, politisch, sozial und spirituell. Erst nachdem uns das Wort Gottes konfrontiert und herausgefordert hat, haben wir das Recht, uns auch den Trost vom Wort Gottes zu holen. Wir aber haben aus der Bibel Trost bezogen, bevor wir unser Leben verändert haben. Und das ist ein falscher Trost. Die christlichen Nationen gehören zu den habsüchtigsten und sind diejenigen, die von allen auf der Welt am meisten auf Sicherheit aus sind, während sie behaupten, Jesus sei ihr Herr und ihre Sicherheit.

Ich habe Gelegenheit, in vielen Teilen der Welt zu predigen. Die Nichtchristen sagen mir immer: „Warum sollten wir an euren Christus glauben? Ihr Christen habt die meisten Kriege geführt, ihr verbraucht die meisten Ressourcen der Welt und ihr habt den Planeten vergewaltigt. Und dann sagt ihr, ihr liebt euren armen Jesus. Ihr hasst Jesus und sagt, dass ihr ihn liebt, um euch selber an der Nase herumzuführen." Und ich kann dem nichts entgegnen, weil ich weiß, dass es für mich selber zutrifft. Das Christentum und die Kirche besitzen in großen Teilen dieses Planeten immer weniger Glaubwürdigkeit. Wenn wir ehrlich sind, müssen wir zugeben, dass wir aus den Evangelien Erlösungstheorien und intellektuelle Konzepte gemacht haben. Das Evangelium ist bei uns nie wirklich auf der Erde gelandet, es hat nie die soziopolitische und ökonomische Ordnung berührt, das Reich Gottes ist nie gekommen. Falsche Religion tritt auf den Plan, wenn wir zwar fromm sagen: „Dein Reich komme!", aber nicht zugleich sagen: „Mein Reich gehe!" Und wir Christen haben geglaubt, wir könnten beides haben: Wir könnten sagen: „Jesus ist Herr", aber immer noch selbst die Herren bleiben.

Wir könnten sagen: „Jesus ist Herr!" und trotzdem wie die Amerikaner glauben, dass sie die großartigste Nation der Welt sind. So ein Evangelium ist unglaubwürdig, und so eine Kirche ist unglaubwürdig.

Ich bin überzeugt, wir waren deshalb so sehr damit beschäftigt, den Boten anzubeten, damit wir die Botschaft überhören konnten. Der größte Teil der Bergpredigt ist nie ernst genommen worden – weder von den Katholiken noch von den Protestanten. Wir müssen alle reformiert werden. Ich glaube, wir sind kleine Leute, Gott ist zu groß für uns, und wir sind vielleicht in unserer Bereitschaft, das Evangelium zu hören, pro Jahrhundert um ein Jahr gewachsen. Das heißt, wir sind jetzt ungefähr dabei, zwanzig zu werden. Wir sind gerade dabei, erwachsen zu werden und das Evangelium ehrlich zu uns reden zu lassen: über das, was Jesus eindeutig über die Armut sagt und darüber, in dieser Welt ein einfaches Leben zu führen, ein Leben, das auf Gott vertraut und nicht auf die eigene Macht und auf Waffen. Und doch verbrauchen wir jetzt 60 Prozent unserer Ressourcen darauf, uns zu „schützen", obwohl uns Gott nie Sicherheit in dieser Welt versprochen hat. Er hat uns nur Wahrheit und Frieden im Herzen versprochen. Aber wir wollten das Reich Gottes nicht, wir wollten das Reich dieser Welt. Wir wollten nicht die „Pax Christi", wir wollten die „Pax Romana", wir wollten Christentum.

Was heißt das alles für uns? Es bedeutet, wir sind unterwegs. Es bringt nichts, uns selber zu hassen. Wir stehen auf den Schultern unserer Vorfahren und tragen die Last ihrer Sünden und den Ruhm ihrer Heiligkeit. Und sie sind ein Bild dessen, was wir sind, und wir sind ein Bild dessen, was sie sind. Und wenn Sie sich auf die innere Reise des Gebets machen, dann werden Sie entdecken, dass Sie genauso sind: Sie werden vieles in sich finden, vor dem Sie Angst haben und das Sie nicht mögen – wenn Sie wirklich ehrlich sind. Aber wenn Sie unterwegs bleiben, werden Sie auch einen Teil von sich selber finden, von dem Sie wissen, er ist sehr gut, Sie werden herausfinden, wer wir sind in Gott. Das „verdienen" Sie nicht, es ist das, was Sie sind. Aus diesem Netz können Sie nicht herausfallen.

Um das Reich Gottes zu verkündigen, müssen wir mit unserer Abhängigkeit von der Lüge brechen. Menschen, die gelitten haben, Menschen, die entstellt sind, und Menschen, die unterdrückt sind, haben uns etwas voraus. Diejenigen von uns, die gut situiert, gesund und stark sind, kommen nur schwer aus den Startlöchern.

Wir können uns nicht vornehmen, uns zu bekehren – wir werden bekehrt. Wir werden bekehrt trotz unserer selbst. Wir können nur darum bitten, mit offenen Händen leben zu können, geübt und vorbereitet zu werden, loszulassen, dass das Evangelium uns lehren kann, wie wir arm sein können in dieser Welt – mit nichts, was wir beweisen oder beschützen müssen. Jesus sagt: „Ich bin gekommen, um das Evangelium folgenden Leuten zu predigen, weil sie die einzigen sind, die es hören können." Er sagt: „Es wird eine gute Nachricht für die Armen sein, aber keine gute Nachricht für diejenigen, die viel verteidigen müssen" (Lukas 4,18).

In großen Teilen der universalen Kirche geschieht etwas Wunderbares: Viele Leute kommen, um die Verkündigung des Reiches Gottes zu hören und sich den Fragen der Gerechtigkeit zu verpflichten, und dabei merken wir, dass die historischen Fragen der Konfessionen nicht die wichtigen Fragen sind. Die Fragen der Reformation waren meist Fragen von weißen, männlichen, gebildeten Klerikern – und es waren Fragen der Macht und der Rechtfertigung. Wer hat die Wahrheit und wer ist im Recht? Darüber streiten Halbwüchsige. Aber jetzt sind wir 20 Jahre alt und jetzt sind wir bereit, die substanzielleren Fragen des Evangeliums zu hören, die Fragen von Gemeinschaft, die Fragen der Politik, die Fragen der Gewaltlosigkeit, die Fragen nach der Feindesliebe, die Frage, wie man in dieser Welt ein armes und einfaches Leben führen kann – worüber sich Jesus ganz eindeutig äußert. Er äußert sich sehr viel weniger eindeutig über Fragen der Sakramente und des Priestertums. Und doch haben wir niemals Leute als Ketzer verbrannt, weil sie sich nicht um die Geringsten ihrer Brüder und Schwestern gekümmert haben, obwohl doch in Matthäus 25 steht, das sei das einzige, wonach wir gerichtet werden. Ich dachte lange Zeit, ich werde danach beurteilt, zu wie vielen Gottesdiensten ich gegangen bin. Und bis vor einigen Jahren hatte ich immer eine tadellose Sonntagsbilanz. Ich habe gedacht, ich werde danach gerichtet, wie vollkommen ich bin und wie ich die Zehn Gebote einhalte. Ich war richtig enttäuscht, als ich Matthäus 25 entdeckte, weil es Gott da nicht einmal zur Sprache bringt. Und ich hatte doch eine makellose Liste, die ich ihm hätte zeigen können. Er sagte: „Hast du Christus im Letzten deiner Brüder und Schwestern erkannt?" Das ist übrigens das einzige Mal in der Schrift, dass dieselbe Sache viermal hintereinander genannt wird, damit wir diesen Punkt nur ja nicht verfehlen – und wir haben das trotzdem geschafft. Wir kommen zurück und fragen: „Wann haben wir dich denn hungrig und durstig gesehen?" Offensichtlich scheinen wir nicht einmal wissen zu müssen, dass wir es für Jesus tun. Wir müssen nur die Wirklichkeit tun. Gott hat in der Schöpfung selber offenbart, was Gott ist. Und wenn wir dieser Schöpfung in ihrer Gebrochenheit und in ihrer Armut begegnen, begegnen wir „Christus in seiner bedrückendsten Verkleidung", wie Mutter Teresa sagt. Viele von uns machen zuerst die Reise nach außen und entdecken außerhalb von uns eine Wirklichkeit, die gebrochen oder arm oder elend ist – und dabei lernen wir Erbarmen. Andere von uns fangen innen an, aber auf jeden Fall müssen Sie den ganzen Weg gehen. Wenn Sie den ganzen Weg nach innen gehen, werden Sie auch dort ebenfalls etwas entdecken, was gebrochen und arm und auf Erbarmen angewiesen ist. In der franziskanischen Sprache nennen wir das „den Aussätzigen in uns".

Franziskus konnte es nicht ertragen, Aussätzige zu sehen; aber er sagt in seinem Testament, sobald er den ersten Aussätzigen umarmt hatte, wurde das, was vorher hassenswert für ihn war, „Süßigkeit und Leben". Viele von uns müssen zuerst lernen, den Aussätzigen in uns zu umarmen, bevor wir den Aussätzigen draußen umarmen können. Letztlich ist es derselbe Akt des Erbarmens. Und das ist kein Erbarmen, das wir produzieren, sondern ein Erbarmen, das uns geschenkt wird.

Keine Tradition und keine Kirche werden vor Gott triumphieren. Wir alle stehen da und brauchen ewiges Erbarmen.

Richard Rohr, *Von der Freiheit loszulassen*, S. 44–54

Solidarität

Jesus steht immer auf der Seite der Gekreuzigten. Er wechselt augenblicklich die Seite, um sich immer dahin zu stellen, wo gelitten wird. Jesus ist nicht solidarisch mit einer Religion oder mit dieser oder jener Gruppe oder mit den Würdigen, sondern immer solidarisch mit den Leidenden. Das stellt alle unsere üblichen Standpunkte infrage: Jesus ist genauso solidarisch mit den leidenden irakischen Soldaten wie mit den leidenden amerikanischen Soldaten. Jesus nimmt uns alle Grenzen weg und plötzlich bleibt uns nur eines übrig: uns im freien Fall in die Arme Gottes zu stürzen. Sie sind unsere einzige Sicherheit. Genau das ist Gottes Programm, wenn ich der Bibel glauben soll.

Gott ist auf der Seite des Schmerzes, wo immer dieser Schmerz ist. Gott ist auf der Seite alles Leidens der Menschen, sogar auf der Seite der von den Nazis irregeleiteten deutschen Soldaten. Das zeigt, wie irrsinnig jeder Krieg ist. Wie sollten wir töten können, wenn überall Jesus ist? Wie sollten wir Jesus ausschließlich für uns in unserer eigenen Gruppe oder Religion oder unserem eigenen Land in Anspruch nehmen können? Jeder Versuch, einen Krieg als gerecht zu rechtfertigen, bedeutet, Jesus zu erschießen, wenn ein vietnamesischer Bauer oder eine irakische Mutter getroffen wird. Jesus ist das, was man in der Mythologie einen „Gestaltwandler" nennt. Niemand, der auf Macht aus ist, kann ihn für seine privaten Zwecke ausnutzen. Alle, deren Herz für das Leiden der Menschen offen ist, werden überall Jesus sehen. Ihre alte dualistische Denkungsart wird ihnen immer weniger helfen, denn der Gestaltwandler verwandelt am Ende auch unsere eigene Gestalt.

Richard Rohr, *Entscheidend ist das UND*, S. 130–131

Staunen

„Sich wundern" kann mindestens dreierlei bedeuten: ungläubig dastehen, bei einer Frage verweilen, staunend vor etwas stehen. Lass alle drei in deinem Inneren zu! Dies ist ein hervorragender Weg, um spirituell zu wachsen (solange der Unglaube blanken Skeptizismus oder reine Negativität hinter sich lassen kann). Zur besten Zeit der scholastischen Philosophie (im 12. und 13. Jahrhundert) entwickelten sich Konzepte mithilfe eines Vorgehens, das die großen Lehrer *quaestio* (Latein: suchen, fragen) nannten. Das englische Wort *quest*, das den Suchweg eines Helden wie Parzival bezeichnet, rührt möglicherweise von diesem Verständnis her.

Zu jener Zeit verhielten sich Franziskaner und Dominikaner wie ein katholischer Debattierklub; fast nie waren sie exakt einer Meinung. Dennoch konnten seinerzeit beide im Schoß der Kirche bleiben. Leider degenerierte diese Praxis in späteren Jahrhunderten zu einem reinen Bedürfnis nach Antworten – und einer Bedürfnisbefriedigung mit vorzugsweise wasserdichten Antworten! Und vorzugsweise Antworten auf alles und jedes! Wir haben uns vom Staunen und verwunderten Fragen aufs Antworten verlegt, und das ist uns gar nicht gut bekommen. Es hat seinen Tiefpunkt in dem erreicht, was wir heutzutage Fundamentalismus nennen, eine Erscheinung, die es in fast allen Religionen gibt. Beginnen wir doch wieder, uns zu wundern, zu staunen und zu fragen: Ich wundere mich darüber, dass die großen Religionen selten aktive Friedensstifter hervorbringen. Ich wundere mich darüber, dass der Atheismus in christlichen und westlichen Gesellschaften besonders häufig ist und dass ehemals religiöse Zeitgenossen oft am anti-religiösesten sind. Ich wundere mich darüber, dass viele Menschen eine unangenehme Diskussion abwürgen, indem sie schnell nach einem

„aber" suchen. (Ein Journalist muss nur eine einzige Gegenquelle zitieren und schon benutzen die Leute dieses Argument, um alles, was sie nicht hören wollen, abzuschmettern oder in Zweifel zu ziehen. Dieser Zusammenhang ist nachgewiesen.) Ich wundere mich darüber, dass politisches Denken häufig so chauvinistisch ist und nur selten in der Lage zu sein scheint, auf Konsens oder das Gemeinwohl hinzuarbeiten. Ich wundere mich darüber, dass die Begründungen für die meisten Kriege in der Geschichte – Begründungen, die seinerzeit vollkommen überzeugend zu sein schienen – späteren Generationen hirnverbrannt, absurd oder naiv vorkommen. Weshalb hängen die Menschen so stark an bestimmten politischen Parteien oder Denkgewohnheiten, dass sie sogar gegen ihre eigenen vitalen Interessen und sorgsam gehüteten Werte stimmen? Weshalb wissen so viele Leute viel deutlicher, wogegen sie sind statt wofür? Ist es nicht verwunderlich, dass man in der Politik Menschen als „stark" bezeichnet, weil sie nie ihre Meinung ändern? Warum ist das Strickmuster „Gut gegen Böse" Grundlage der meisten Filme, Romane, Opern und Theaterstücke? Man kann nur den Kopf darüber schütteln, dass Menschen, die Religion ablehnen, sie häufig mit demselben Dogmatismus attackieren, den sie an der Religion so hassen.

Richard Rohr, *Pure Präsenz*, S.53–55

Sündenbock-Mechanismus

Woran liegt es, dass Menschen so lieblos miteinander umgehen? Was lässt Menschen so bösartig werden, dass sie andere verletzen wollen, oft auf sehr subtile Weise? Je kleinkarierter und unnötiger das ist, desto verwunderlicher erscheint es. Warum fällt es den Menschen so viel leichter, sich statt in Frohmachendes in Probleme, Negatives und Vorwürfe hineinzusteigern? Petrus, das Symbol der Kirche, geht am Ostermorgen in das leere Grab, er sieht nichts und schweigt (Johannes 20,6–10). Seine Furcht unterdrückt jeglichen Ausdruck der Freude oder der Hoffnung. Am Ende dieser Stelle heißt es, die Jünger seien wieder heimgegangen – ich vermute, heim in ihre Niedergeschlagenheit.

Selbst in dem, was sie am dringendsten wollen, machen Menschen es sich schwer oder verstellen sich völlig den Weg. Die „Ursünde" beziehungsweise Urwunde muss mit dieser seltsamen Blockierung zu tun haben. Wir sind uns selbst die schlimmsten Feinde. Nicht nur, dass wir mit unseren Schmerzen und unverarbeiteten Ängsten auf andere losgehen, nein, wir fressen sie auch in uns selbst hinein. Damit sperren wir uns regelmäßig gegen die Auferstehung und fragen uns dann auch noch, warum wir so unglücklich sind. Vielleicht müssen wir einfach einmal hören, wie tief und verborgen dieses Problem sitzt und dass es einen anderen Weg der Lösung gibt.

Bösartige Einstellungen und Hassgefühle erscheinen in mancher Hinsicht hilfreich. Jede negative Haltung wirkt sich vielfältig auf scheinbar positive Weise aus. Rasch schweißt sie Gruppen auf der Grundlage der Angst zusammen – viel schneller als die Liebe –, und zwar vor allem dann, wenn man seine eigenen Ängste nicht erkennt oder zugibt. Angst ist ein gut versteckter, verdrängter und verkleideter Dämon. Vielleicht deshalb wurde sie in der Tradition erst als letzte Hauptsünde benannt. Erst das Enneagramm hat sie als die vermutliche Kapitalsünde der Hälfte der Menschheit entlarvt.

Angst vereint auch sehr schnell die verstreuten Einzelteile des eigenen falschen Selbst. Das Ego bewegt sich mittels Widerspruch, Selbstschutz und Verweigerung vorwärts. Traurigerweise schenkt der Widerspruch Konzentration, Zweck, Richtung, Überlegenheit und eine merkwürdige Art von Sicherheit. Er nimmt die ziellose Angst, deckt sie zu und versucht sie in Zielgerichtetheit und Dringlichkeit umzuformen. Das äußert sich in einer Art von Antriebskraft. Doch diese Antriebskraft ist nicht friedvoll und nicht glücklich, sondern gesättigt von Ichsucht. Die Antriebskraft hat zahlreiche Programme und immer befinden sich die Probleme „da draußen", nie „hier drinnen".

Die Seele hingegen kommt nicht mittels Widerspruch voran, sondern durch Ausweitung. Sie bewegt sich nicht durch Ausschließen fort, sondern durch Einschließen. Sie sieht alles mit Tiefe und Weite, sagt zu allem, was ihr begegnet, statt „Nein" lieber „Ja", zumindest auf einer bestimmten Ebene. Marias „Ja" kommt uns nicht leicht über die Lippen. Es setzt immer voraus, dass wir einige unserer Ego-Schranken fallen lassen, und das tut keiner von uns gern.

Wenn von uns ein „Ja" verlangt wird, weckt das gewöhnlich Widerstand in Form eines Anfalls von Angst, von Ausreden, Scheingründen oder Fragen. Wir müssen lernen, unsere eigenen Muster und die genaue Form unserer Angst zu durchschauen. „Wie heißt du?", fragt Jesus den Dämon von Gerasa (Lukas 8,30). Einen Dämon können wir erst austreiben, wenn wir sozusagen seinen „Namen" kennen und er sich zeigt. In heutiger psychologischer Terminologie: Erst wenn der „Dämon" sein Versteck im Unbewussten verlassen hat und man ihn bewusst und ohne Abwehrhaltung ansieht, verliert er seine Macht. Manche bezeichnen das als „Arbeit am Schatten".

Widerspruch ermöglicht es, andere Menschen – zumindest gedanklich – auszuschalten, abzuschreiben, auszuschließen und zu quälen und sie damit sozusagen auszutreiben. Das bewirkt sofort das Gefühl, die Lage im Griff und eine Reihe sicherer Grenzen zu haben, sogar gottgefälliger Grenzen, wie sie der Pharisäer anspricht: „Gott, ich danke dir, dass ich nicht wie die anderen Menschen bin, die Räuber, Betrüger, Ehebrecher oder auch wie dieser Zöllner dort" (Lukas 18,11). Hass oder Engherzigkeit verleiht ein Gefühl der Überlegenheit, selbst wenn überhaupt keine Überlegenheit vorhanden ist, wie Jesus in dieser Beispielgeschichte zeigt. Es scheint, dass wir schneller eine negative Identität finden können, als gänzlich ohne Identität auszukommen.

Ein Großteil der Menschen kann und will sich nicht nach innen wenden, solange niemand sie auf diesen inneren Wegen an der Hand nimmt und begleitet. Wenn sie doch nur wüssten, „wem" sie dort begegnen, und sprechen könnten: „Mein tiefstes Ich ist Gott!" Ohne eine solche Begleitung bleiben die meisten an der Oberfläche ihres Lebens. Dort ist Engherzigkeit die beste Grenze und wehrt Beeinträchtigungen durch andere ab. Mit einer Begleitung aber können sie buchstäblich „ihre Seele finden" und den Einen, der voller Liebe in ihr wohnt.

Hass ist das verkehrte Mittel gegen Zweifel und die diffusen Ängste, die sich aus der Hinfälligkeit des menschlichen Daseins ergeben. Warum aber ist die Konzentration auf etwas Negatives so wirksam? Sie nimmt die existenzielle Angst, indem sie zu einem zwar falschen Standpunkt führt, der jedoch ein Gefühl der Überlegenheit und Kontrolle verleiht. Hass ist eindeutig; er verhindert Zwiespältigkeit, die der Mensch grundsätzlich ablehnt. Hass ist vermutlich viel weiter verbreitet als die Liebe und wirkt auch, als sei er viel effizienter. Der Hass hält die Welt viel besser am Laufen als die Liebe. Man braucht bloß einen Blick in die Morgenzeitung eines beliebigen Landes zu werfen: Fast ausschließlich geht es darum, wer wen hasst, angreift, anklagt, bestiehlt oder bloßstellt. *Only bad news are good news.*

Die Lösung dieses zentralen und wesentlichen Problems ist meiner Überzeugung nach der eigentliche Sinn der Botschaft des auferstandenen Christus. Wir können uns nur von uns selbst und voneinander erlösen, indem wir uns zunächst von unserem

Bedürfnis nach Angst und Hass erlösen. Das negative Muster sitzt so tief in uns, dass wir sogar die Religion dazu verwenden, unser Bedürfnis nach Angst und Hass zu kaschieren. Vorgebliche Liebe zu Gott oder zum Staat ist die raffinierteste Verkleidung des Bösen. Sie nimmt alle inneren Ängste, man kann sein positives Selbstbild und sogar eine Art von moralischer Überlegenheit aufrechterhalten, obwohl man innerlich „voller Knochen, Schmutz und Verwesung" ist (Matthäus 23,27), wie Jesus sagt.

Jesus hat das allgemeine Phänomen des Hasses und der Angst-Hass-Religion offengelegt. Das war der Grund für seine Kreuzigung. Wie tief dieses negative Muster verwurzelt ist, zeigt sich auch daran, dass Jesus mehrfach betont, der wahre „Herrscher der Welt" sei Satan (Johannes 14,30). Liebe ist der total erleuchtete, völlig unsinnige Ausweg aus diesem Programm. Um jedoch bis zur Liebe vorzustoßen und sie empfangen und genießen zu können, müssen wir zuerst unserer Fähigkeit zu Angst und Hass ins Gesicht sehen. Um den negativen Raum versammeln wir uns rasch, in die Liebe dagegen „fallen" wir ziemlich langsam und nur, nachdem wir uns lange in die Kunst, uns richtig fallen zu lassen, eingeübt haben.

Das Evangelium stellt dieses tief in der Weltgeschichte verwurzelte Dilemma in einer kathartischen Geschichte vor Augen, in der ein bestimmter Mensch mit einer erleuchteten Reaktion das in uns allen angelegte Muster des Negativen löst. Jesus nimmt es auf sich, sich vom religiösen und sozialen Urteil des Hasses seiner Gesellschaft treffen zu lassen. Der französische Literaturwissenschaftler, Kulturanthropologe und Religionsphilosoph René Girard bezeichnet das als „die negative Einhelligkeit bezüglich eines Einzigen". Gebräuchlicher ist die Bezeichnung „Sündenbock-Mentalität". Im Evangelium wird deutlich betont, dass Jesus sowohl von der Kirche als auch vom Staat – von Kaiphas und von Pilatus, von Jerusalem und Rom –

zum Tod verurteilt wird. Beide großen Machtsysteme erklären, er sei unwürdig, gefährlich und ein Sünder. Über den Einen, von dem wir glauben, er sei der vollkommenste Mensch, der je gelebt hat, wird von den höchsten Ebenen der Macht geurteilt, er sei in Wirklichkeit das Problem! Die Passionsberichte im Neuen Testament zeigen überaus deutlich, wie falsch Macht und Autorität und wie unzutreffend ihre Filter sein können. Das lässt die große Nähe der meisten besonders frommen Menschen zu Autorität und der Hierarchie merkwürdig und schwer verständlich erscheinen.

Jesus nimmt die Konsequenzen des Hasses öffentlich auf sich, aber auf eine völlig neue Weise: Er vergibt und lässt los. Das nennen wir schließlich „Auferstehung", nicht nur für ihn, sondern für die gesamte Weltgeschichte. Damit ist eine neue mögliche Verlaufsgeschichte eingerichtet. Jesus verwandelt das Muster des Negativen und erschafft für uns die Möglichkeit, sogar noch die schlimmsten Dinge auf neue Weise zu sehen. Man könnte sagen: Das Allerschlimmste, der „Gottesmord", wurde zum Allerbesten, nämlich zur Erlösung der Welt. Seit 2000 Jahren ist Jesus die verblüffendste Ikone eines möglichen neuen Programms geblieben. Sein Tod hat wie nie zuvor die Lüge und das Problem offengelegt. Jesus hat nicht die Einstellung des Vaters gegenüber uns verändert, sondern unsere Einstellung gegenüber dem Vater – und damit auch unsere Einstellung gegenüber unseren Mitmenschen. Wenn Gott oder Jesus nicht gehässig, gewalttätig, strafend, peinigend oder rachsüchtig ist, dann ist auch uns jede Entschuldigung dafür genommen. (Falls dagegen Gott strafend und peinigend ist – wie wir ihn oft wahrgenommen haben –, dann fühlen natürlich auch wir uns berechtigt, so zu sein.)

Der Weg Jesu hat zwei wichtige Tatsachen gelehrt: Das Leben kann einen positiven Verlauf nehmen und Gott ist ganz anders und viel besser, als wir gemeint haben. Jesus hat keine distanzierten Lehrbuchantworten gegeben, sondern er hat persönlich den Prozess durchgemacht, sowohl Verwerfung als auch Vergebung zu erfahren, und dann gesagt: „Folge mir nach." Dieser grundlegende Zusammenhang lässt sich nicht theoretisch oder in einer theologischen Aussage begreifen. Der Mensch muss vielmehr die eigene Erfahrung machen, selbst in der Lage des Verworfenseins zu sein und lebendiger als zuvor aus ihr hervorzugehen. In der Meditation können wir diese Zusammenhänge erkennen und manchmal müssen wir schon weinen, ehe wir nach ihnen handeln – oder sie an uns handeln lassen. Wir brauchen eine „praktische Praxis", denn eine bloße Sammlung interessanter Vorstellungen werden wir bald wieder vergessen und ohne Praxis kommt es zu keiner wirklichen Verwandlung der Einzelnen und unserer Gesellschaft.

Hinter dem Hass steckt oft der Wunsch, alles unter Kontrolle zu behalten. Kontrolle befreit jedoch nicht von der Angst, denn selbst Kontrollbesessene fürchten gewöhnlich, etwas zu verlieren. Wenn wir in uns gehen, erkennen wir, dass es in jedem Menschen sowohl einen Rebellen als auch einen Diktator gibt, also die beiden unterschiedlichen Enden ein und desselben Kontrollspektrums. Fast immer ist es Angst, die unsere reflexartige Rebellion oder unser Herrschaftsbedürfnis hervorruft. Diese Angst ist jedoch schwer zu erkennen, denn unser vordringliches Bemühen richtet sich darauf, die Situation in den Griff zu bekommen – durch Rebellion oder Herrschaft. Beide Vorgehensweisen entstammen häufig einer bloßen Ego-Einstellung und beide sind nicht frei von Angst, nämlich der Angst, die Kontrolle oder Macht zu verlieren.

„Der Satan tarnt sich als Engel des Lichts. Es ist also nicht erstaunlich, wenn sich auch seine Handlanger als Diener der Gerechtigkeit tarnen", heißt es bei Paulus (2. Korinther 11,14–15). Um das Tarnen durch Gerechtigkeit geht es häufig. Alles soll vernünftig wirken, klug, dem gesunden Menschenverstand entsprechend und intelligent, also so, dass es dem Anspruch der Sozialordnung, der Moral, der Religion, des Gehorsams oder sogar der Gerechtigkeit oder der Spiritualität entspricht. Gewöhnlich funktioniert das: Wir müssen unsere Angst bloß in ein hübsches Kleid hüllen und schon brauchen wir uns nicht mehr der Tatsache zu stellen, dass wir Angst haben, etwas zu verlieren. Um den Verlust wessen aber sorgen wir uns? Diese Frage wird beantwortet in der sogenannten „Unterscheidung der Geister", die als eines der wichtigen notwendigen Charismen für den Aufbau des Leibes Christi aufgezählt wird (1. Korinther 12,10). Die Unterscheidung der Geister steht – außer bei den Jesuiten – selten im Mittelpunkt. Stattdessen war und ist man weithin der Meinung, dass das Gesetz und der Gesetzesgehorsam alle spirituellen Probleme lösen könnten. Eines Tages wird man in der Kirche erkennen, dass man spirituelle Dinge nicht juristisch angehen kann. Von diesem Thema handeln der Römer- und der Galaterbrief. Auf die Geschichte der katholischen Kirche haben sich diese beiden Texte jedoch kaum ausgewirkt.

Die Unterscheidung der Geister ist notwendig, um den Unterschied zu erkennen zwischen dem, was sich vordergründig abspielt oder vermutlich abspielt, und dem, was wirklich abläuft. Wir können beispielsweise in einer Sache „Gerechtigkeit" fordern, doch in Wirklichkeit meinen wir damit nichts anderes als Rache oder Vergeltung. Das Wort „Gerechtigkeit" klingt jedoch viel besser. Ein derartiger Missbrauch von Worten findet sich in nahezu jeder Nachrichtensendung. Bei der Kaschierung von Rache durch den Begriff „Gerechtigkeit" ist das innere Bedürfnis, andere zu bestrafen oder sie zu verletzen, anscheinend überhaupt nicht in den Blick gekommen, ja wurde vermutlich gar nicht erkannt. Dabei ist doch offensichtlich: Wenn uns jemand Angst gemacht hat, wollen wir ihn das spüren lassen oder ihn zumindest auf irgendeine Weise kleiner machen.

Jesus selbst lehrt und veranschaulicht das Charisma der Unterscheidung der Geister in den vielsagenden Schilderungen seiner Versuchungen in der Wüste (Matthäus 4,1–11). Er muss sich seinem eigenen Potenzial für das Böse, die Selbstsucht und die Macht stellen, bevor er es anderen austreiben kann. Wenn wir die Dämonen in uns selbst leugnen, werden wir nie ein guter Heiler oder „Exorzist". Wir werden dann fast immer das auf andere projizieren, was wir in uns selbst nicht sehen wollen. Die Lehre Jesu über den Splitter im Auge des Nächsten und den Balken im eigenen Auge benennt den gleichen Sachverhalt (Matthäus 7,1–5). Jesus hatte ein scharfes psychologisches Gespür oder besser: Er war in Kontakt mit der universalen Weisheit.

Splitter und Balken werden sichtbar, wenn wir uns morgens und abends einfach 20 Minuten lang still hinsetzen. Wir sollten keine Ekstase erwarten, diese 20 Minuten sind immer eine Zeit des Sterbens! Erst wenn wir das Loslassen lernen, wird Meditation überhaupt möglich. Solange wir nicht loslassen, bleiben wir in unseren Meinungen verhaftet und verhärten unsere Rechtschaffenheit. Jede kontemplative Praxis ist ein tägliches Sich-Zurückziehen vor Projektionen, Verdrängungen und Beeinflussungen. Sie bleibt ein endloses Schattenboxen, immer ist sie harte Arbeit.

Solange ein Mensch in seinem eigenen kleinen Ego, in seinem kleinen Selbst gefangen sitzt, hat er Angst und ist deswegen auf irgendeine Art von Kontrolle aus. Wer niemandem zutiefst vertrauen kann, wird notwendigerweise zum Kontrollbesessenen. Deswegen versucht eine gute Religion, die Menschen von ihrem kleinen und zerbrechlichen Selbst zu befreien und sie mit jemandem bekannt zu machen, dem sie vertrauen können. Nur wer einem solchen Jemand vertraut, kann so weit kommen, dass er nicht alle Absicherungsmuster anwenden und nicht alle Probleme selbst lösen muss. Er wird dann geführt.

Wir müssen nicht alle unsere Fehler erklären oder uns für alles verantwortlich erklären, was nicht zu ändern ist. Schließlich sind wir Teil des allgemeinen Tanzes. Wie anders könnte der Friede einziehen? Solange wir meinen, wir müssten alles selbst in Ordnung bringen, alles im Griff haben und alles erklären und verstehen, werden wir keinen Frieden finden. Das Enneagramm zeigt, dass „Angstmenschen" Kopfmenschen sind. Wer nur im Denken ist, ist nie im Frieden, und wer im Frieden ist, ist nie nur in seinen Gedanken, sondern in einem viel umfassenderen „vereinten Feld".

Ängste und Hassgefühle zu leugnen und zugleich auf andere zu projizieren wird „Sündenbock-Mechanismus" genannt. Das Sündenbock-Ritual – wir würden heute eher von einem rituellen Bekenntnis sprechen – wird in 3. Mose/Levitikus 16 ausführlich beschrieben. Am Versöhnungstag legte der Hohepriester alle Sünden des Volkes aus dem vergangenen Jahr auf einen ausgewählten Ziegenbock und diesen trieb das Volk mit Schilfrohrschlägen in die Wüste hinaus.

Die Formulierung „jemanden zum Sündenbock machen" deutet darauf hin, dass es im zwischenmenschlichen Bereich diesen rituellen Prozess noch heute gibt. Der Sündenbock-Mechanismus ist fast vollständig im Unbewussten verborgen; er entstammt unserem verdrängten, jedoch echten Bedürfnis, unsere Angst anderswohin zu projizieren. Leider gibt es aber in der spirituellen Welt kein „Anderswo". Bei der Meditation weigern wir uns, unsere Ängste anderswohin zu projizieren, und lernen, sie in uns selbst und in Gott stehen zu lassen und uns ihnen zu stellen.

Der Name „Satan" bedeutet „Ankläger". Der anklagende Geist in uns selbst ist uns nur allzu vertraut. Schon bei den ersten Anzeichen von Angst regen sich negative Gedanken, die wir fast immer auf andere projizieren; wir klagen an. Diese menschliche Eigenart ist ein wesentliches Hindernis auf dem

spirituellen Weg. Im spirituellen Leben sind immer wir selbst unser Hauptproblem, nicht die anderen, die wir anklagen. Es ist ein Zeichen der Verwandlung, wenn ein Mensch sich dem oft schmerzlichen Paradox seines Daseins so stellen kann, wie Jesus sich ihm am Kreuz gestellt hat. Ich möchte den Satz „Gott sandte seinen Sohn in der Gestalt des Fleisches, das unter der Macht der Sünde steht, zur Sühne für die Sünde, um an seinem Fleisch die Sünde zu verurteilen" (Römer 8,3) umformulieren: „Jesus wurde zum Problem, um das Problem zu überwinden."
Jesus projizierte Probleme nicht auf irgendeine andere Gruppe, Rasse oder Religion, nicht auf die Homosexuellen oder Befürworter der Abtreibung; er hielt Probleme aus, durchlitt sie und verwandelte sie so zu einer der wichtigsten Medizinen für die Welt. Dieses erlösende Muster wird zuweilen als „dritter Weg" oder als das „Ostergeheimnis" bezeichnet. Wer die Berufung spürt, sich für die Rechte Homosexueller zu engagieren oder sich für eine Pro-Leben-Welt einzusetzen, muss sich erst seinen eigenen Ängsten, Vorurteilen und Wutgefühlen stellen, die er bei diesen Themen empfindet, bevor er segensreich wirken kann. Sonst wird er selbst eher zum Teil des Problems als zum Helfer.

Jesus hat vorsätzlich und bewusst den Schmerz der Welt ausgehalten und sich geweigert, ihn anderswohin zu schicken. Das ist die Bedeutung des verwundeten Leibs Jesu. Diese Wunden waren nicht notwendig, um Gott davon zu überzeugen, dass wir liebenswert sind; diese Wunden sollen uns vom Weg und Preis der Verwandlung überzeugen. Diese Wunden widerfahren auch uns, wenn wir uns mit Mitgefühl der Sünde stellen und sie aushalten, statt sie im Hass anderswohin zu projizieren. Der verwundete Leib Jesu ist ein Abbild dessen, was wir alle einander und der Welt antun. Der auferstandene Leib Jesu ist ein Abbild von Gottes Reaktion auf unsere Kreuzigungen. Diese beiden Bilder enthalten die gesamte Botschaft des Evangeliums.

Jesus erklärt sich damit einverstanden, der Verwundete zu sein; Christen glauben an einen verwundeten Heiler. Sollte ich der christlichen Religion einen Namen geben, würde ich sie den „Weg der Wunde" nennen. Wir kommen zu Gott nicht dank unserer Stärke, sondern dank unserer Schwäche. Wir gelangen nicht zur Weisheit und kommen nicht zu Gott, indem wir alles richtig machen, sondern fast genauso sehr dadurch, dass wir fast alles falsch machen. Jesus ist zuerst Opfer und erst dann Sieger. Auf einer gewissen Ebene verhält sich das bei uns ebenso.

Welcher Religionsgründer käme auf die Idee, als zentrales religiöses Motiv einen nackten, blutenden, verwundeten Menschen zu wählen? Das ist das am wenigsten wahrscheinliche Bild für Gott, die unlogischste Abbildung des Allmächtigen. Die Tatsache, dass Gott in dieser Form und auf diese Weise in die Welt kommt, muss ein für ihn zentrales Thema ansprechen. Wir Christen haben uns inzwischen jedoch so sehr daran gewöhnt und den Gekreuzigten zu stark domestiziert, um überhaupt noch Schock und Skandal zu empfinden.

Der Sündenbock-Mechanismus funktioniert so gut, dass vermutlich gar kein Grund für die Annahme besteht, er werde sich einmal ändern oder gänzlich enden. Ohne die Erleuchtung durch die Gnade kommt diese Möglichkeit gar nicht in den Blick.

„Ein unreiner Geist, der einen Menschen verlassen hat, (...) sucht einen Ort, wo er bleiben kann. Wenn er aber keinen findet, dann sagt er: Ich will in mein Haus zurückkehren, das ich verlassen habe" (Matthäus 12,43–44). Mit dieser Aussage ist das unbewusste Muster der Projektion nahezu perfekt beschrieben. Statt dass wir unsere Selbstzweifel und unseren Selbsthass heimkommen und vor sich hindämmern lassen, sorgen wir dafür, dass er woanders einen Ort findet, wo er bleiben kann. Erst wenn wir das Muster der Projektion durchschauen und beenden, enden auch seine unsäglichen Folgen. Dazu gehört jedoch, dass wir den unreinen Geist sozusagen wieder „in unser Haus zurückkehren" lassen.

Nur das große Selbst, das wahre Selbst, das Gott-Selbst, kann solche Angst ertragen. Das kleine Selbst ist dazu nicht in der Lage. Menschen, die nicht wirklich beten, können das Evangelium nicht leben, denn das Ego ist nicht stark genug, um diese Angst und Furcht auszuhalten. Wenn wir unser Leiden nicht verwandeln, geben wir es immer wieder weiter. Wenn wir nicht selbst recht zu leiden verstehen, muss immer irgendjemand anderer leiden. Jesus ist gekommen, um uns zu zeigen, wie man leidet, wie man „den legitimen Schmerz des Menschseins" trägt, wie C. G. Jung formuliert. Schon beim ersten Anflug von Anklage ist Misstrauen angebracht. Anklagen sind ein Zeichen dafür, dass wir vor uns selbst und unserem eigenen legitimen Leiden davonlaufen.

Hass hat die Tendenz, immer höhere Formen der Verfeinerung und immer subtilere Formen der Verkleidung auszubilden: Feministinnen können Männer hassen, Liberale Konservative, Aktivisten können Reiche hassen, Leute aus gutbürgerlichen Familien Homosexuelle und Opfer können Täter hassen. Die meisten Menschen gleichen Elektroleitungen; was am einen Ende an Elektrizität eingespeist wird, kommt am anderen Ende wieder heraus. Sie geben die gleiche Energie weiter, die man ihnen zugeführt hat. Doch es gibt Ausnahmen, nämlich Transformatoren. Sie verwandeln große und gefährliche Stromspannungen in etwas Hilfreiches und Produktives.

Jesus war ein Transformator, ein Verwandler: Er hing am Kreuz und gab die Energie, die auf ihn eindrang, nicht in genau der gleichen Form wieder ab. Er speicherte sie in sich und machte aus ihr etwas viel Besseres, das bis heute in der Welt fließt. Jesus schenkt neuen und reinen Strom. Er bezahlt nicht irgendeinen Preis an Gott, als müsse Gott dazu überredet werden, seine Schöpfung zu lieben. Jesus zahlt der Seele einen Preis

– damit wir sehen können! Auf diese Art nahm er „die Sünde der Welt hinweg". Jesus hat sich geweigert, die Sünde weiterzugeben! Solange die Welt das nicht versteht, wird es keine neue Welt geben.

Richard Rohr, *Entscheidend ist das UND*, S. 96–109

Tod und Leben

Es gibt eine bestimmte Furcht vor dem Tod, die aus nicht gelebtem Leben resultiert. Ich musste mich dieser Furcht selbst stellen, als ich vor einigen Jahren eine Krebserkrankung hatte. Ich glaube, ich hatte damals keine Angst vor dem Sterben. Ich wusste aber auch, dass ich gelebt habe. Wenn ein Mensch erst einmal weiß, dass er mit dem Mysterium des Lebens in Berührung gekommen ist, hat er keine Angst mehr vor dem Tod. Die existenzielle Angst, etwas zu verlieren, was man noch gar nicht gefunden hat, ist furchtbar. Etwas in mir sagt: „Aber ich habe ‚es' doch noch gar nicht gemacht." Ich habe den Strom des Lebens noch nicht gespürt. Ich bin noch nicht mit dem Echten, dem Guten, dem Wahren und dem Schönen in Berührung gekommen – mit dem, wofür wir geschaffen sind. Wenn wir wissen, dass wir es gespürt haben, dann können wir auf dem Sterbebett liegen und wie Franziskus sagen: „Willkommen, Schwester Tod!" Ich habe keine Angst davor, das Leben loszulassen, denn ich habe das Leben. Ich bin Leben. Ich weiß, dass das Leben ewig ist und dass eine andere Form mich erwartet. Es ist die letzte Schwelle, aber ich habe diese Schwelle schon einmal überschritten. Ich denke, das ist der Sinn, wenn Paulus davon spricht, „dem Tod Christi gleichgestaltet zu werden" und „die Kraft seiner Auferstehung zu erkennen" (Philipper 3,10). Diese Gleichgestaltung müssen wir zumindest einmal an uns geschehen lassen – und dann haben wir etwas für immer verstanden. Aber wenn wir nicht gelebt haben, wird das Sterben für uns ein namenloses Entsetzen sein. Wir haben keine Versicherung, dass der Tod nicht das Ende ist. Jesus hat gesagt: „Ich bin das Leben." Er ist gekommen, um uns zu versprechen, dass dieses Mysterium des Lebens und der Liebe ewig ist, aber wir müssen uns jetzt darauf einlassen. Der ganze Weg zum

Himmel ist Himmel. Und der ganze Weg zur Hölle ist Hölle.
Nicht später, jetzt.

Richard Rohr, *Wer loslässt wird gehalten*, S. 158–159

Träume

Joseph war siebzehn Jahre alt und Hirte bei den Schafen mit seinen Brüdern. Er half den Söhnen Bilhas und Silpas, der Nebenfrauen seines Vaters, und brachte es vor ihren Vater, wenn schlecht über sie geredet wurde. Israel aber liebte Joseph mehr als alle seine Söhne, weil er der Sohn seines Alters war, und machte ihm einen bunten Rock. Als nun seine Brüder sahen, dass ihr Vater ihn lieber hatte als alle seine Brüder, wurden sie ihm Feind und konnten ihm kein freundliches Wort mehr sagen. Da hatte Joseph einmal einen Traum und erzählte seinen Brüdern davon. Von da an hassten sie ihn noch mehr. Denn er erzählte ihnen: „Hört, was mir geträumt hat. Wir banden gemeinsam Garben auf dem Feld. Meine Garbe richtete sich auf und stand gerade, eure Garben aber stellten sich rings um meine Garbe und neigten sich vor ihr."

Da sprachen seine Brüder zu ihm: „Willst du unser König werden und über uns herrschen?" Und wegen seines Traumes und seiner Worte hassten sie ihn noch mehr.

Da hatte er einen weiteren Traum und erzählte auch den seinen Brüdern: „Ich habe noch einen Traum gehabt: die Sonne, der Mond und elf Sterne neigten sich vor mir." Als er das seinem Vater und seinen Brüdern erzählte, schalt ihn sein Vater und sprach zu ihm: „Einen schönen Traum hast du da geträumt! Sollen etwa ich, deine Mutter und deine Brüder kommen und *vor dir niederfallen?" Und seine Brüder wurden neidisch auf ihn. Jakob aber merkte sich diese Worte. Als seine Brüder eines Tages hingegangen waren, um in Sichem das Vieh ihres Vaters zu weiden, sprach Jakob zu Joseph: „Hüten nicht deine Brüder das Vieh in Sichem? Komm, ich will dich hinschicken!" Er antwortete: „Ich bin bereit." Sein Vater sprach: „Geh und schau, ob es um deine Brüder gut steht und um das Vieh, und berichte mir dann, wie sich's verhält."*

So sandte er Joseph aus dem Tal von Hebron davon. Er kam nach Sichem, wo ihn ein Mann fand, wie er auf dem Feld umherirrte. Der Mann fragte ihn: „Wen suchst du?" Er sagte: „Ich suche meine Brüder. Sag mir doch, wo sie ihr Vieh hüten!" Der Mann erwiderte: „Fort sind sie gezogen. Ich hörte sie sagen, sie wollten nach Dotan gehen." Da zog Joseph seinen Brüdern nach und fand sie in Dotan.

Als sie ihn von Ferne kommen sahen, noch ehe er nahe bei ihnen war, schmiedeten sie miteinander einen Plan, ihn umzubringen. Sie sprachen: „Schaut, da kommt der Träumer. Wir wollen ihn umbringen und in eine Grube werfen und sagen, ein böses Tier habe ihn gefressen. Dann wird man schon sehen, was seine Träume wert sind.

1. Mose/Genesis 37, 2–20

Als entsprechender Evangeliumstext über Träume würden sich die neutestamentlichen Josephs-Geschichten anbieten. In den ersten beiden Kapiteln des Matthäusevangeliums wird fünfmal erwähnt, dass Joseph, der Mann Marias, Träume hatte. In der Heiligen Schrift steht also der Name Joseph immer symbolisch für den Träumer. Seine Träume tragen ihm nicht die Liebe und das Wohlwollen anderer Menschen ein. Im Gegenteil: Gerade durch seine Träume zieht er sich den Hass seiner Umwelt zu. Statt des Evangeliums möchte ich aber einige Teile aus dem 33. Kapitel des Hiob-Buches wörtlich zitieren. Hier wird besonders explizit über den Sinn der Träume und des Träumens reflektiert. Hiob hat sein Vermögen und seine Familie verloren. Dennoch weigert er sich, Gott zu verfluchen. Alle seine klugen Freunde kommen zu ihm, um ihm mögliche Erklärungen für seine Situation anzubieten. In ihrer Argumentation findet sich neben dem unfruchtbaren Versuch, dem Sinnlosen doch einen Sinn abzuringen, auch viel echte Weisheit. So zum Beispiel in der Rede eines Mannes namens Elihu:

Höre doch, Hiob, meine Rede und achte auf meine Worte! Ich öffne meinen Mund, mein Herz spricht aufrichtig, und meine Lippen sind lauter. Gottes Geist hat mich geschaffen. Der Odem des Allmächtigen hat mir das Leben geschenkt. Kannst du, so widerlege mich! Rüste dich gegen mich und stell dich dem Kampf! Ich bin ein Mensch wie du, kein Gott. Aus Erde bin ich gemacht wie du. Du brauchst mich nicht zu fürchten. Meine Hand wird nicht schwer auf dir lasten.

Wie kannst du zu mir sagen – ich höre noch den Ton deiner Rede –: „Ich bin rein, sündlos und unschuldig?" Und doch sagst du von Gott: „Er erfindet Vorwürfe gegen mich und kontrolliert jeden meiner Schritte."

Du hast nicht Recht, Hiob, wenn du das sagst. Denn Gott passt nicht ins menschliche Maß. Warum haderst du mit ihm, nur weil er dir nicht so antwortet, wie du es willst? Gott redet erst auf eine Weise, dann aber auf eine andere. Aber niemand beachtet es. Er spricht im Traum, im Nachtgesicht. Wenn Schlummer den Menschen befällt und er in seinem Bett schläft – dann redet Gott zu ihm. Dann flüstert er dem Menschen ins Ohr. Dann schreckt er ihn auf und warnt ihn, damit er sich vom Bösen abwendet. Seinen Stolz will er tilgen, seine Seele will er bewahren vor dem Verderben, sein Leben vor dem Pfad ins Todesreich. (...)

Dann ist ein Engel an seiner Seite, ein Mittler, aus Tausend erwählt, um ihn zu erinnern an das, was recht ist, um ihm barmherzig zu sein und zu Gott zu sagen: „Erlöse diesen Menschen aus dem Verderben! Ich habe ein Lösegeld gefunden für sein Leben. Sein Fleisch soll wieder blühen wie in jungen Jahren. Ja, jung soll er wieder werden." Er wird Gott bitten, und der wird ihm gnädig sein. Er wird ihn sein Angesicht sehen lassen mit Freuden. Er wird dem Menschen seine Gerechtigkeit wiedergeben. Dann wird dieser Mensch vor den Leuten lobsingen. „Ich habe gesündigt und Unrecht getan. Aber Gott hat mich nicht bestraft, wie ich es verdient hätte. Gott hat mich erlöst, dass ich nicht hinfahre zu den Toten, sondern weiterlebe im Licht." Das tut Gott immer wieder mit jedem Menschen: Er holt sein Leben zurück von den Toten und lässt das Licht der Lebendigen über ihm leuchten.

Hiob 33, 1–18;23–30

Träume: Es ist vielleicht an der Zeit, einmal gründlicher darüber zu reden. Denn immerhin betrifft es ein Drittel unseres Lebens. In diesem Drittel passiert es ständig. Aber die meisten von uns haben nie gelernt, auf dieses Drittel bewusst zu hören. Es ist das Drittel, das wir mit Schlafen zubringen. Gott ist aber nicht bereit, ein Drittel unseres Lebens zu verplempern. „Er spricht zu uns in Nachtgesichten", sagt Hiobs Freund.

Wenn wir das nicht wissen oder nicht glauben, dann sind wir die Ausnahme von der Regel. Alle Völker und Kulturen der Erde haben zu allen Zeiten an Träume geglaubt – außer den letzten eintausend Jahren der westlichen Zivilisation, etwa seit der hochscholastischen Periode des römischen Katholizismus. Damals begann eine einseitig rationale Auslegung des Evangeliums. Das hat sich in den letzten 400 Jahren noch verstärkt. Alles, was zur Welt der Symbole und Bilder gehört, hat immer weniger Raum bekommen, weil wir diesen Bereich nicht kontrollieren und beherrschen können. Was nicht kontrollierbar war, wurde abgespalten und abgelehnt. Es wurde als unwichtig und sinnlos abgetan. „Träume sind Schäume", sagt Goethe. Das ist unser Problem.

Ich will versuchen zu zeigen, wie Gott uns durch unsere Träume beschenkt und wie wir uns schrittweise öffnen können, um ihn zu hören und zu verstehen, wenn er auf diese Weise mit uns redet: „Jakob träumte, und siehe, eine Leiter stand auf der Erde und berührte mit ihrer Spitze den Himmel. Und die Engel Gottes stiegen daran auf und nieder." (1. Mose/Genesis 28,12). Diese berühmte Geschichte von Jakob und der Himmelsleiter ist von manchen Auslegern als ein Traum über das Träumen gedeutet worden. Jakob, der später in Israel umbenannt und zum Vater der zwölf Stämme wird, bekommt von Gott die Gabe, ein Träumer zu sein. Die Himmelsleiter ist ein Bild dafür, wie unsere Träume tatsächlich zum Ort werden können, an dem sich die transzendente Wirklichkeit und unsere eigene innere Wirklichkeit begegnen.

Viele moderne Menschen, vor allem solche mit höherer Schulbildung, haben sich angewöhnt zu meinen, dass ihre Träume keine besondere Bedeutung haben. Die meisten machen sich deshalb nicht die Mühe, sich ihre Träume zu merken oder aufzuschreiben. Ich hoffe, dass meine Aufzeichnungen ein paar dieser Barrieren beseitigen, sodass jener Freiraum entsteht, wo Menschen sagen können: Ich will meine Träume ernst nehmen und herausfinden, was sie mir zu sagen haben. Die westliche Welt hat in den letzten Jahrhunderten den Glauben an die Realität der spirituellen Welt so sehr unterdrückt oder ganz abgeschrieben, dass dabei die Fähigkeit, Träume zu verstehen und zu deuten, immer mehr verkümmert ist.

Es ist interessant, dass der Träumer Jakob einen Sohn hat, der auch ein Träumer ist: Joseph. Besser gesagt: Jakob hat zwölf Söhne. Die anderen elf Söhne sind pflicht- und verantwortungsbewusst. Sie machen, was ihr Vater ihnen sagt. Und doch scheinen sie ganz und gar nicht wie ihr Vater zu sein. Sie sind keine Träumer. Es heißt, dass Jakob seinen Sohn Joseph mehr liebte als seine übrigen Söhne – denn Joseph war der Träumer! Die Gabe des Träumens führt dazu, dass seine Brüder ihn hassen: „Lasst uns den Träumer umbringen!" Er stört ihre praktische, funktionale und zweckorientierte Welt. Sie haben keinen Platz für einen Mann, der in einem bunten Gewand umherstolziert, was ein weiteres Symbol für das Träumerische und den Träumer ist: Er kann das Leben in all seinen Schattierungen und Farben sehen. Er kann alle Seiten und Ebenen der Wirklichkeit wahrnehmen.

Weshalb hassen ihn seine Brüder wegen seiner Träume? Einmal sicher, weil der Inhalt seines Traumes – das merken sie sofort – seinen künftigen Aufstieg und ihren Abstieg vorhersieht. Aber sie hassen ihn auch, weil Träumer überhaupt unbequem sind.

Denn Nacht für Nacht sendet Gott Botschaften wie Engel auf der Himmelsleiter herab zu uns. Aber meistens empfangen wir sie nicht und lassen sie nicht herein. Es ist kein Zufall, dass es in der westlichen Welt, wo wir die nicht-rationale spirituelle Welt weitgehend geleugnet haben, eine so hohe Rate von Neurosen und Psychosen gibt. Denn wir verweigern uns einer der primären Heilungsgaben Gottes.

Beginnen wir mit einer ganz simplen Feststellung: Träume sind Tatsachen! Sie ereignen sich offensichtlich ständig, selbst wenn sich einige von uns nur selten an sie erinnern können. Wir alle träumen Nacht für Nacht während unserer sogenannten REM-Phasen (Rapid Eye Movement-Zeiten, in denen sich die Augen schneller bewegen), was wissenschaftlich erwiesen ist. Gott muss einen Grund dafür haben, dass er das so gemacht hat. Träume sind eine universale Realität! Wir sagen oft eher abschätzig: „Ach, das war nur ein Traum!" Wir müssen aber lernen, uns mit der empirischen Tatsache des Träumens auseinanderzusetzen und danach zu fragen, was sie wohl zu bedeuten hat. C. G. Jung sagt, die eigentlichen Träumer sind diejenigen, die völlig in der Außenwelt gefangen sind, während diejenigen, die die Freiheit haben, die Innenwelt anzuschauen, im eigentlichen Sinne „wach" sind. Nur Menschen, die nach innen sehen können, können die Außenwelt verstehen. Wer diese Freiheit nicht hat, dessen Außenwahrnehmung wird von Illusionen getrübt, weil er ständig Opfer seiner Projektionen wird. Ein Traum dagegen erlaubt uns, die ganze Wirklichkeit und ihren Sinn tiefer zu erfassen.

Träume bedeuten in der Regel genau das, was sie sagen. Wir nehmen vielleicht zunächst an, dass sie aus einer Art exotischem Code bestehen, den es erst zu entschlüsseln gilt. Aber Träume haben gar nicht die Absicht, die Wahrheit zu verschlüsseln. Im Gegenteil: Sie wollen sie enthüllen. Jedoch haben wir ihre Sprache verlernt – das ist das Problem.

Die meisten von uns verstehen die Welt der Symbole nicht mehr. Wir sagen zum Beispiel: „Das ist nur symbolisch" – was so viel heißt wie: „Das ist bedeutungslos". Dieses Problem spielte übrigens auch bei den Abendmahlsstreitigkeiten der Reformationszeit mit, wo die Calvinisten sagten: „Brot und Wein sind nur Symbole". Schon damals war jene Fähigkeit weitgehend verschüttet, die Jesus als Hebräer ganz selbstverständlich hatte: nämlich zu verstehen, dass Symbole in sich mehr Kraft haben, Leben zu vermitteln und menschliche Situationen zu verwandeln, als es bloße Worte vermögen.

In der Sprache von Symbolen, Bildern und Geschichten redet Gott zu uns in unseren Träumen. Diese Sprache müssen viele von uns neu erlernen – abgesehen vielleicht von denen, die Künstler sind. Die meisten anderen, vor allem die Männer, die im Geschäftsleben oder im naturwissenschaftlichen Bereich arbeiten, sind oft völlig unfähig, mit Symbolen umzugehen. Wenn wir das aber nicht können, dann sehe ich keine Möglichkeit, wie ein kontemplatives Leben möglich sein soll – oder überhaupt ein Gebetsleben, das irgendeinen nennenswerten Tiefgang hat. Denn ein kontemplativer Mensch ist letztlich jemand, der sich einem Bild aussetzen und zulassen kann, dass es sich seiner bemächtigt. Er hat den Bereich der Wörter, der Definitionen und der Theologie überschritten und ist in den Raum unmittelbarer Wirklichkeitserfahrung eingetreten. Die unmittelbare Erfahrung der Wirklichkeit ereignet sich jenseits der Worte.

Für viele von uns, besonders für solche, die ein hohes Bildungsniveau haben, ist all das etwas, was wir geradezu einüben müssen. Das Gebet ist eine der besten Methoden, um Zugang zu dieser Welt zu finden. Wir brauchen Zeiten, wo wir einfach da sind und die Symbole der Wirklichkeit zu uns sprechen lassen.

Träume bezwecken unsere Ganzwerdung. Selbst Alpträume sind ein massiver Ruf zur Ganzwerdung, den wir nur bisher lange Zeit überhört haben. Schließlich meldet sich jener Teil von uns, den wir verleugnen, mit unüberhörbarer Gewalt. Auch die Alpträume wollen uns nicht in erster Linie erschrecken, sondern sie dienen unserem inneren Wachstum und unserer Reifung. Sie wollen etwas in uns zur Lösung bringen, das verleugnet und verdrängt ist.

Träume wollen dafür sorgen, dass wir ehrlich und echt werden. Wenn wir auf ihre Stimme nicht hören, dann hat das wahrscheinlich zur Folge, dass sich in unserem Leben eine Menge Unehrlichkeit und Unechtheit einstellt.

Unterschiedliche Traditionen hatten dafür unterschiedliche Namen: Schicksal oder Bestimmung zum Beispiel. Wir benutzen diese Begriffe nicht so gern, weil sie nicht biblisch sind. Aber jede Religion versucht, dieselbe Realität zu beschreiben. Die Religionen des Ostens reden vom Karma, dem niemand entkommen kann. Wir reden lieber vom Willen Gottes. Oder wir reden von der Seele oder dem wahren Selbst, weil Gott uns alle dazu beruft, das zu werden, was wir eigentlich sind. Zu werden, was ich bin – das ist meine Geschichte. Mein Ich weiß in seiner Tiefe, da wo es frei und ganz ist, wer ich bin. Es kennt meine Geschichte.

Wenn ich mein wahres Selbst, meine Identität und meine Geschichte Jahre und Jahrzehnte verleugne, dann liegen die Folgen auf der Hand und wir sehen sie: Psychosen, Neurosen, geistige und seelische Krankheiten, alle Arten von psychosomatischen Störungen (...)

Ich glaube nicht, dass Träume lügen können; sie sagen uns immer die Wahrheit. Denn die äußere, „objektive" Wirklichkeit und die innere, „subjektive" Wirklichkeit sind letztlich eins. Wir nennen gerne Leute, die sich mit ihrer Innenwelt befassen, „subjektiv". Wir merken aber immer mehr, dass das nicht unbedingt der Wahrheit entspricht. Auch in unserem Inneren gibt es eine Instanz, die genauso „objektiv" ist wie das, was wir in der Außenwelt „objektiv" nennen. Wir haben es mit zwei realen, objektiven Welten zu tun: Mit der physischen Außenwelt und mit der psychischen Innenwelt. Die Innenwelt ist unsichtbar – außer für die Phantasie und die Imagination. Es bedarf allerdings einer disziplinierten Phantasie, die die Freiheit gefunden hat, zu hören und sich selbst zu verstehen.

Diese Auffassung unterscheidet sich grundlegend von der landläufigen Meinung und von dem, was ich noch in meiner Ausbildung gelernt habe. Die emotionale Welt im Inneren galt damals als die Welt einer schlampigen Subjektivität. Vielleicht war sie das auch – aber nur, weil wir nicht tief genug gehorcht haben. Würden wir verstehen, dass es sich hier um eine objektive Realität handelt, deren Erforschung genauso sinnvoll ist wie die Eroberung der Außenwelt – ich glaube, die Kirchen bei uns wären überfüllt.

Uns im Westen fällt es schwer zu glauben, weil wir erlebt haben, was aus der Religion geworden ist. Zudem haben wir alles abgeschrieben, was in die Welt der Technik und der Wissenschaft nicht hineinpasst. An diese kalkulierbare Welt glauben selbst wir Christen mehr als an die Innenwelt. Das werfe ich zum Teil der Kirche selbst vor. Denn dieser Bereich hätte unsere Domäne sein müssen, hier hätten die Menschen von uns Kompetenz und geistige Führung erwartet. Stattdessen ist die Kirche selbst immer materialistischer geworden. Sie ist selbst in der vergänglichen Welt gefangen und scheint ihr eigenes „Alleinstellungsmerkmal" nicht mehr zu verstehen: die spirituelle Welt, die ihre eigenen Gesetze und ihr eigenes Geheimnis hat.

Ich glaube also nicht, dass Träume lügen. Sie können allerdings fehlinterpretiert werden. Sie wissen ganz genau, wo ich in dieser Epoche, an diesem Tag meines Lebens stehe. Sie fordern etwas von uns. Man soll sich nicht einbilden, dass es sich hier um eine nette, weiche Wohlfühlwelt handelt. Diese innere Objektivität fordert, sobald wir uns auf sie einlassen, Reifung und Wahrhaftigkeit. Vielleicht ist auch das einer der geheimen Gründe, weshalb wir unsere Träume oft so schlecht behandeln. Sie haben eine Absicht und ein Ziel.

Wenn wir nach und nach herausfinden, dass unsere Träume tatsächlich ein Ziel mit uns verfolgen, dass es da eine innere Logik und ein erkennbares Muster gibt, dann drängt sich immer mehr die Frage auf: „Wer oder was steckt hinter den Träumen? Wer ist mein innerer Träumer?" Wenn das alles zielorientiert ist, dann beginnen wir nach Jahren zu ahnen, dass da eine Intelligenz dahinterstecken muss – und dann ist der Schritt nicht mehr weit zu der Annahme, dass da ein Gott sein muss, ein Herr der Träume. Wenn die westliche Welt anfängt, diese inneren Muster zu sehen und zu begreifen, dann ist sie, wie Jesus einmal zu einem Pharisäer sagt, „nicht fern vom Reich Gottes."

Die Träume lassen uns nicht nur ahnen, dass es da eine Art höhere Intelligenz geben muss, sondern dass diese Intelligenz gnädig ist, dass sie es gut mit uns meint. Denn unsere Träume meinen es gut mit uns.

Träume befassen sich nicht nur mit unserer eigenen inneren Welt, sondern sie haben Teil an der gesamten spirituellen Welt. Sie wissen mehr als wir als einzelne wissen können. Auch dieses Wissen ist weitgehend aus der Kirche ausgewandert und taucht jenseits der Kirchenmauern in Form von PSI-Phänomenen wie Hellsehen auf. In der Bibel ist das die Gabe der Prophetie. Menschen, die tief genug hören, nehmen nicht nur ihre eigene innere Stimme wahr, sondern auch – besonders wenn sie gemeinschaftsfähig und liebesfähig sind – die innere Wirklichkeit anderer Menschen. Propheten haben einfach gewusst, wie die Dinge stehen und wie alles miteinander zusammenhängt, weil sie mit Gott und mit dem ganzen Volk in Verbindung und Einklang waren.

Träume behandeln uns so, wie wir sie behandeln. Wenn wir auf sie hören und ihre Botschaft achten, dann hören sie auf uns – und für uns! Wenn wir sie verleugnen und zurückweisen, werden wir auch von ihnen Ablehnung und Verleugnung erfahren. Das kann sich darin äußern, dass wir niemals wirklich zu uns selbst finden, weil wir unsere Geschichte nicht kennen. Die Folge ist, dass viele Menschen einfach das nachmachen, was ihnen die Masse vorlebt: Man wächst auf, geht zur Schule, sucht sich einen Job, heiratet, hat Kinder, kämpft um den Arbeitsplatz (um die Raten zu bezahlen), wird pensioniert und stirbt. Und dann soll angeblich noch irgendetwas danach kommen – oder auch nicht. Diese Menschen haben nie ihre eigene Geschichte entdeckt: „Wer bin ich — abgesehen von meiner Ehe, meiner Mutterrolle, meiner Vaterrolle?" Nur wir selbst können herausfinden, wer wir sind – und deshalb können letztlich nur wir selbst unsere Träume deuten.

Träume bringen unsere unbewusste Schattenseite ans Licht, wie wir in der Lesung aus dem Hiob-Buch sahen: Sie „bewahren die Seele vor dem Verderben." Sie tun das in einer Weise, die uns einlädt, diese Schatten zu erkennen und anzunehmen.

Wenn wir das nicht tun, werden unsere Träume allerdings mit Nachdruck Beachtung fordern.

Träume stellen die Verbindung zu unserer Vergangenheit her, indem sie Konflikte lösen und heilen, deren Wurzeln in der Vergangenheit liegen. So bereiten sie uns für unsere wahre Zukunft vor. Denn sie wissen, wer wir sind und wollen uns helfen, zu werden, wer wir sind.

Träume sind offen für die religiösen Symbole der spirituellen Welt – und damit für Gott. Wenn wir unser geistliches Leben und unser Gebet vertiefen wollen, dann müssen wir uns irgendwie für diese Welt öffnen. Einer der einfachsten und zugänglichsten Wege in diese Welt ist der bewusste Umgang mit unseren Träumen.

Richard Rohr, *Der nackte Gott*, S. 76–89

UND

„Und" lehrt uns, Ja zu sagen.
„Und" erlaubt uns, sowohl als auch zu sein.
„Und" schützt uns vor dem Entweder-oder.
„Und" lehrt uns, geduldig und langmütig zu sein.
„Und" bewahrt uns vor dualistischem Denken.
„Und" zerspaltet die Gegenwart nicht.
„Und" hilft uns, im ewig unvollkommenen Jetzt zu leben.
„Und" lässt uns allem gegenüber aufnahmebereit und mitfühlend sein.
„Und" verlangt, dass unsere Kontemplation zur Aktion wird.
„Und" besteht darauf, dass unsere Aktion immer auch kontemplativ ist.
„Und" heilt unseren Rassismus, Sexismus und Heterosexismus und unser Klassendenken.
„Und" bewahrt uns vor der falschen Wahl zwischen progressiv oder konservativ.
„Und" erlaubt uns, immer beide Seiten zu kritisieren.
„Und" erlaubt uns, immer beide Seiten zu würdigen.
„Und" reicht weiter als jede Einzelnation oder politische Partei.
„Und" hilft uns, die eigene dunkle Seite zu sehen und anzunehmen.
„Und" ermöglicht uns, um Vergebung zu bitten und uns zu entschuldigen.
„Und" ist das geheime Paradoxon in allen Dingen.
„Und" ist der Weg der Barmherzigkeit.
„Und" macht praktische Liebe im Alltag möglich.
„Und" traut keiner Liebe, die nicht zugleich Gerechtigkeit ist.
„Und" traut keiner Gerechtigkeit, die nicht zugleich Liebe ist.

„Und" lässt die Parole „meine Religion gegen deine Religion" weit hinter sich.
„Und" erlaubt uns, klar und zugleich eins zu sein.
„Und" ist das eigentliche Geheimnis der Trinität.

Richard Rohr, *Pure Präsenz*, S.219–220

Verlierer

Alle großen Lehrer der großen Religionen wissen: Oben ist immer unten, weltliche Macht ist in Wirklichkeit Machtlosigkeit, Aufstieg ist immer ein Abstieg. Oder, wie es Jesus in einem seiner wohl bekanntesten Worte ausdrückt: „Die Ersten werden die Letzten und die Letzten die Ersten sein." (Matthäus 19,30) Jesus zitiert Psalm 118,22: „Der Stein, den die Bauleute verworfen haben, der ist zum Eckstein geworden." (Markus 12,10) Genau das, was der Mensch verweigert, verleugnet und fürchtet, weil es minderwertig, demütigend und nach Niederlage aussieht, verwendet Gott, um das Haus des wahren Selbst zu bauen. Und dennoch wehren wir uns zutiefst dagegen, zu verlieren. Von Grund auf wurde uns beigebracht zu gewinnen. Die allermeisten Menschen können ausschließlich in der Begrifflichkeit des Gewinnens denken. Sogar Niederlagen werden in Erfolge umgemünzt. Negativwachstum, Trendwende, 50-plus, Erstschlag, Kollateralschaden, chirurgische Kriegführung – wie verräterisch sind doch diese perfiden Begriffe, die Verlust, Selbstsucht und Gewalt als Gewinn deuten wollen.

Der Abstieg ist die Metaerzählung, das Thema aller Themen der Bibel. Betrachten wir den Anfang: Gott erwählt ein versklavtes, unbedeutendes Volk in Ägypten, einen semitischen Volksstamm, den wir am Ende als Juden bezeichnen werden. Im 5. Buch Mose/Deuteronomium sagt Gott etwas Wunderbares: „Ich habe dich nicht gewählt, weil du das größte, sondern weil du das kleinste Volk bist" (5. Mose/Deuteronomium 7,7). Dies ist die Grundlage und dieses Muster wiederholt sich immer und immer wieder – so offensichtlich, dass wir es zwangsläufig erkennen müssten, würden wir nur hinschauen. Gott wählt sich für seine Zwecke immer die Unwürdigen, die Nobodys aus: Abraham beispielsweise, der alles hinter sich gelassen hat, der quasi nackt ist und sich als zutiefst verlassen erlebt. Von ganz unten kann Gott mit ihm etwas aufbauen. Oder Mose – er ist ein Mörder. Er muss sich vor dem Gesetz in der Wüste verstecken, wo niemand ihn finden kann. Gott wählt keine würdigen Menschen aus. (Einzig Maria könnte vielleicht würdig erscheinen, aber sie macht ganz deutlich, dass sie deshalb würdig wurde, weil Gott sie erwählt hat.) Gibt es irgendeine biblische Figur, deren Lebenslauf Gott beeindrucken könnte? Nein, nicht eine! Immer sucht Gott sich Menschen aus, die nicht ganz so klug sind, die stottern, die sündigen, unwürdige Menschen eben. Es ist schon geradezu langweilig, von all den unfruchtbaren Frauen der Erzväter zu lesen. Hätte man sich nicht einmal etwas Neues einfallen lassen können? Warum können all diese Frauen keine Kinder bekommen? Am Trinkwasser kann es wohl kaum gelegen haben.

Nein, es geht um etwas anderes. Es sind immer und ausnahmslos die Behinderten, die Bloßgestellten, die Leprakranken, die Ausgeschlossenen, die Außenseiter, die Gott auswählt. Im 1. Samuel-Buch wird das mit den Worten ausgedrückt: „Die Unfruchtbare hat sieben geboren, und die viele Kinder hatte, welkt dahin." (1. Samuel 2,5)

Im Neuen Testament ist es nicht anders: Wer sind die Menschen, die Jesus verändern, heilen und verwandeln kann? Und welche Menschen kann er nicht einmal berühren? Im Tempel, wie er zur Zeit Jesu ausgesehen hat, befindet sich im Zentrum das Allerheiligste, dann folgt der Bereich der Priester und Leviten, die Tempelhalle des beschnittenen jüdischen Mannes, dann der Außenhof für die jüdischen Frauen, den sie jedoch nur während ihrer fruchtbaren Jahre und auch dann nur zwei Wochen im Monat betreten durften, weil sie ansonsten wegen der Menstruation als unrein galten, und schließlich gibt es sieben Gruppen außerhalb des Tempels, die als unrein und unwürdig galten.

Das Judentum in dieser Form schließt also bestimmte Menschen als unrein und unwürdig aus, es befindet sich in dieser Hinsicht auf einer noch unreifen Ebene. Nicht anders verhält es sich mit dem Katholizismus (und auch mit dem Luthertum, dem Calvinismus, ja, jeder christlichen Gruppierung, die sich über Gruppenzugehörigkeit definiert): Von den Katholiken werden die Nicht-Katholiken unterschieden. Da gibt es die eine, heilige, katholische, apostolische, wahre Kirche, und dann gibt es die anderen. Übrigens kennt auch die katholische Kirche ihre Tempelhalle für Priester und Leviten: die Abgrenzung durch das Altargitter. Frauen durften dieses Gitter nicht durchschreiten – außer natürlich am Samstag zum Putzen. Ständig wiederholen sich die gleichen Verhaltensmuster, immer versuchen Menschen ihre Würde zu sichern. Doch wen heilt Jesus?

Immer und ausnahmslos sind es Menschen, die sich außerhalb des Tempels befinden. Die Behinderten sind es, die Aussätzigen, die Frauen nach ihrer Monatsregel oder Menschen mit sonstigen Unreinheiten. Die Menschen im Tempel dagegen sind es, die Jesus umbringen. Sie stehen für das Ego der Selbsterhaltung, sie müssen zwanghaft Konzepte aufrechterhalten und den Tempel schützen. Eine Tempelreligion jedoch ist Jesus fremd. Und was haben wir in den letzten Jahrhunderten getan? Wir haben immer mehr Tempel errichtet.

Mit jedem Bau beginnt zugleich die Notwendigkeit, ihn zu erhalten. Die Folge sind die Sorgen um die nötigen Mittel. Also muss die Botschaft für die Menschen, die genug Geld haben, um diesen wunderbaren Tempel zu erhalten, einigermaßen schmackhaft sein. Alle christlichen Konfessionen haben auf der ganzen Welt wunderbare Kirchen gebaut. Vielleicht ist es für die Verwandlung des Menschen sogar notwendig, sie mit Gold und Silber kostbar auszustatten. Doch zwangsläufig beginnt mit jedem Kirchenbau die Notwendigkeit der Selbsterhaltung. Über Jahrhunderte haben die Kirchen nichts anderes getan, als ihre Gebäude zu erhalten. Aus Priestern sind Museumsdirektoren geworden. Können sie das Evangelium verkündigen und Heilung und Verwandlung bringen? Ist eine solch museale Kirche überhaupt fähig, die brisante Botschaft zu predigen? Sind für neuen Wein nicht auch neue Schläuche nötig (Markus 2,22)? Israel soll seine politischen Bündnisse auflösen und sich völlig auf Gott verlassen, fordern die Propheten. Der König soll sein Bündnis mit den Assyrern oder irgendeinem anderen Volk aufgeben, denn – so argumentieren die Propheten – wenn das Volk Israel anders sein will als alle anderen Völker, dann muss es das Risiko der Verletzlichkeit auf sich nehmen und Gott vertrauen. In Psalm 20,8 heißt es: „Jene verlassen sich auf Wagen und Rosse; wir aber denken an den Namen des Herrn, unsres Gottes." Wie unsagbar schwer muss es den Propheten gefallen sein, für solche Worte offene Ohren zu finden, und wie schwer tut sich dieselbe Botschaft heute, selbst wenn wir moderne Worte dafür verwenden?

Verlassenheit, Einsamkeit, Verlust, Abstieg – genau davon erzählt auch die Geschichte von Joseph, der in den Brunnen geworfen wird, oder die Geschichte von Jona, der sich im Walfischbauch befindet, oder die Geschichte von Hiob, wohl der Inbegriff hebräischer Spiritualität. Hiobs Geschichte ähnelt der von Jesus: Einem Mann wird alles genommen, was er hat, und doch vertraut er immer noch auf Gott.

Verlassenheit, Abstieg und Loslassen bringen den Menschen an die Grenzen seiner eigenen Kraft. Wenn er zusammenbricht, muss er sich auf Gottes Kraft verlassen und kann so das wahre Selbst finden, sein wahres Ich. Das Leiden wird in der jüdisch-christlichen Tradition nicht etwa idealisiert, weil es von sich aus gut wäre, sondern weil es die Macht hat, eine Verwandlung anzustoßen, und dazu führt, dass wir erkennen, wer wir wirklich sind und woher unsere Kraft tatsächlich kommt. Einzig auf die Macht solcher Menschen können wir uns verlassen, die bereits die Machtlosigkeit erfahren haben. Wer diese Machtlosigkeit noch nicht kennt, hat auch seine wahre Macht noch nicht entdeckt. Diese Vorläufigkeit ist der Grund für das Leiden in der Welt, für psychisches Leiden, für Leiden in Beziehungen, gesellschaftliches Leiden und für körperliches Leiden. Nur eins ist stark genug, um den Menschen zu zwingen, das loszulassen, was nach seiner Überzeugung seine Persönlichkeit ausmacht, das kleine Selbst, das falsche Selbst, das private, überlegene Selbst: einzig und allein der Abstieg.

Das Ego sucht permanente Bestätigung; es kann sich nur nach oben orientieren, es denkt in Kategorien des Erfolgs, des Aufstiegs. Doch all die Leitern, die das Ego erklimmt, führen nicht zum Ziel. Der Mystiker Thomas Merton (1915–1968) bemerkt treffend: Sein ganzes Leben lang versucht der Mensch, die Leiter des Erfolgs zu besteigen, und wenn er schließlich nach Jahren des Kletterns oben angekommen ist, muss er feststellen, dass die Leiter nur an einer dicken Mauer lehnt. Dort oben ist nichts! Wer diese Erkenntnis – so wie ich – im Alter von 60 hat, dem fällt es unendlich schwer, wieder umzukehren. Die ersten 60 Jahre sollen vergeudet gewesen sein? Das kann nicht sein! Also suchen sich die meisten Menschen einfach eine noch höhere Leiter in der Hoffnung, diese möge zum Ziel führen, oder versuchen, eine noch größere Scheune zu füllen. Wir alle kennen die Antwort Gottes: „Du Tor!" (Lukas 12,20)

Jesus ist Jude, er ist sogar exemplarischer Jude. Sobald das Christentum aus Jesus etwas anderes als einen Juden machen will, sobald es ihm seine jüdische Rauheit oder die Geschichte wegnehmen will, die er kannte und die er ganz und gar verinnerlicht hatte, geht zwangsläufig der Kern seiner Botschaft verloren. Jesus wiederholt die komplette jüdische Geschichte in seinem Leben, in seinem Image und in seiner Stellung, und zwar von seiner Geburt im Stall bis hin zu seinem Tod als nackter Krimineller außerhalb der Stadtmauer. Jesus ist immer Verlierer, niemals Gewinner; er gehört nicht zu den Priestern, er ist Laie. Er befindet sich nicht ganz oben, sondern ganz unten.

Die Nachfolge Jesu hat in der Form, wie die Mehrzahl der Christen sie praktiziert, keinerlei politische oder gesellschaftliche Auswirkungen. Statt seinem Menschsein nachzueifern, beschränken wir uns darauf, seine Göttlichkeit zu betonen und ihn zu verehren – wozu er uns gewiss niemals beauftragt hat. Warum nennt Jesus sich selbst so häufig „Menschensohn"? Keinen anderen Titel verwendet er so oft für sich selbst. Statt die in dieser Formulierung doch unübersehbar offen liegende Bedeutung des Menschseins zu sehen, denken wir an eine Passage aus dem Danielbuch (Daniel 7,13–14) und deuten Jesu Selbstbezeichnung als den apokalyptischen Begriff „Menschensohn". Als ob das gemeint wäre! „Menschensohn" bedeutet schlichtweg: einer von euch! Einer von euch, der euch den Weg zum Vater zeigen wird.

Ich will die Göttlichkeit Jesu gewiss nicht leugnen. Aber wenn es uns in erster Linie darum geht, Jesu Göttlichkeit zu betonen, statt seiner Lehre zu folgen, dann übersehen wir, wofür er tatsächlich auf die Erde gekommen ist, nämlich um auch uns auf die Reise der Verwandlung zu schicken, die nur dann gelingt, wenn wir aus demselben Kelch trinken, aus dem Jesus trinken muss (Markus 10,38–39 und 14,36).

Für die zwölf Apostel, zu denen Jesus selbst gesprochen hat, muss es doch leichter gewesen sein. Oder etwa nicht? Haben sie sich tatsächlich so anders verhalten als wir? Auch sie wollten auf der rechten oder linken Seite des Throns sitzen (Markus 10,37). Auch sie wollten Teil der Macht sein, statt an der Machtlosigkeit des Dieners Jesus teilzuhaben.

Die Metaerzählung, das Thema aller Themen, das besagt, dass die wahre Macht ganz unten zu finden ist und nicht ganz oben, findet ihren liturgischen Ausdruck in der 40-tägigen Fastenzeit. Die Begrenzung auf 40 Tage zeigt an, dass der Mensch nicht fähig ist, sich durchgängig, über ein Jahr, auf die Niedrigkeit und den Abstieg einzulassen. Und selbst die 40 Tage haben wir auf gerade einmal zwei eigentliche Fastentage reduziert, Aschermittwoch und Karfreitag, und sogar diese werden kaum noch ernst genommen. Nur zwei Tage, an denen wir uns wirklich nach unten begeben! Den Rest des Jahres brauchen wir uns darüber keine Gedanken zu machen.

Es hat Auswirkungen auf die Seele, wenn sich das ganze Leben in erster Linie um das Konsumieren dreht. Konsum zielt nur darauf, das Selbst zu vergrößern, es zu bestärken, zu fördern, zu beschützen und zu päppeln. Nur wenn dieser seelische Prozess umgekehrt wird, kann der Mensch lernen, dass es im Leben nicht nur darum geht, das Selbst zu versorgen. Deshalb kennen fast alle Religionen so etwas wie eine Fastenzeit, das Almosengeben und das Gebet. Dabei liegt das Zentrum nicht im Selbst, sondern außen: Im Gebet ist Gott der Mittelpunkt der Welt und nicht ich bin es. Beim Almosengeben ist der Nächste der Mittelpunkt der Welt und nicht ich bin es. Und beim Fasten ist alles, was nicht der eigene Körper ist, Mittelpunkt der Welt. Im Fasten, im Almosengeben und im Gebet erfährt der Mensch nicht länger sich selbst als die Mitte.

Diese drei klassischen spirituellen Disziplinen, die einmal den Kern der Fastenzeit gebildet haben, sind weitgehend aus unserem Leben verschwunden. Kulturell sind sie wenig bedeutsam oder gar attraktiv. Wie könnten sie auch? Das Ego hat sich längst auf seinen Turm der Unantastbarkeit zurückgezogen. Diese Entwicklung markiert in vielerlei Hinsicht einen Tiefpunkt unserer Zeit, denn entsprechend betont das Christentum heutzutage die individuelle Erlösung – eine Sichtweise, in der sich das Ego heimisch fühlen kann.

In bestimmt zwei Dritteln aller liturgischen Gebete wird darum gebetet, dass „ich" in den Himmel komme, dass „wir" gerettet werden können. In diesen Gebeten geht es nicht etwa darum, die Welt zu heilen! Es geht nicht darum, wie wir bessere Werkzeuge für Gottes Energie werden und die Welt verändern, verwandeln und lieben können! Nein, nur um den persönlichen Weg in den Himmel geht es; das Ego wird damit niemals infrage gestellt.

Die Jesusverehrung steht im Mittelpunkt unserer Gottesdienste, und doch übersehen wir ständig die zentrale Botschaft, dass wir nämlich dem Kreuzweg nachfolgen sollen, dass der wahre Weg der Abstieg ist. Die meisten engagierten Christen handeln nicht einmal in schlechter Absicht; nein, sie fügen sich ein in die Gemeinschaft all der Menschen, die die vielen Tempel gebaut haben und die doch nicht alle unrecht gehaben haben könnten. Und so geht es im Gottesdienst um den Kirchenbesuch statt um die Verwandlung und um die Kirchenmitgliedschaft statt um die Lebensreise. Wenn jedoch die Mitgliedschaft im Zentrum des Denkens steht, ist es unausweichlich abzugrenzen, wer dazu gehört und wer nicht, wer ehrbares Mitglied ist und wer nicht. Und was sagt Jesus dazu? Er ergreift immer die Partei der Außenseiter.

Wie können wir Mitgliedschaft für eine wichtige Frage halten, wenn wir sehen, wie Jesus sich der syrophönizischen Frau zuwendet, um ihre Tochter zu heilen (Markus 7,26–30)? Keiner der Helden aus den Gleichnissen Jesu ist Jude oder Priester oder jemand, der die Gesetze befolgt. Welch Wunder, dass Jesus schließlich vom Establishment umgebracht wurde. Er gehörte einfach nicht dazu, er predigte nicht das, was alle anderen predigten.

Richard Rohr, *Nur wer absteigt, kommt auch an*, S. 21–33

Zwei Lebenshälften

Die spirituellen Aufgaben in der ersten und der zweiten Lebenshälfte unterscheiden sich grundlegend. Wenn wir uns diesen Unterschied klarmachen, können wir die Probleme im Zusammenhang mit dem Wachstum unserer Spiritualität besser verstehen. Ein Großteil dessen, womit Menschen sich befassen, entspricht den Aufgaben der ersten Lebenshälfte. Ab einem bestimmten Punkt jedoch müssen wir uns den Aufgaben der zweiten Lebenshälfte widmen. In ihr gewinnen völlig andere Fragen an Bedeutung.

An verschiedenen Stellen des Neuen Testaments, unter anderem im Hebräerbrief, wird die Metapher von Milch und fester Speise verwendet. Diese Metapher lässt sich auf die erste und die zweite Lebenshälfte beziehen. Im Hebräerbrief heißt es: „Und ihr, die ihr längst Lehrer sein solltet, habt es wieder nötig, dass man euch die Anfangsgründe der göttlichen Worte lehre und dass man euch Milch gebe und nicht feste Speise. Denn wem man noch Milch geben muss, der ist unerfahren in dem Wort der Gerechtigkeit, denn er ist ein kleines Kind. Feste Speise aber ist für die Vollkommenen, die durch den Gebrauch geübte Sinne haben und Gutes und Böses unterscheiden können." (Hebräer 5,12–14) Von dieser festen Speise sprechen auch Johannes vom Kreuz (1542–1591) und Teresa von Avila (1515–1582), und zwar als Nahrung für Menschen, die die erste Hälfte des Lebenswegs zurückgelegt und gelernt haben, was es dort zu lernen gibt, die also die Werte der ersten Lebenshälfte verinnerlicht haben. (...)

Die Aufgaben der ersten Lebenshälfte sind keineswegs unwichtig. Es geht darum, etwas zu entwickeln, das ich als eine Art „Gefäß" bezeichnen möchte, und zwar ein gutes Gefäß, das die Inhalte des Lebens aufnehmen kann. Genau davon spricht

Jesus im Gleichnis von den Weinschläuchen: „Auch füllt niemand neuen Wein in alte Schläuche. Sonst zerreißt der Wein die Schläuche; der Wein ist verloren und die Schläuche sind unbrauchbar. Neuer Wein gehört in neue Schläuche." (Markus 2,22)

Der Begründer der analytischen Psychologie, Carl Gustav Jung (1875–1961), schreibt über das Verhältnis der Lebenshälften: „Was für einen jungen Menschen ein normales Ziel ist, wird im Alter zu einem neurotischen Hindernis." Und an anderer Stelle: „Wir können den Nachmittag des Lebens nicht nach den Vorgaben des Morgens des Lebens leben, weil das, was am Morgen gut war, am Abend kaum mehr wichtig sein wird. Was am Morgen wahr war, wird am Abend zu einer Lüge geworden sein."

Der wohl größte Fehler der institutionalisierten Religion besteht in ihrer Überzeugung, sie müsse Menschen dabei helfen, die Aufgaben der ersten Lebenshälfte zu bewältigen. In Wahrheit geht es in der spirituellen Begleitung jedoch darum, Menschen zu zeigen, wie sie zu den Aufgaben der zweiten Lebenshälfte gelangen. Dem Übergang von der ersten zur zweiten Lebensaufgabe geht häufig eine Krise voraus. Bei der Bewältigung dieser Krise hilft die Weisheit der großen Tradition. Ohne solche Hilfe kehren die meisten Menschen wieder um und wenden noch größere Energie für die Aufgaben der ersten Lebenshälfte auf. Dadurch werden sie im Alter häufig starrsinnig und unflexibel. Mit Willenskraft lassen sich die Probleme der zweiten Lebenshälfte nicht lösen. Nach Überzeugung des spirituellen Autors und Lehrers Gerald May (1940–2005) stehen in der ersten Lebenshälfte Willenskraft und Selbstkontrolle im Zentrum. Anders in der zweiten Lebenshälfte: Hier geht es nicht um die Kraft des Willens, sondern um Bereitschaft, nicht um Selbstkontrolle, sondern um etwas viel Schwereres, nämlich um das Loslassen von Kontrolle.

Die Rückkehr zu den Aufgaben der ersten Lebenshälfte und zur Selbstkontrolle ist eine verbreitete Verhaltensweise. Besonders junge Männer sind von der als heroisch geltenden Selbstkontrolle, ihrer Selbstmächtigkeit und der daraus resultierenden Überzeugung fasziniert: „Ich kann, ich bin ein Mann." In der zweiten Lebenshälfte ist diese Haltung jedoch kaum hilfreich, denn es stellen sich völlig andere Fragen.

Der griechische Schriftsteller Nikos Kazantzakis (1883–1957) findet für die unterschiedlichen Lebensaufgaben poetische Worte: „In der ersten Lebenshälfte kämpfen wir mit dem Teufel, in der zweiten Lebenshälfte kämpfen wir mit Gott." Im Kampf mit dem Teufel können wir uns überlegen fühlen; der Teufel ist böse, wir sind gut. Im Kampf mit Gott müssen wir auf den Luxus der Überlegenheit verzichten. Aus diesem Grund kehrt das Ego immer wieder zu den ersten Lebensaufgaben zurück, denn es will sich überlegen fühlen, die Kontrolle behalten und Recht haben.

Das Ego muss sich zudem immer wieder bestätigen, dass es im Recht ist. Diese Bestätigung findet das Ego in der Sicherheit, die aus der Zugehörigkeit zu einer Gruppe und dem Gesetz erwächst. Ganz anders der Glaube: Glaubende Menschen sind sich nicht sicher, dass sie recht haben. Das geht bereits aus dem Wort „Glaube" hervor. Echter Glaube ist selten, denn das Ego kann mit Angst und Unklarheit, denen ein glaubender Mensch sich stellen muss, nicht umgehen. Angst und Unklarheit sind unausweichlich, wenn wir von Gott gehalten werden und nicht wissen, wie wir uns selbst halten sollen. Angst und Unklarheit sind unausweichlich, wenn wir nicht sicher sind, dass wir Recht haben. Johanna von Orleans (1412–1431) hat diesen Zusammenhang so ausgedrückt: „Gott, wenn ich recht habe, dann lass mich darin weitergehen. Wenn ich aber im Unrecht bin und es nicht weiß, dann, Gott, führe mich. Doch alles ist dein Werk, ich weiß nichts."

Wahre Freiheit ist die Haltung eines Menschen, der nicht Recht haben muss. „Niemand ist gut als Gott allein" (Markus 10,18) – diese Erkenntnis aus der Begegnung des reichen Jünglings mit Jesus gehört in die zweite Lebenshälfte. Nebenbei bemerkt: Die Geschichte vom reichen Jüngling handelt von der Einladung, sich von der ersten Lebenshälfte zu lösen, in der der Jüngling alle Gebote gelebt und sorgfältig erfüllt hat: „Das habe ich alles gehalten von meiner Jugend an." (Markus 10,20) Jesus erwidert: Gut. Wenn du aber erwachsen werden willst, werde ich dir einen anderen Weg weisen. Bei diesem anderen Weg geht es um das Aufgeben von Besitz, und zwar nicht nur um das Aufgeben materieller Besitztümer. Das wäre zu einfach, obwohl bereits diese Aufgabe für die meisten von uns schwer genug wäre. Es kommt vielmehr darauf an, alle Besitztümer des Egos aufzugeben, jedes Merkmal unseres äußeren Ansehens und jede Möglichkeit, überlegen, gerettet und besser als andere zu sein. Diesen Besitz wollen wir krampfhaft festhalten und ohne die Führung und den Geist Gottes wird uns das Loslassen nicht gelingen. In der zweiten Lebenshälfte können wir uns nicht länger selbst halten; wir sind gefallen und nur die Hände des lebendigen Gottes können uns halten. Der Mensch kann nur dann in die zweite Lebenshälfte eintreten, wenn er die erste gut bestanden hat. Es geht also nicht darum, das Vergangene abzuwerten.

Ich fühle mich in vielerlei Hinsicht privilegiert, auch in Bezug auf meine Vergangenheit. Ich bin in einem traditionellen, konservativen Umfeld aufgewachsen; der Zugang zu Sicherheit, Strukturen und Ordnungen hat mir gut getan. Paradoxerweise kann ich nur wegen meiner konservativen Wurzeln heute so progressiv sprechen. Auf meinen zahllosen Reisen habe ich die verschiedensten Kulturen und Völker kennengelernt. Ausnahmslos alle Menschen, deren Handeln und deren Zuwendung zu anderen mich für diese Welt hoffen lassen, haben konservative Wurzeln. In ihrer ersten Lebenshälfte haben Tradition, Rituale, Struktur, Ordnung, Autorität, Sicherheit und Klarheit eine wesentliche Rolle gespielt.

Die Pädagogik zeigt, wie wichtig diese Wurzeln für die kindliche Psyche sind. Kinder brauchen Vorhersehbarkeit; mit Chaos und Unordnung können sie ebenso wenig leben wie mit einer Situation, in der alles ständig neu entschieden wird und sich jederzeit alles ändern kann. Offensichtlich lässt sich der Weg zur Freiheit nicht abkürzen. Wir müssen die Regeln und die ihnen zugrunde liegenden Werte internalisiert haben. Erst dann können wir Möglichkeiten finden, sie außer Kraft zu setzen. Über diesen Zusammenhang spricht Jesus mehrfach im Matthäusevangelium: „Ihr habt gehört, dass gesagt ist ..., ich aber sage euch" (Matthäus 5,21–48). Jesus sieht das Gesetz nicht als überflüssig an, sondern als notwendigen Ausgangspunkt beziehungsweise als das, was ich als Gefäß bezeichne. Dieses Gefäß muss so stabil sein, dass es im Kampf des Lebens nicht zu Bruch geht. Es begleitet uns, bis wir schließlich selbst wissen, welche Themen wichtig sind. Dies ist der Zeitpunkt, an dem wir uns mit einem „Zuchtmeister" (Galater 3,24–25) oder spirituellen Lehrer auseinandersetzen können.

Von spirituellen Lehrern können wir lernen, in die Tiefe zu gehen. Zwar mögen wir das Gesetz noch immer hochhalten, und womöglich nehmen wir uns auch immer wieder ernsthaft vor, es zu befolgen. Doch die meisten Menschen haben immer größere Schwierigkeiten damit, bis sie schließlich erkennen, dass sie das Gesetz in seiner wahren spirituellen Bedeutung gar nicht befolgen können. Diese Situation markiert den Ort des Übergangs. Hier beginnt das Erwachsenwerden. Dem amerikanischen Alttestamentler Walter Brueggemann (geb. 1933) verdanke ich eine wichtige Einsicht. Er ist überzeugt, dass die drei großen Abschnitte der hebräischen Bibel die Entwicklung des allgemeinen spirituellen Bewusstseins widerspiegeln. Am

Anfang stehen die fünf Bücher Mose, auch Thora genannt, in denen es vor allem um Gesetz, Ordnung, Zugehörigkeit und darum geht, auserwählt und der Beste zu sein. Die Hebräer halten sich für die einzigen Auserwählten und die einzig von Gott Geliebten. Das fast ausschließliche Thema des 3. und 4. Buchs Mose ist die Trennung von allem Unreinen. Heiligkeit wird hier mit der „Trennung von etwas" nahezu gleichgesetzt (vgl. beispielsweise 3. Mose/Levitikus, Kapitel 16–25). Heiligkeit bedeutet die Trennung von Heiden, Sündern, Aussätzigen, Behinderten, Menstruierenden. Wer sich von all dieser Unreinheit trennt, wird nach dieser Sichtweise automatisch rein.

Jesus ist in einem von solchem Denken geprägten religiösen Umfeld aufgewachsen. Indem er die Unreinen berührt und ihr sogenanntes unreines Leben teilt und damit als nicht unrein erweist, stellt er die traditionelle Sichtweise radikal infrage. Deshalb war er eine eminente Bedrohung für seine eigene Religion.

Das Bemühen um Heiligkeit und dessen fast zwangsläufiges Scheitern sehe ich auch in meinem eigenen Leben. Mitte der 70er-Jahre des vergangenen Jahrhunderts war ich als Priester in der „New Jerusalem Community" tätig. In meinen Predigten wollte ich den jungen Menschen dort von der Liebe Gottes erzählen. Tausende von Jugendlichen haben wir damals erreicht. Unser Mühen hat Früchte getragen, manches hat sich erhalten und die Gemeinschaft existiert heute noch, wenn sie inzwischen auch viel kleiner ist. Doch mit 30 Jahren Abstand sehe ich auch, dass viele Menschen damals nicht wirklich in die Tiefe gegangen sind und sich mit „billiger Gnade" zufriedengegeben haben, wie Dietrich Bonhoeffer (1906–1945) formuliert. Wenn Menschen sich nicht nach Gnade sehnen, wenn sie nach Vergebung und Liebe nicht geradezu verzweifelt suchen, wenn sie nicht „genug davon haben, krank und müde zu sein" – so eine Formulierung der Anonymen Alkoholiker –, dann ist die Gnade, die ihnen zuteil wird, keine echte Gnade. Wir müssen uns schmerzhaft nach Gnade sehnen, wir müssen ihrer in höchster Dringlichkeit bedürfen. Wir müssen in die Irre gegangen sein, wir müssen geliebt und verloren haben. Wir müssen einigen weisen Menschen zugehört haben und wir müssen wenigstens einige Male vergeben oder um Vergebung gebeten haben. Wenn uns in dieser Situation das Wort der Gnade zuteilwird, entsteht eine tiefe, sehnende, schmerzende Leere in uns und erst dann wissen wir: „Ja, das ist es, was ich brauche; das ist es, was ich will." Damit beginnt der Übergang in die zweite Lebenshälfte.

Offenbar brauchen wir auf unserem Weg aber auch den Druck, wie er von der Thora ausgeht. Wie soll ein Kind verlässliche Orientierung finden, wenn es keinen Druck spürt? Alles bleibt für das Kind beliebig, wenn es nur zu hören bekommt: „Alles ist völlig offen und frei. Triff deine eigenen Entscheidungen. Tu, was du willst. Alles ist gut. Glaube an dich selbst." In dieser Beliebigkeit ist auch die Gnade beliebig, sie ist „billige Gnade". Und aus der Zusage „Gott liebt dich" folgt allenfalls die Reaktion: „Aha, er liebt mich also."

Der zweite Teil der hebräischen Bibel sind die Prophetenbücher. Die Propheten werden in der Tradition am seltensten zitiert, vermutlich weil die Prophetenbücher Ausdruck der Fähigkeit zu selbstkritischem Denken sind, einer Fähigkeit, die wir als Teenager entwickeln sollten. Zwar scheint die Fähigkeit zur Kritik an anderen im Teenageralter stärker ausgeprägt als das Vermögen zur Selbstkritik, doch der Verstand entwickelt zumindest die Fähigkeit, die eigenen dunklen Seiten, den eigenen Schatten und die eigenen Fehler zu erkennen. In diesem Entwicklungsprozess lernen junge Menschen auch, zu vergeben und um Vergebung zu bitten und sich zu entschuldigen. Wenn sich diese Fähigkeit zur Selbstkritik nicht ausbildet, hat ein Mensch keinen Zugang zu den Propheten.

Die Stufe der Selbstkritik hat Seltenheitswert in der Weltgeschichte. In den wenigsten Kulturen ist Platz für Propheten, die meisten Nationen sind nicht zur Selbstkritik fähig, sondern erschöpfen sich in der Kritik an anderen.

Auch die meisten Kirchen sind unfähig, sich selbst zu kritisieren. In der katholischen Tauflirurgie wird der Satz gesprochen: „Aufgenommen in das Volk Gottes, wirst du nun mit dem heiligen Chrisam gesalbt, damit du für immer Glied Christi bleibst, der Priester, König und Prophet ist in Ewigkeit." In den vielen, vielen Kirchen, die ich in aller Welt gesehen habe, findet sich Christus wohl als König und Priester dargestellt, nie jedoch als Prophet. Es scheint fast, als wäre unsere Psyche zu dieser Christussicht noch nicht fähig. Die Ablehnung von Christus als Prophet resultiert aus unserer Weigerung, Selbstkritik zu üben.

Ausgangspunkt der regulären Entwicklung der Psyche ist nach Brueggemann die Thora, also Zugehörigkeit, Ordnung, Sicherheit, Gesetz, Auserwählung, Besonderheit und die Selbsteinschätzung „Ich weiß, ich bin gut. Ich weiß, ich bin der Beste". Die Prophetenbücher stehen für die Entwicklung der Fähigkeit zur Selbstkritik. Die dritte Entwicklungsstufe der Psyche sieht Brueggemann im Zusammenhang mit den Weisheitsbüchern der hebräischen Bibel. Dazu gehören das Buch Hiob, zahlreiche Psalmen, die Sprüche Salomos und das Buch Prediger (Kohelet). Die Texte sind teilweise von einer Sprache des Geheimnisses und des Paradoxons bestimmt. In der dritten Entwicklungsstufe setzen wir uns mit Geheimnis und Paradox auseinander, denn nun sind wir stark genug, um Widersprüche zusammenzuhalten – in uns selbst und in anderen. Diese Fähigkeit äußert sich in Mitgefühl, Vergebung, Geduld und Toleranz. Die Entwicklung läuft ganz natürlich auf diese dritte Ebene zu; wir erreichen sie jedoch nur, wenn wir die ersten beiden Stufen bewältigt haben.

Die Unterscheidung der drei Entwicklungsstufen befähigt zur Selbstreflexion und zu einer kritischen Betrachtung der

Kirche. Die Betonung der Thora steht für die Wichtigkeit von Identität, für Zugehörigkeitssysteme und Grenzen. Grenzen, die von Zugehörigkeitssystemen garantiert werden, sind ein wertvoller und wohl notwendiger Ausgangspunkt. Mehr als ein Anfang sind sie jedoch nicht. Gerade das religiöse Zugehörigkeitssystem kritisiert Jesus immer wieder scharf. Im Wissen, dass Gott für alle Menschen da ist, zielt er über das Judentum hinaus auf etwas Größeres. Ebenso muss die Erfahrung des Auserwähltseins überstiegen werden. Zwar müssen wir selbst zutiefst erfahren und wissen, was es bedeutet, eine geliebte Tochter oder ein geliebter Sohn zu sein. Ich muss wissen, dass Gott mich liebt, in meiner Gebrochenheit und in meinen Sünden. Doch die Erwählung gilt nicht nur mir allein, sondern alle sind erwählt (Römer 4,16; 8,14.32 und 9,24; 10,12). Um es psychologisch zu formulieren: Der Mensch braucht Grenzen und muss über diese Grenzen hinausgehen, ohne sie jedoch völlig zu zerstören. Er braucht ein Zuhause, um nach Hause kommen zu können. Mit anderen Worten: Er muss wissen, wer er ist.

Jesus hat keine Weltflucht gepredigt; dem Heiligen Franziskus (1181/82–1226) war stets die Gemeinschaft mit einfachen Menschen wichtig. Die Suche nach einem inneren Weg mag in die Einsamkeit führen, sie bedeutet jedoch keinen Hass auf die Welt. Wir erreichen unser Ziel nur, wenn wir die Welt lieben, ihr mitfühlend begegnen und sie umarmen – so, wie sie ist. Wenn wir gegen etwas ankämpfen, werden wir so wie das Bekämpfte. Solange wir beurteilen, kritisieren und herabsetzen, befindet sich unsere Psyche noch auf der ersten Entwicklungsstufe.

Jesus hat diese Art Auseinandersetzung nicht wichtig genommen. Seine jüdischen Wurzeln und die Propheten haben ihn gelehrt, dass Gesetz, Ordnung und Erwählung Kategorien der Ausgrenzung sind. Damit hat er sich in Widerspruch zum Tempel gestellt, zu den Hohepriestern, Ältesten und Schriftgelehrten. Wir dürfen also annehmen, dass die Kritik an der Religion Teil unserer eigenen Tradition ist. Doch die beste Kritik des Schlechten ist die Praxis des Besseren. Jesus hat sich nicht in der Kritik am Gesetz erschöpft, sondern die Liebe Gottes gepredigt. Franziskus hat nicht die Zustände im Bischofspalast und der Kathedrale von Assisi kritisiert, sondern die kleine Kirche San Damiano mit eigenen Händen wiederaufgebaut.

Solange wir unsere Zeit ausschließlich damit verbringen, das Böse zu bekämpfen, stehen wir in Gefahr, den Täuschungen unseres Egos zu erliegen, es zu überhöhen und uns als besser zu sehen als die Menschen, über die wir urteilen, die wir kritisieren und verändern wollen. Und auch bei der zweiten Stufe, der Selbstkritik, dürfen wir nicht stehen bleiben. Wir müssen weitergehen zur dritten Ebene, zur Weisheit. Dass Weisheit aktives Handeln bedeutet, hat Jesus gelehrt und in seiner Nachfolge beispielsweise Franziskus, Mahatma Gandhi (1869–1948) und Martin Luther King (1929–1968).

Ich wurde 1943 in Kansas geboren und war stolz, in diesem Bundesstaat mitten in Amerika zu leben. Wir hielten unser Land für das beste und wir lebten in dessen Zentrum, im Herzen des Herzens der Welt. Für diese narzisstische Überzeugung hatten wir gute Argumente: Unsere Regierung war stark, wir waren das reichste Land der Erde, hatten gerade einen Krieg gewonnen und Europa befreit. Ich war Mitglied der einen heiligen katholischen und apostolischen Kirche und natürlich galt unsere Religion als die beste. In der Tat schienen die anderen Religionen ziemlich obskur. Ob Gott sie achtet? Besser, wir hatten nicht allzu viel mit ihnen zu tun.

Ein solcher Beginn des Lebenswegs ist durchaus positiv. Äußerst negativ ist jedoch, wenn Menschen nicht weitergehen, am Anfang stehen bleiben oder allenfalls im Kreis gehen und sich selbst zu ihrem privilegierten Status beglückwünschen: Welch angenehmer Zufall, dass wir in die beste aller Nationen und die beste aller Religionen hineingeboren sind! Wie traurig für die armen Menschen in Indien und Afrika, dass Gott uns mehr liebt als sie.

Und wie traurig für die Frauen, dass Gott uns Männer mehr liebt als sie. Wenn nicht laut, so haben wir doch in Gedanken das Gebet des jüdischen Mannes wiederholt: „Danke Gott, dass ich nicht als Frau geboren wurde." Vergebt mir, liebe Schwestern – mea culpa, mea culpa, mea maxima culpa. Lange, viel zu lange haben wir geglaubt, das überlegene und deshalb bessere Geschlecht zu sein. Und manche Männer glauben das noch immer.

Aus all diesen Überzeugungen spricht das Ego. Das Ego braucht fortwährend Befriedigung und Bestätigung. Es will den Durchblick haben und Kontrolle ausüben. Sein Bedürfnis nach Befriedigung ist so groß, dass es eine befriedigende Unwahrheit jeder unbefriedigenden Wahrheit vorzieht. Aus diesem Grund gelangen die meisten Menschen nicht zur prophetischen Stufe oder zur Weisheit.

Die kopernikanische Wende, also die Einsicht, dass die Erde nicht im Zentrum des Universums steht, war eine Revolution des Denkens – von der Kirche übrigens lange Zeit als Häresie gebrandmarkt. Heute ist das kopernikanische Weltbild eine Selbstverständlichkeit. Eine entsprechende Revolution der Einsicht ist Aufgabe für jeden Menschen und sie muss nicht minder schwer erkämpft werden. Nicht ich bin das Zentrum. Nicht unsere Nation ist das Zentrum. Und auch meine Zugehörigkeitssysteme, die mir Sicherheit und Halt geben, sind nicht das Zentrum der Welt.

Einzig die Gotteserfahrung ist stark genug, um diese natürliche Egozentrik zu durchbrechen, einzig die absolute Gotteserfahrung, in der wir mit absoluter Gewissheit spüren, dass etwas wahrhaft heilig und wahrhaft transzendent ist. Ich bin nur ein Sandkorn in einem riesigen Universum. Ich bin nur ein winziger Tropfen in einem Ozean. Ich bin vergänglich und in einigen

Jahren werde ich nicht mehr da sein, so wie jeder Mensch. Wenn ich dennoch meinen kleinen Wirkungskreis als den Bezugsrahmen oder als Kriterium für irgendeine Wahrheit nehme, dann ist das nichts anderes als Hybris.

Das Bedürfnis des Egos nach permanenter und unmittelbarer Befriedigung lässt sich sehr gut an Kindern ablesen. Mit vollkommener Offenheit können sie nicht umgehen und ein Übermaß an Wahlmöglichkeiten überfordert sie. (...)

Die innere Gier, die jedem Menschen zu Eigen ist, führt dazu, dass uns nach einer Weile nichts mehr befriedigt und wir bei nichts mehr ausreichend Vergnügen empfinden. Ist es nicht äußerst bemerkenswert, dass Heilige wie beispielsweise der Heilige Franz von Assisi sich in die genau entgegengesetzte Richtung wenden? Sie brauchen immer weniger, um glücklich, und immer weniger, um von Freude erfüllt zu sein. Sie erhöhen nicht ihren Einsatz, sondern verringern ihn: „Schon dies Wenige wird mich mit Freude erfüllen, auch dies Kleine wird mich glücklich machen."

Das Ego lässt sich nicht durch aktive Anstrengungen überwinden. Einen solchen Kampf würden wir aus egozentrischen Gründen führen und damit das Ego nur vergrößern. Jesus und Franziskus haben einen besseren Weg gelehrt: Wir müssen darauf achten, wie wir auf unsere natürlichen Niederlagen, Demütigungen und Misserfolge reagieren. Wollen wir umgehend die Kontrolle zurückgewinnen? Suchen wir nach Lob, Liebesbeweisen und Bestätigung, also nach einem sicheren Stand in der äußeren Welt? Meine Mutter hat mich eine andere Weisheit gelehrt. Wenn ich nach Hause kam und über irgendetwas weinte, sagte sie zu mir: „Das ist nicht so wichtig. Wichtig ist, wer du in Gottes Augen bist, und nicht, was du in den Augen der anderen Kinder auf dem Spielplatz bist." Meine Mutter hat mir gezeigt, nach innen statt nach außen zu gehen, um meine sozialen Bezugspunkte zu finden.

Den Weg von der ersten zur zweiten Lebenshälfte finden wir in der Regel nicht durch eigene Einsicht. Die meisten Menschen brauchen Mutter- oder Vaterfiguren, Mentoren oder Lehrer, die selbst die Freiheit, den Frieden, das Selbstvertrauen und das Selbst-Gewahrsein der zweiten Lebenshälfte repräsentieren. Der Weg zur zweiten Lebenshälfte wird dadurch erschwert, dass Erfolg in der ersten Lebenshälfte universell als wertvoll gilt und von nahezu jeder Kultur gefördert und belohnt wird. Warum also sollten wir uns weiterentwickeln?

Die erste Lebenshälfte ist bestimmt von Disziplin, harter Arbeit, Selbstkontrolle, Idealismus, Moral, Ehrgeiz, Erfolg und Patriotismus. Menschen mit diesen Tugenden sind äußerst produktive Arbeiter. Disziplin, also die Fähigkeit, zu sich selbst nein sagen zu können, ist besonders im Militär stark ausgeprägt. Soldaten sind dem Krieger-Archetyp zuzuordnen. Sie mögen gute Menschen sein, doch ihre Disziplin hat nicht das Geringste mit dem Evangelium zu tun. Offensichtlich scheinen viele jedoch vom Gegenteil überzeugt zu sein. Die meisten Menschen haben das Evangelium zu einer Siegerschrift umformuliert. Dieses Siegerevangelium gilt für Menschen, die pünktlich sind, die den Regeln folgen können, die alles richtig machen. Natürlich sorgen diese Werte für ein effizientes System. Doch wunderbarerweise ist das Evangelium eben kein Buch für Sieger.

Eine Siegerschrift ist nur etwas für Männer mit gegelten Haaren und Topmodels, für die wenigen Menschen, die alles richtig machen und immer perfekt sind. Wir anderen sind weit abgeschlagen. Vielleicht gelingt es uns, dieser Erkenntnis bis zur Lebensmitte auszuweichen und uns für einen Gutmenschen zu halten, der besser ist als alle anderen, oder doch zumindest für jemanden, der das Gesetz befolgt und sich deshalb sehen lassen kann. Doch jeder Mensch, der durch Gottes Gnade aufrichtig in seine eigene Seele blickt, weiß, dass all das nur Fassade ist. Jeder Mensch, der durch Gottes Gnade aufrichtig in seine eigene Seele blickt, erkennt, dass er gebrochen ist wie alle anderen auch. Sogar das Beste, was Menschen tun, tun sie häufig aus den falschen Beweggründen, zumindest aus gemischten und meistens aus egoistischen Motiven. Gesetzestreue braucht die Liebe Gottes nicht. Gesetzestreue wirkt anziehend auf Helden, sie ist Merkmal unseres Ehrgeizes, unseres guten Aussehens und unseres Wunschs nach Ansehen in der Welt. Die meisten Menschen bleiben hier stehen. Sie geben sich mit ihrem guten Ansehen und dem Erreichten zufrieden, so wie der reiche Jüngling (Matthäus 19,16–22). Doch Jesus will nicht, dass Menschen gut aussehen, sondern dass sie gut sind.

Das Gute ist so umfassend und so tief, dass es selbst das Böse in sich einschließen kann; es ist in der Lage, sein Gegenteil zu halten. Voltaires Ausspruch „Das Bessere ist der Feind des Guten" ist nur allzu wahr: Perfektionismus ist ein mathematisches, kein moralisches Konzept. Die einzige Perfektion, zu der Menschen fähig sind, ist die Vollkommenheit, sich selbst in Gott zu finden. Damit ist der Punkt des Übergangs bezeichnet, ab hier werden wir geführt.

Doch wenn Gott uns hinüberführen möchte, weigern wir uns wie Petrus, uns führen zu lassen (Johannes 21,18). Der Übergang wird sich anfühlen wie Sterben und Tod. Wenn das Weizenkorn jedoch nicht stirbt, bleibt es einfach nur ein Weizenkorn und bringt keine Frucht (Johannes 12,24). Es bleibt das winzige, eigenständige, getrennte überlegene Selbst.

Um Frucht zu bringen, müssen wir lernen, wie wir vor dem Tod sterben können. Das Sterben vor dem Tod ist Kennzeichen aller Initiationsriten, die ich kenne. In diesen Initiationsriten erfahren junge Männer gerade dann, wenn sie zum Erwachsenen werden, was es bedeutet, vor dem Tod zu sterben. Im Zentrum jedes Systems der Verwandlung steht die Wahrheit: Nur wenn wir loslassen, wer wir zu sein glauben, können wir werden, wer wir wirklich sind. Oder wie Paulus sagt: „Denn ihr seid gestorben und euer Leben ist mit Christus verborgen in Gott." (Kolosser 3,3)

Das Loslassen unseres Selbstbilds mit dem Ziel, zu werden, wer wir wirklich sind, ist mit einem Gefühl des Kontrollverlusts verbunden. Wenn wir keine Kontrolle mehr haben, wissen wir nur noch um die schlichte Tatsache unseres Seins. Das ist alles, was wir Gott geben können, denn es ist das Einzige, was wir haben. Erst in diesem Moment wird die Sprache des Neuen Testaments, die Sprache der Bergpredigt und die Sprache des Kreuzes wirklich verständlich. Vorher können weder Verstand noch Herz einen Sinn darin finden. Aus der Perspektive der ersten Lebenshälfte ist die Botschaft Jesu nur vorläufig zu verstehen.

Zur Sprache des Kreuzes finden Menschen frühestens mit 30 Jahren Zugang. Bemerkenswerterweise hat Jesus im Alter von ungefähr 30 Jahren sein Kreuz auf sich genommen. Die meisten Menschen vermeiden jedoch bis zu ihrem 50. oder 60. Lebensjahr in der Sprache des Loslassens zu sprechen, in der Sprache der Hingabe, des Aufgebens von Kontrolle, der Reue oder *Metanoia*, also der Umkehr. Mit 18 können Menschen noch nicht umkehren, denn sie wissen ja noch nicht, wohin sie gehen wollen. Sie haben noch keinen Beruf erlernt, noch nicht geheiratet und Kinder aufgezogen. Sich diesen Aufgaben zu widmen fördert und prägt das eigene Selbst, die Identität und das Selbstbild.

Um jedoch zu werden, wer wir wirklich sind, müssen wir dieses Selbstbild aufgeben. Dazu bedarf es der Weisheit. Erst wenn wir zur Weisheit gekommen sind, können wir die Botschaft Jesu verstehen: alle Dinge lassen! Wir können nur lassen, was wir zuvor gefunden haben. Wir können nur weggeben, was wir haben. Wir müssen uns selbst kennen, bevor wir über uns hinausgehen können. Die erste Lebenshälfte ist also ein notwendiger Abschnitt auf dem Weg zur Weisheit und zum Loslassen.

Gott ist ein guter Gott und nimmt uns unser Gefäß des Lebens nur dann, wenn wir dazu bereit sind. Aber dieses Gefäß muss uns genommen werden, damit wir in die Hände des lebendigen Gottes fallen können. Dann wissen wir, wer wir wirklich sind.

Warum ist die fundamentale Botschaft „Liebe deine Feinde" in der Geschichte des Christentums nie wirklich gelehrt und warum ist nicht Ernst gemacht worden mit der Feindesliebe? Das Prinzip der Feindesliebe hätte die meisten christlichen Staaten an ihrer Politik gehindert. Mit diesem Grundsatz lassen sich keine Kriege führen.

Die meisten Kulturen stehen immer noch auf dem Niveau der ersten Lebenshälfte, mit Sicherheit die amerikanische Kultur. Die Botschaft Jesu ist eine völlig andere. Doch wir, die wir uns für Christen halten, haben diese Botschaft immer noch nicht begriffen oder glauben immer noch nicht daran. Nicht dass wir schlechte Menschen wären. Aber die meisten von uns sind spirituell noch nicht erwachsen. Wir leben immer noch nach dem Gesetz der Trennung, wie es in 3. Mose/Levitikus 16–25 formuliert ist: Trenne dich vom Bösen. Welche Ungeheuerlichkeit ist es demgegenüber, wenn Paulus schreibt, dass Jesus zur Sünde geworden ist (Römer 8,3; 2. Korinther 5,21)! Jesus ist der Gebrochene und Unvollkommene geworden, er hat sich mit der Sünde der Welt solidarisiert. Nicht einen Moment lang hat er sich über die Sünde gestellt oder sich für etwas Besseres gehalten. Er hat das Böse in sich aufgenommen und nicht einen Augenblick geglaubt, es überwinden zu können. Die Grausamkeit des Bösen war es, durch die der Leib Jesu in der Kreuzigung zerstört worden ist.

Für die zweite Lebenshälfte ist die Fähigkeit charakteristisch, mit dem Paradoxon und mit dem Geheimnis zu leben. Aus irgendeinem Grund müssen wir für unser Glück nicht mehr den Durchblick haben und nicht mehr warten, bis der

Staub sich gelegt hat. Es ist nicht mehr wichtig, dass wir auf alle Fragen eine Antwort finden. Wir sind in der Lage zu wissen, fühlen uns aber auch im Nichtwissen beheimatet. Diese Einstellung wird durch das Wort „Glaube" bezeichnet. Wir können in der Freiheit des Nichtwissens leben, weil Gott der Wissende ist, weil jemand anderes weiß. Haben wir nicht alle schon Menschen in der zweiten Lebenshälfte getroffen, die das bestätigen? Menschen, die damit ausgesöhnt sind, dass sie mit etwas nicht völlig im Einklang sind und es nicht vollkommen verstehen, bis Gott sie verstehen lässt, und die dennoch für den Moment glücklich sind? Vielleicht handeln deshalb zwei Drittel der Botschaft Jesu direkt oder indirekt von Versöhnung und Vergebung. Vergebung ist die zentrale Weisheit der zweiten Lebenshälfte.

Versöhnung ist eine vergebende Haltung gegenüber der Wirklichkeit. Das bedeutet nicht, alle Grenzen und alle Gesetze hinter sich zu lassen. Es geht nicht um ein Entweder-oder wie im Gesetzesverständnis der ersten Lebenshälfte, sondern um ein Sowohl-als-auch. Menschen in der zweiten Lebenshälfte erkennen die Bedeutung des Gesetzes auf neue Art. (...)

Die wahre Bedeutung des Evangeliums besteht darin, dass es keine Schrift für Sieger ist, sondern eine Botschaft für Verlierer. Das Evangelium erlaubt uns, unsere Fehler zu sehen. Es mag überraschen, aber wir kommen nicht zu Gott, indem wir alles richtig machen, sondern dadurch, dass wir Fehler begehen. Im Matthäusevangelium sagt Jesus: „Ich bin gekommen, die Sünder zu rufen und nicht die Gerechten." (Matthäus 9,13; vgl. Markus 2,17; Lukas 5,32) Jesus ist nicht gekommen, um eine kleine Gruppe von Eingeweihten zu beschützen, ihnen Sicherheit zu geben und dafür zu sorgen, dass sie sich umsorgt fühlen. In Lukas 15,7 heißt es: „Im Himmel wird mehr Freude herrschen über einen einzigen Sünder, der umkehrt, als über neunundneunzig Gerechte, die es nicht nötig haben umzukehren." Über die Geistlichen in den meisten institutionellen Religionen wird wohl keine größere Freude herrschen, denn neunundneunzig von ihnen gehören zu diesen Neunundneunzig, die sich selbst zu ihrer Gerechtigkeit gratulieren.

Im Himmel herrscht mehr Freude über den Einen als über die Neunundneunzig mit ihrer Einstellung: Wir wollen die Neunundneunzig zusammenhalten und uns um das Zugehörigkeitssystem für die Neunundneunzig kümmern. Natürlich hat auch das seine Richtigkeit, denn wohl die meisten von uns sind in gewisser Weise unter diesen Neunundneunzig. Doch irgendwo in unserem Leben sind wir nicht Teil der Mehrheit.

Irgendwo in seinem Leben ist jeder Mensch auch ein Verlierer, ein Sünder, ein Lügner und Betrüger. Irgendwann im Leben hat jeder Mensch das Gesetz gebrochen. An diesem Ort der Verwundung können wir aus unserer Egozentrik herauskommen und Gott kann eintreten.

Wirklich in der zweiten Lebenshälfte angekommene Menschen ruhen meist in sich selbst. Sie sind gegründet in dem, was sie wissen, sind sich aber auch darüber im Klaren, was sie nicht wissen. Nichtwissen zuzugeben fällt besonders Politikern sehr schwer. Vermutlich fehlt ihnen sehr häufig sogar das Wissen um ihr Nichtwissen. Unreife Politiker auf dem Stand der ersten Lebenshälfte handeln aus einer gefährlichen Arroganz, die unsere Welt Tag für Tag mehr zerstört. Das fehlende Bewusstsein für den Rest der Welt ist eine beständige Gefahr. Gerade die mächtigen Staaten dieser Welt stehen in der Verantwortung, ein ganzheitliches Wissen zu entwickeln, das neben dem Wissen auch ein Bewusstsein über das Nichtwissen umfasst.

Neben dem Ruhen in sich selbst prägt viele Menschen in der zweiten Lebenshälfte eine Art Unbeschwertheit, eine Art Abstand, eine Art Demut, eine Art Freisein von Sorgen. Der Nobelpreisträger T. S. Eliot (1888–1965) formuliert: „Gott lehrt uns, uns zu sorgen und uns nicht zu sorgen." Menschen, die das gelernt haben, sorgen sich intensiv, aber sie nehmen das Leben auch leicht. Sie sind keine Fanatiker, sondern wissen um die Demut, die ihr Wissen umgeben muss.

Demut oder Verwundbarkeit ist die Bereitschaft herauszufinden, dass wir vielleicht im Unrecht waren und dass andere Menschen uns verändern können. Doch geben wir unserem Gegenüber überhaupt eine Möglichkeit, uns zu berühren und uns zu einem neuen Nachdenken zu bringen? Wie oft begegnen wir anderen in einer Haltung der Verhärtung und Unzugänglichkeit und stecken sie in irgendeine Schublade. In den Heiligen und Weisen entdecke ich etwas, was ich auch aus meinem eigenen Leben kenne: In der Stille vertrauen sie zutiefst auf sich selbst und wissen, wer sie sind. Sie müssen sich nicht verteidigen oder übermäßig schützen oder sich anderen gegenüber bestätigen. Sie müssen nichts beweisen mit dem Ziel, sich selbst zu bestätigen und ihre eigene Angst zu bewältigen. Sie wissen, dass die Wahrheit für sich selbst sorgen wird. Sie versuchen einfach, die Wahrheit zu sein, statt nur mit Worten über die Wahrheit zu sprechen. Der Heilige Franz von Assisi hat gelehrt: „Predige jederzeit das Evangelium, aber benutze Worte nur dann, wenn es unbedingt nötig ist."

Es geht in der Tat nicht um Worte, sondern darum, in der Welt gegenwärtig zu sein. Es geht um pure Präsenz, eine Form der Offenheit für die Wirklichkeit, die Gott und andere Menschen einlässt und uns Freiheit gibt. (…)

Jesus sagt zu Petrus: „Als du noch jung warst, hast du dich selbst gegürtet und konntest gehen, wohin du wolltest. Wenn du aber alt geworden bist, wirst du deine Hände ausstrecken und ein anderer wird dich gürten und dich führen, wohin du nicht willst." (Johannes 21,18) „Du wirst deine Hände ausstrecken" – Eltern werden dieses wunderschöne Bild verstehen: Die kleinen Zweijährigen tun es, damit ihre Eltern sie anziehen können. „Ein anderer wird dich gürten" – vielleicht dachte Je-

sus bei dieser Formulierung im Zusammenhang mit dem Ausstrecken der Hände an die Geste des Kreuzes.
Wir werden geführt, wohin wir nicht wollen. Wahrhaft erstaunlich aber ist, dass dies unser eigentliches Ziel ist, dass wir wirklich genau dorthin gelangen wollten, ohne es zu wissen.

Richard Rohr, *Verwandlung*, S. 9–28, 36–40

Zwölf Schritte

Die Zwölf-Schritte-Spiritualität ist ein besonderer amerikanischer Beitrag zur Spiritualität. Sie zeigt wirkliche Inspiration und echte Führung durch Christus. Was in den Zwölf Schritten als Abhängigkeit bezeichnet wird, wird im Neuen Testament „Besessenheit" genannt. Dem modernen und postmodernen Denken des Westens sind die Berichte über Dämonenaustreibungen durch Jesus reichlich fremd. Das Dämonische ist jedoch auch in unserer Welt durchaus präsent, beispielsweise in den Strukturen von Abhängigkeit. Betrachten wir die Natur der Abhängigkeit genauer, wird offensichtlich, dass Abhängige wie unter Zwang handeln. Sie sind unfrei und scheinen von einer fremden Macht besessen. Von solchen Menschen halten wir uns fern. Ganz anders Jesus, der sich häufig auf die scheinbar Besessenen eingelassen hat.

William Griffith Wilson (1895–1971) und Robert Holbrook Smith (1879–1950), die Gründer der Anonymen Alkoholiker, haben mit dem Zwölf-Schritte-Programm ein empathisches, heilendes Verständnis für abhängige Menschen formuliert. Die zentrale Einsicht lautet: Veränderung ist nicht allein aus Willenskraft möglich, sondern nur, wenn wir Empfangende werden. Hier wird sie wieder sichtbar: die verborgene Botschaft, die Haltung der Minderheit, die Religion der Empfänglichkeit, statt der Religion der Selbstbestätigung und des Erzielens von Ergebnissen, die Religion des Zöllners statt der Religion des Pharisäers.

Der spirituelle Autor und Lehrer Gerald May (1940–2005) beschreibt in seinem Buch *Sehnsucht, Sucht und Gnade*, dass jedes Abhängigkeitsverhalten Sehnsucht verbraucht. Insbesondere schwächt es unsere spirituelle Sehnsucht. Nach Mays Überzeugung waren viele Abhängige in ihrer Jugend Menschen mit spirituellen Einsichten und spiritueller Sehnsucht. Manche hatten sogar frühe Gotteserfahrungen. Wenn Menschen für solche frühen Erfahrungen keine Bestätigung finden und keine Möglichkeit sehen, in der Welt der Verbundenheit und des Mitgefühls zu leben, sondern stattdessen auf den Moralismus und die Rituale der etablierten Religion verwiesen werden, ist tiefe Enttäuschung die unausweichliche Folge. Der Versuch, die Welt der Verbundenheit und des Mitgefühls künstlich aufrechtzuerhalten, führt häufig in Abhängigkeiten.

Weit häufiger als Alkoholismus und Drogensucht ist die Abhängigkeit von unseren Denkmustern. Zahlreiche spirituelle Methoden lehren, wie wir unseren Verstand beobachten und die Zwanghaftigkeit unseres Denkens erkennen können. In dem Buch *Jetzt! Die Kraft der Gegenwart* stellt Eckhart Tolle die These auf, dass „80 bis 90 Prozent des Denkens der meisten Menschen nicht nur nutzlos und repetitiv sind, sondern oft so gestört und negativ, dass sie geradezu schädlich wirken."

Wie zwanghaft, lächerlich, selbstbezogen, kleinlich, paranoid, narzisstisch und unvollkommen ist unser Denken! Ständig wollen wir uns damit verteidigen oder uns bestätigen, dass wir Recht haben und die anderen im Unrecht sind. Wie können wir jemals diesem Instrument vertrauen und meinen, dass es uns weiterbringt? Nein, der Verstand wird uns nicht ans Ziel führen. Zu dieser Einsicht sind wir jedoch erst fähig, wenn wir die notwendige Demütigung der Machtlosigkeit erfahren. Echte Hilfe zur Befreiung aus der Abhängigkeit führt niemanden vor. Auch Jesus hat hilfsbedürftige Menschen nicht bloßgestellt, sondern sie mit heilenden Händen berührt. Dadurch können Leben, Liebe, Akzeptanz und Energie auf den anderen Menschen überfließen.

Solange wir unsere Verwundung nicht als Anlass zur Verwandlung nutzen und sie stattdessen zu einer Erweckungserfahrung machen und uns als neues Zeichen unserer Leistung anheften, um uns überlegen zu fühlen, vermeiden wir den Aufbruch zu unserer spirituellen Reise. „Dieses Erlebnis hat mich zu einem neugeborenen Christen gemacht!" Wer so denkt und spricht, ist noch immer in der Haltung des Pharisäers. In der eigenen Haltung die des Pharisäers zu erkennen gelingt nur wenigen. Menschen, die den Weg in die Machtlosigkeit nicht gegangen sind, wissen einfach nicht um diese Zusammenhänge. Noch am Kreuz bedauert Jesus sie: „Vater, vergib ihnen, denn sie wissen nicht, was sie tun." (Lukas 23,34)

Die Botschaft Jesu lässt sich im Wesentlichen mit zwei Stichworten benennen: Vergebung und Inklusivität. Vergebung meint die Akzeptanz des Anderen, der Menschen außerhalb der eigenen Gruppe. Inklusivität bezieht sich stärker auf die strukturelle Dimension. Gelebte Inklusivität macht es unnötig, die eigene Gemeinschaft als die beste anzusehen und ihre Grenzen zu verteidigen. Jesus wollte stets verhindern, dass seine Botschaft zu einem Gruppendenken wird. Und dennoch ist daraus das Christentum mit seinem Exklusivitätsanspruch entstanden.

Bei der Reise in die Machtlosigkeit geht es vor allem um die Hingabe an die dunkle Seite des Lebens und die dunkle Seite von Strukturen. Die Hingabe an diese dunklen Seiten bedeutet, sie zu betrauern und der Realität zu vergeben. Wahre Vergebung bezieht sich nicht auf einzelne Situationen, sondern meint eine grundsätzliche Haltung, in der wir die tragischen Unzulänglichkeiten einer unvollkommenen Welt vergeben. Die Wirklichkeit hat Fehler und ist unvollkommen. In unserer Auseinandersetzung mit dieser Wunde, dieser Bitterkeit, diesem Widerspruch, diesem Dilemma, diesem Paradox gelangen wir von Unbewusstheit zur Bewusstheit.

Im 2. Buch Mose/Exodus steht das wunderbare Wort: „Darum ließ er das Volk einen Umweg gehen und führte es durch die Wüste zum Schilfmeer." (2. Mose/Exodus 13,18) Welch großartige Metapher: der „Umweg durch die Wüste". Von Anfang an ist die verborgene Botschaft vorhanden: In der Auseinandersetzung mit dem Paradox, mit dem Geheimnis, mit der Verwirrung, der Trauer und den Tränen entsteht eine Gemeinschaft. Ohne ein spiegelndes Gegenüber können wir unser eigenes Gesicht nicht sehen. In der Gemeinschaft können wir unsere eigene Kleinheit erkennen, unsere Egozentrik, unsere Rechthaberei und unser Bedürfnis, als der oder die Beste zu gelten.

Ich war lange Jahre Priester in „New Jerusalem", einer spirituellen Gemeinschaft in Cincinnati. Viele Menschen kamen dorthin, um sich ihrem eigenen Schatten zu stellen. Ich sehe sie noch vor mir, die jungen Katholiken Anfang 30, die alles richtig gemacht hatten, mit ihrer perfekten katholischen Ehe und zwei perfekten Kindern. Sie kamen und nach ungefähr drei Monaten begann es, in ihrer Ehe zu kriseln. Nicht selten ging die Ehe auseinander, weil die Perfektion nicht länger verdecken konnte, womit sie sich nicht auseinandersetzen wollten. In der starken Gemeinschaft „New Jerusalem" fühlten sie sich genügend gehalten, sich ihrem Schatten-Selbst zu stellen, selbst wenn das bedeutete, sich von ihrem Partner zu trennen.

Wenn eine Gemeinschaft stark genug ist, uns zu halten, müssen wir uns und anderen nicht länger etwas vormachen. Wir gehen im Tempel in die hinterste Ecke, senken den Kopf und schlagen uns an die Brust. Jetzt sind wir bereit zu der Erkenntnis, dass wir meist Komplizen des Bösen sind, das wir hassen. Nicht nur Konservative projizieren das Böse häufig nach außen, sondern auch Linke und Progressive lehnen es oft ab, sich wirklich auf den spirituellen Weg einzulassen, und verschließen sich der Erkenntnis ihres Anteils am Bösen. Für die Reise an den Ort der Machtlosigkeit brauchen Menschen Lehre und Führung. Alkohol- oder Drogensucht führen nicht, sie lehren nicht, sondern üben Zwang aus. Manchmal wachen Menschen erst nach Jahren auf und sehen, dass ihre Ehe zerstört ist und sie ihre Kinder, ihre Arbeit oder ihren Ruf verloren haben. Spätestens dann ist die Einsicht unausweichlich, dass es so nicht weitergehen kann. Es muss einen besseren Weg geben, das Leben zu leben. Und dieser bessere Weg ist Vergebung.

William Griffith Wilson spricht von der Notwendigkeit einer „lebendigen spirituellen Erfahrung". Ohne eine solche Erfahrung finden Menschen keinen Ausweg. Die einzige Heilung für Besessenheit ist eine neue Besessenheit, die Besessenheit von etwas Besserem. Die Sehnsucht nach diesem Besseren hat Christus geweckt. Er verkörpert Größe, Ganzheit, Akzeptanz und Vergebung. Wie klein sind demgegenüber all unsere Abhängigkeiten. Dass wir ohne sie in Freiheit leben können, lässt sich nicht mit dem Verstand erfassen. Nur wenn wir über eine lebendige spirituelle Erfahrung verfügen, können wir das Alles-oder-nichts-Denken der Abhängigkeit loslassen. Das absolutistische Entweder-oder-Denken, das alles Unvollkommene für schlecht hält, bricht zusammen, denn lebendige spirituelle Erfahrung schenkt uns die Gewissheit, dass Gott uns sogar in unserer Unwürdigkeit liebt. Im Inneren des Mysteriums, das die Unvollkommenheit umgreift, bedeutet Vollkommenheit nicht mehr die dualistische Trennung des Guten vom Bösen, sondern die Fähigkeit, die Un-Vollkommenheit zu umarmen und aufzunehmen. Das ist wahre Vollkommenheit, und um diese Vollkommenheit geht es letztlich in der Vergebung. Wenn wir der Wirklichkeit vergeben, dass sie so ist, wie sie ist, dann können wir unseren Kindern vergeben, dass sie nicht so perfekt sind, wie wir uns das immer gewünscht haben. Und ebenso können wir unserem Partner vergeben, unserer Ehe, unserem Land, unserer Kirche. Vergebung meint die universelle Sichtweise: Es ist, wie es ist.

Ohne lebendige spirituelle Erfahrung können wir kaum etwas tun, um die Gegensätze zusammenzuhalten. Gott muss den Anfang machen. Wenn Gott unsere Unvollkommenheit zusammenhält, bekommen wir die Fähigkeit, das Gleiche zu tun.

Wir alle haben uns Posen und Haltungen zurechtgelegt, von denen wir glauben, dass sie uns attraktiv und liebenswert machen. Doch solange wir in diesen Posen leben und etwas darstellen wollen, glauben wir, nur um dieser Darstellung willen geliebt zu werden. Gott muss das Prinzip der Darstellung zerstören, dann erst beginnt der spirituelle Weg.

Wenn ein Mensch seit 15 Jahren keinen Alkohol mehr getrunken hat, also ein „trockener Alkoholiker" ist, ist sein Denken doch sehr oft immer noch in den Kategorien „alles oder nichts" verhaftet. Solche Menschen können sich nur schwer in die Gemeinschaft einfügen, selbst wenn sie ihre Drogenabhängigkeit überwunden haben. Nur die wenigsten können sich aus dem dualistischen Denken befreien. Eine wesentliche Hilfe dazu ist, wie schon William Griffith Wilson betont hat, der elfte Schritt des Zwölf-Schritte-Programms: „Wir suchen durch Gebete und Besinnung die bewusste Verbindung zu Gott – wie wir ihn verstehen – zu vertiefen. Wir bitten ihn nur, uns seinen Willen erkennbar werden zu lassen und uns die Kraft zu geben, ihn auszuführen."

Die drei klassischen Stufen der katholischen Spiritualität sind der Weg der Reinigung, der Weg der Erleuchtung und der

Weg der Einheit. Abstinenz ist der Weg der Reinigung. Der elfte Schritt des Zwölf-Schritte-Programms führt zur inneren Erleuchtung. Und wenn wir in die Hände des lebendigen Gottes fallen, verstehen wir die Einheit. Dualistisches Denken ergibt hier keinen Sinn mehr. Wir handeln nicht länger aus Willenskraft oder Disziplin, wir erzielen nicht länger Ergebnisse oder Leistungen, sondern es wird etwas an uns getan. (...)
Dass es uns so schwerfällt, zu dieser Einsicht zu gelangen, hat seinen Grund in unserem dualistischen Denken. Wenn wir uns unser ganzes Leben lang damit beschäftigen, uns zu beweisen, dass unsere Religion besser ist als alle anderen, dass unsere Nation besser ist als alle anderen, dass mein Geschlecht besser ist als das andere – leider gibt es nur eines, über das ich mich erheben kann –, dann entstehen zwangsläufig Gegensätze und Feindschaften. Genauer: Wir selbst schaffen uns überall Feinde. Und wir sehen überall Probleme, vor denen wir uns schützen müssen. Die Paranoia unserer Politiker ist Ausdruck dieser Fixierung auf die Probleme. Argwohn und Aggression sind weitere Folgen.

In den Kirchen sieht es oft nicht anders aus. Haben all die Geistlichen, die ihre Dogmen wie Schutzschilde vor sich hertragen, nie gebetet, haben sie nie selbst den Erlöser erfahren? Womöglich waren sie auch nie machtlos und haben nie gesündigt und deshalb die Macht der Sünde nie erfahren. Die Sünde ist ein großartiger Lehrmeister. Jesus war barmherzig mit den Sündern – ganz anders als wir. Wie viel Energie verwenden wir darauf, Sünder zu bestrafen und auszusondern.

Wütend war Jesus auf Menschen, die meinten, keine Sünder zu sein, auf die Heuchler. Der im Neuen Testament verwendete griechische Begriff *hypokritai* bedeutet eigentlich soviel wie Schauspieler. Heuchler sind gespaltene Menschen, die etwas vorspielen müssen, weil sie ihr wahres Selbst nie erfahren haben und es nicht kennen. Die Religion bringt ungeheuer viele

Schauspieler hervor, gespaltene Menschen, die sich nicht auf den – wie Thérèse von Lisieux sagt – „kleinen Weg" der Machtlosigkeit einlassen können. Religion war immer eine Ausbildungsstätte für den großen Weg des Schauspiels, den Weg der Selbstvervollkommnung. Thomas Merton hat ihn als „privates Erlösungsprojekt" bezeichnet. Thérèse von Lisieux vertraut dem kleinen Weg: „Ich weiß, wenn ich klein bin, dann ziehe ich Gottes Liebe an. Er muss mich lieben, weil ich es allein nicht kann. Ich bringe Gott nicht meine Vollkommenheit, sondern meine Unvollkommenheit. Ich weiß, dass Gott zu mir eilt."

Die physikalischen Gesetze besagen, dass die Natur kein Vakuum toleriert. Jedes Vakuum muss gefüllt werden. Johannes vom Kreuz (1542–1591) formuliert dasselbe Gesetz für die Seele: „Alles, was Gott braucht, ist ein Vakuum, einen Raum. Und immer, wenn wir Gott Raum geben, dann wird Gott ihn füllen." Die Spiritualität der Vollkommenheit hält Menschen dazu an, ihren Raum mit Geboten, Ritualen und gutem Verhalten zu füllen. Dadurch sind sie so ausgefüllt von sich selbst, dass kein Raum mehr bleibt, den Gott füllen könnte. Wir müssen leer werden von uns selbst, damit Gott uns füllen kann. Nichts anderes können wir tun als zuzulassen, dass wir leer werden, und Gott die Leere zu geben.

Die Fähigkeit zum Lassen bedeutet Gelassenheit. Seit der Aufklärung hat die Kunst der Gelassenheit mehr und mehr an Bedeutung verloren. Das Wort fehlt in der westlichen Welt, es passt nicht in die kapitalistische Weltsicht. Gelassenheit widerspricht vollkommen unserer Einstellung der Kontrolle. Wir leben in einer Gesellschaft wechselseitiger Abhängigkeit und sind nicht frei zum Loslassen. Wir werden in Macht und Leistung ausgebildet, nicht in Unvollkommenheit, Gelassenheit und Loslassen.

Ein ähnlicher Begriff ist Hingabe. Die meisten Menschen assoziieren damit eine Niederlage. In Wirklichkeit meint das

Wort den Zugang zu einem tieferen und weiteren, immer schon erfüllten und überfließenden Selbst. Wenn wir uns auf diese Ebene der tieferen Zufriedenheit und Fülle begeben, verliert die Idee des Mangels ihre Bedrohlichkeit und wir müssen uns nicht länger mit Selbstzweifeln quälen: „Ich bin nicht gut genug, das ist nicht gut genug." In der Hingabe sind wir einfach überwältigt vom „Genügen".

Das Verständnis der Strukturen von Abhängigkeit ermöglicht zugleich ein neues Verstehen des Wesens spiritueller Sehnsucht. Wir sind in der Lage zu erkennen, wie Wunden geheilt werden können, wie das Böse überwunden werden kann, wie wir uns in das Gute hineinbegeben und das Schlechte loslassen.

In der spirituellen Begleitung rate ich Menschen immer wieder zum Misstrauen gegenüber allen heroischen Gesten. Sie sind Nahrung für das Ego, nicht für Gott. Gott braucht unseren Heroismus nicht, Gott braucht den Menschen, der wir wirklich sind. Und nur diesen können wir Gott geben und kein idealisiertes, perfektes Selbst. Perfektion ist ein mathematisches Konzept und selbst in der Mathematik ist das Konzept des Perfekten mittlerweile fraglich geworden. Die verschiedenen Varianten der Chaostheorie besagen, dass das ganze Universum aus dem Chaos heraus zu wirken scheint.

Das Streben nach Perfektion bedeutet Abgrenzung vom Nichtperfekten, ist also Ausdruck des Dualismus und nicht der Einheit. Paulus beschreibt im ersten Korintherbrief ein Gegenkonzept: „Ihr aber seid der Leib Christi und jeder Einzelne ist ein Glied an ihm." (1. Korinther 12,27) In der hebräischen Tradition gilt allein Gott als gut und vollkommen. Mit seiner intelligenten Formulierung lokalisiert Paulus die Ganzheit im gesamten Leib Christi. Der Leib Christi ist für Paulus ein Kraftfeld. Es umfasst die gesamte Menschheit, alle, die bereit sind, verbunden zu sein, alle, die in diesem Feld sind, unabhängig von ihrer Religion.

Der Leib Christi ist die Wirklichkeit der universellen Verbundenheit in Gott. Für diese Verbundenheit findet Paulus treffende Worte: „Der Leib besteht nicht nur aus einem Glied, sondern aus vielen Gliedern. Wenn der Fuß sagt: Ich bin keine Hand, ich gehöre nicht zum Leib!, so gehört er doch zum Leib. Und wenn das Ohr sagt: Ich bin kein Auge, ich gehöre nicht zum Leib!, so gehört es doch zum Leib. Wenn der ganze Leib nur Auge wäre, wo bliebe dann das Gehör? Wenn er nur Gehör wäre, wo bliebe dann der Geruchssinn? Nun aber hat Gott jedes einzelne Glied so in den Leib eingefügt, wie es seiner Absicht entsprach. Wären alle zusammen nur ein Glied, wo bliebe dann der Leib? So aber gibt es viele Glieder und doch nur einen Leib. Das Auge kann nicht zur Hand sagen: Ich bin nicht auf dich angewiesen. Der Kopf kann nicht zu den Füßen sagen: Ich brauche euch nicht. Im Gegenteil, gerade die schwächer scheinenden Glieder des Leibes sind unentbehrlich." (1. Korinther 12,14–22)

Christus hat dieses große Mysterium für uns zusammengehalten, das Kraftfeld derjenigen, die in Liebe und Einheit leben. Christus ist es, unser Messias, der Himmel und Erde, den Menschen und das Göttliche, das Spirituelle und das Materielle, meine Gruppe und alle Gruppen zusammenhält.

Die Genialität des Zwölf-Schritte-Programms besteht darin, dass es nicht in erster Linie Menschen erreichen, sondern vielmehr die Menschen anziehen will. Würde doch die Kirche davon lernen! Dann müsste sie sich nicht länger darüber definieren, wie sie Menschen erreicht, sondern dadurch, dass sie Menschen anzieht. Es ginge ihr nicht länger um Ziele, sondern um das Sein.

Die Friedensnobelpreisträgerin Mutter Teresa (1910–1997) hat niemals versucht, irgendjemanden zum Katholizismus zu bekehren. Nie hat sie über Jesus gepredigt. Stattdessen war ihre Überzeugung: „Unsere Aufgabe ist nicht, über Jesus zu sprechen, sondern Jesus zu sein." Diese Einsicht liegt auch dem Zwölf-Schritte-Programm zugrunde. Denn das Gute kommt nicht dadurch in die Welt, dass man es nach außen trägt, sondern indem man es lebt und anzieht. Das Wahre, das Verwandelte wirkt anziehend in seinem Sein.

Richard Rohr, *Verwandlung*, S. 51–63

Ziel

Wir müssen einen Ort finden, wo wir all unsere Erfahrungen beherbergen können, ohne etwas zu verdrängen. Wir brauchen einen Ort, in dem Raum ist für alles, was wir in unserem Leben getan haben – und was wir nicht getan haben. Einen Ort, der größer ist als Ja oder Nein. Einen Ort, der größer ist als die Urteile, die wir fällen. Einen Ort, an dem wir einfach empfangen. An diesem umfassenden Ort wird Gott ganz klar. An diesem umfassenden Ort werden Sie selber ganz klar sein. Dort wird Raum sein, jeden Teil Ihrer Existenz zu empfangen.

Vor einigen Jahren habe ich einen Bibelkurs geleitet über das Thema der Erlösung. Wir sind die ganze Bibel durchgegangen und haben geschaut, wie dort das Thema der Erlösung, des Heils entfaltet wird. Die erste Darstellung des Heils ist die Verheißung, die Gott dem Volk Israel gibt. Er verspricht, ihnen ein weites, ein umfassendes Land zu schenken. Als wir die ganze Bibel durch hatten, konnten wir keine bessere Beschreibung von Erlösung finden als diese erste Beschreibung: Gott verheißt uns einen weiten, einen umfassenden Raum – und das ist der Ort, den wir Seele nennen. Wir retten unsere Seelen nicht, sondern wir entdecken sie. Wir gehen nicht hin und versuchen, uns selbst heilig zu machen, sondern wir wecken unsere Seelen auf. Wir sind bereits mit Gott vereint – das Problem ist, dass wir es nicht glauben.

Das ist eine Frage des Glaubens, aber wir haben daraus eine Frage unserer Würdigkeit gemacht. Genau das ist es, was der Kapitalismus aus dem Evangelium macht: Wir machen aus allem einen verdienten Wert. Wir können die Gnade nicht verstehen. Wir können die Liebe nicht verstehen. Wir können nicht glauben, dass wir für nichts und wieder nichts geliebt werden. Unser wirklicher Wert hängt aber an dem, was wir sind, und nicht an dem, was wir tun. Wir versuchen dauernd, gute Menschen zu sein, was immer das bedeuten mag. In Wirklichkeit sind wir nicht unbedingt gut, aber wir sind heilig. Gutsein, das ist etwas, was man sich verdient oder erarbeitet oder erreicht, aber geheiligt und heilig sind wir, ohne etwas dafür zu tun.

Richard Rohr, *Von der Freiheit loszulassen*, S. 78

Quellenverzeichnis

S. 17, S. 33-40, S. 63-75, S. 96-103, S. 111-118, S. 132, S. 166-167, S. 179, S. 184-193, S. 262-263
Aus: Richard Rohr, Von der Freiheit loszulassen – Letting go. Übersetzt und eingeleitet von Andreas Ebert, Claudius Verlag, München 1990

S. 19-33, S. 49-59, S. 83-95, S. 105-106, S. 110-111, S. 128, S. 137-138, S. 164-165, S. 174-178, S. 211-222
Aus: Richard Rohr, Der nackte Gott. Plädoyers für ein Christentum aus Fleisch und Blut. Übersetzt von Andreas Ebert, Claudius Verlag, München 1990

S. 40-42, S. 147-149, S. 162-163, S. 181-183, S. 195-196, S. 223-224
Aus: Richard Rohr, Pure Präsenz. Sehen lernen wie die Mystiker. Übersetzt von Andreas Ebert. Claudius Verlag, München 2010

S. 43-45, S. 60-61, S. 62, S. 210-211
Aus: Richard Rohr, Wer loslässt, wird gehalten. Das Geschenk des kontemplativen Gebets. Übersetzt von Tilman Haberer, Claudius Verlag, München 2001

S. 45-47
Aus: Richard Rohr, Ins Herz geschrieben. Die Weisheit der Bibel als spiritueller Weg. Übersetzt von Bernardin Schellenberger. © Verlag Herder GmbH, Freiburg i. Br. 2008, S. 25f.

S. 48-49, S. 82, S. 104-105, S. 107-110, S. 194, S. 196-209
Aus: Richard Rohr, Entscheidend ist das UND. Kontemplativ leben und engagiert handeln. Übersetzt von Bernardin Schellenberger. Claudius Verlag, München 2012.

S. 76-81
Richard Rohr, The Enneagram: An Introduction. Homepage der CAC (Center for Action and Contemplation), https://cac.org/the-enneagram-an-introduction/, 24.25.26.4.2016, Übersetzt von Andreas Ebert, Rechte beim Autor

S. 119-127, S. 139-146, S. 168-174,
Aus: Richard Rohr, Vom wilden Mann zum weisen Mann. Übersetzt von Tilman Haberer. Claudius Verlag, München 2006

S. 129-131, S. 153-161, S. 225-232
Aus: Richard Rohr, Nur wer absteigt, kommt auch an. Die radikale Botschaft der Bibel. Übersetzt von Susanne Schmid, Claudius Verlag, München 2009

S. 133-136
Aus: Richard Rohr, Hiobs Botschaft. Das Geheimnis des Leidens. Übersetzt von Tilmann Haberer. Claudius Verlag, München, 2006

S. 150-152
Aus: Richard Rohr, Die Liebe leben. Was Franz von Assisi anders machte. © Verlag Herder GmbH, Freiburg i. Br. 2015, S. 207f.

S. 180
Aus: Richard Rohr, Die Liebe leben. Was Franz von Assisi anders machte. © Verlag Herder GmbH, Freiburg i. Br. 2015, S. 259f.

S. 233-252, S. 252-262
Aus: Richard Rohr, Verwandlung. Was radikale Veränderung bedeutet. Übersetzt von Mike Kauschke. Claudius Verlag, München 2011

Bücher von Richard Rohr

Richard Rohr: Adams Wiederkehr. Initiation und Männerspiritualität. Übersetzt von Tilman Haberer, München 2013 (Adam's Return. The Five Promises of Male Initiation)

Richard Rohr: Befreiung vom Ego. Wege zum wahren Selbst. Übersetzt von Susanne Schmid, München 2008 (True Self False Self (6 CDs), 2003)

Richard Rohr/Andreas Ebert: Das Enneagramm – Die neun Gesichter der Seele, München 1999, überarbeitete Auflage 2009

Das entfesselte Buch. Die Lebenskraft des Alten Testaments. Übersetzt von Andreas Ebert, Freiburg 1990 (The Great Themes of Scripture. Old Testament, 1987)

Richard Rohr: Entscheidend ist das UND. Kontemplativ leben *und* engagiert handeln, München 2012. Übersetzt von Bernardin Schellenberger, (A Lever and a Place to Stand. The Contemplative Stance, The Active Prayer)

Richard Rohr: Der göttliche Tanz. Wie uns ein Leben im Einklang mit dem dreieinigen Gott zutiefst verändern kann. Übersetzt von Ulrike Strerath-Bolz, Asslar 2017 (The Divine Dance, 2016)

Richard Rohr: Hoffnung und Achtsamkeit. Der spirituelle Weg für das 21. Jahrhundert. Übersetzt von Bernardin Schellenberger, Freiburg 2005 (Hope against Darkness – Transforming Vision of Saint Francis in the Age of Anxiety, 2001

Richard Rohr: Ins Herz geschrieben. Die Weisheit der Bibel als spiritueller Weg. Übersetzt von Bernardin Schellenberger, Freiburg 2010 (Things Hidden. Scripture as Spirituality, 2008)

Richard Rohr: Die Liebe leben. Was Franz von Assisi anders machte, Freiburg 2015 (Eager to Love. The Alternative Way of Francis of Assisi, 2014)

Richard Rohr: Der nackte Gott. Plädoyers für ein Christentum aus Fleisch und Blut. Übersetzt von Andreas Ebert, München 1987

Richard Rohr: Nur wer absteigt, kommt auch an. Die radikale Botschaft der Bibel. Übersetzt von Susanne Schmid, München 2009 (The Path of Descent, 4 CDs, 2003)

Richard Rohr: Paulus. Der unbekannte Mystiker. Übersetzt von Bruno Kern, Stuttgart 2016 (Meeting the St. Paul You Never Know, 2014)

Richard Rohr: Pure Präsenz. Sehen lernen wie die Mystiker. Übersetzt von Andreas Ebert, München 2010 (The Naked now. Learning to See as the Mystics See, 2009)

Richard Rohr: Pure Präsenz. Vortrag in München, 2012 (DVD)

Richard Rohr: Reifes Leben. Eine spirituelle Reise. Übersetzt von Annette Nau, Freiburg 2012 (Falling Upward: A Spirituality for the Two Halves of Live, 2011)

Richard Rohr: Stille und Mitgefühl. Gott und den Menschen finden. Übersetzt von Ulrike Strerath-Bolz, Freiburg 2015 (Silent Compassion. Finding God in Contemplation, 2014)

Richard Rohr: Verwandlung. Was radikale Veränderung bedeutet. Übersetzt von Mike Kauschke, München 2011 (Introducing Richard Rohr. A collection of Teachings for Newcomers, 2009)

Richard Rohr: Vom Glanz des Unscheinbaren. Franziskanische Spiritualität. Übersetzt von Bernardin Schellenberger, München 2007 (Radical Grace, 1995)

Richard Rohr: Vom wilden Mann zum weisen Mann. Übersetzt von Tilman Haberer, München 2006 (From Wild Man to Wise Man. Reflections on Male Spirituality, 2005)

Richard Rohr: Von der Freiheit loszulassen – Letting go. Übersetzt und eingeleitet von Andreas Ebert, München 1990

Richard Rohr: Wer loslässt, wird gehalten. Das Geschenk des kontemplativen Gebets. Übersetzt von Tilman Haberer, München 2001 (Everything Belongs. The Gift of Contemplative Prayer, 1999)

Richard Rohr: Werde, der du wirklich bist, Übersetzt von Ulrike Strerath-Bolz, Freiburg 2017 (Immortal Diamond. The Search for our True Self, 2013)

Richard Rohr: Zwölf Schritte der Heilung. Gesundheit und Spiritualität. Übersetzt von Ulrike Strerath-Bolz, Freiburg 2013 (Breathing Under Water: Spirituality and the Twelve Steps, 2011)

RICHARD ROHR BEI CLAUDIUS

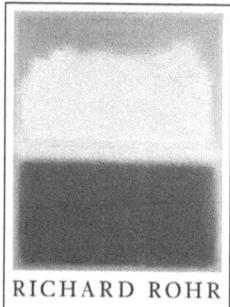
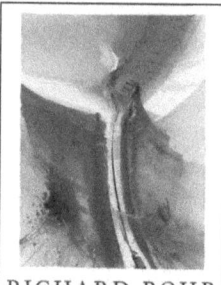

**Wer loslässt,
wird gehalten**
Das Geschenk des
kontemplativen Gebets

ISBN 978-3-532-62263-6

**Nur wer absteigt,
kommt auch an**
Die radikale Botschaft
der Bibel

ISBN 978-3-532-62387-9

Verwandlung
Was radikale Veränderung bedeutet

ISBN 978-3-5302-62426-5

Hiobs Botschaft
Das Geheimnis des
Leidens

ISBN 978-3-532-62250-6

Adams Wiederkehr
Initiation und
Männerspiritualität

ISBN 978-3-532-62450-0

**Vom wilden Mann zum
weisen Mann**

ISBN 978-3-532-62334-3

www.claudius.de

SEHEN LERNEN WIE DIE MYSTIKER

Wahr oder falsch, gut oder böse, gläubig oder ungläubig – unser Denken ist geprägt von Gegensätzen. Daraus entsteht Gewalt und Fundamentalismus. Richard Rohr zeigt: Die Überwindung des dualen Denkens führt zu Ausgeglichenheit, Frieden und Glück. Von den Mystikern aller großen Religionen können wir lernen: Alles ist eins, das Leben ist pure Präsenz.

Pure Präsenz
Sehen lernen wie die Mystiker

ISBN 978-3-532-62413-5

Zu erfülltem Dasein und wahrem Christentum gehört immer beides: kontemplativ leben UND engagiert handeln. Das gilt nicht nur für den Einzelnen, sondern auch für die Kirchen: Heilung und Erneuerung gelingen weder durch blinden Aktionismus noch in frommer Abgeschiedenheit.

Entscheidend ist das UND
Kontemplativ leben
UND engagiert handeln

ISBN 978-3-532-62433-3

Alle Titel erhalten Sie in Ihrer Buchhandlung oder versandkostenfrei (innerhalb Deutschlands) direkt bei uns:
Bestelltelefon: **089-121 72 119**, **www.claudius.de**

Copyright © Claudius Verlag, München 2017
www.claudius.de
Alle Rechte vorbehalten. Das Werk darf – auch teilweise –
nur mit Genehmigung des Verlages wiedergegeben werden.
Umschlaggestaltung: Weiss Werkstatt, München
Layout: Mario Moths, Marl
Gesetzt aus der Stempel Garamond
Foto Autor: © CAC Archives
Druck: Clausen & Bosse, Leck
ISBN: 978-3-532-62808-9